浙江大学教育基金会阳光人文社科基金
浙江大学农林经济管理"双一流"学科建设经费
中央高校基本业务费专项资金

中国农村家庭发展报告（2018）

浙江大学中国农村家庭研究创新团队　著

ZHEJIANG UNIVERSITY PRESS
浙江大学出版社

图书在版编目（CIP）数据

中国农村家庭发展报告.2018 / 浙江大学中国农村家庭研究创新团队著. —杭州：浙江大学出版社，2019.12

ISBN 978-7-308-19891-2

Ⅰ.①中… Ⅱ.①浙… Ⅲ.①农村－家庭经济学－研究报告－中国－2018 Ⅳ.①F325.15

中国版本图书馆 CIP 数据核字（2019）第 288035 号

中国农村家庭发展报告(2018)

浙江大学中国农村家庭研究创新团队　著

责任编辑	陈佩钰
文字编辑	陈逸行
责任校对	高士吟
封面设计	项梦怡
出版发行	浙江大学出版社
	（杭州天目山路 148 号　邮政编码 310007）
	（网址：http://www.zjupress.com）
排　　版	浙江时代出版服务有限公司
印　　刷	杭州良诸印刷有限公司
开　　本	787mm×1092mm　1/16
印　　张	17
字　　数	382 千
版 印 次	2019 年 12 月第 1 版　2019 年 12 月第 1 次印刷
书　　号	ISBN 978-7-308-19891-2
定　　价	78.00 元

Preface 序

  我国是发展中的人口大国,解决好"三农"问题始终是推进我国政治、经济、社会、文化和生态文明建设过程中的重中之重。习近平总书记指出:"中国要强,农业必须强;中国要美,农村必须美;中国要富,农民必须富。"自党的十六大以来,党中央连续16年出台了以"三农"为主题的"一号文件",实施了一系列前所未有的强农惠农富农政策。通过取消农业税并对农业生产者进行直接补贴,极大地发展了农业生产力;通过改革粮食流通体制、集体林权制度和农村金融体制,极大地激发了农村经济活力;通过推进城乡统筹发展和社会主义新农村建设,极大地提高了农民的生活水平。农民增收、粮食增产和农村的各项事业建设均步入了历史上最好的发展时期。

  但是,我国农业农村的发展依旧面临诸多问题。城乡收入差距依然较大,我国2018年的城乡居民收入比达到了2.69∶1,经过40年发展,城乡居民收入差距不仅没有缩小,还高于1978年的2.57∶1;2018年,我国进口粮食1.16亿吨,相当于国产粮食总量的17.6%,我国农业生产尚不能满足自身需求,而且还存在诸多结构性矛盾;十余年来,由于宏观经济格局和城市产业结构的变化,外出农民工人数和工资的增速呈下降之势,农村劳动力转移就业新环境和条件亟待进一步改善。

  党的十九大报告提出了乡村振兴战略,2019年的中央一号文件又明确指出,在经济下行压力加大、外部环境发生深刻变化的复杂形势下,做好"三农"工作具有特殊重要性,必须坚持把解决好"三农"问题作为全党工作重中之重不动摇。文件还着重强调了"三农"工作中打好脱贫攻坚战、保障粮食和重要农产品供给、促进农民收入稳定增长、抓好农村人居环境整治工作、深化农村改革、加强农村基层党组织建设等2019—2020年必须完成的硬任务。对这些问题的准确判断和决策都离不开科学的调查和数据分析。

  由浙江大学中国农村家庭研究创新团队启动实施的中国农村家庭调查(CRHPS)旨在建立研究中国农村问题的"基准线"(base line)。该项调查包括了中国农村家庭的基本结构、就业情况、收入与支出、家庭财富、农业生产经营、土地利用与流转、人口迁移与城镇化、金融行为、健康与社会保障、教育与培训等比较完整的信息,并涉及中国农村基层单位(村委会)的基本情况。以中国农村家庭调查数据库为支撑,在统计分析基础上撰写而成的《中国农村家庭发展报告(2018)》,系统分析了当前我国农村家庭的发展现状、趋势与问题,为"三农"问题的研究提供了宝贵的资料。报告在保持原有框架的基础上,加强了对农村相对贫困问题的系统分析,并得出了许多有意义的结论,相信会给"三农"问题的研究者和实际工作者带来

一定的启发。

期待浙江大学中国农村家庭研究创新团队有更多、更好的研究成果，为我国"三农"事业做出更大的贡献。

陈锡文

2019 年 6 月

C ONTENTS 目录

第三篇　农村家庭经济活动

第一篇

调查背景与抽样设计

第一篇

1 导 论

  家庭是社会最基本的组成单元,是以婚姻、血缘和收养关系为基础组成的社会细胞。作为个体和社会的连接点,家庭与社会两者相互作用,在有限的资源配置中追求效用的最大化和家庭福利的最大化。

  农村家庭则是农村社区的基本组织单位,是集生产、生活于一体的特殊组织。它既是农村区域消费与需求的基本单元,又是生产要素的供给侧(劳动、资本等)所在单元。为了获得最大的满足,农村家庭内部既需要从市场上购买各种消费性商品和家庭生产所需要的生产资料,又需要使用整个家庭的人力、物质和时间资源来获得收入。资源总是稀缺、有限的,整个农村家庭的决策就是努力使家庭资源实现效用最大化。因而,农村家庭与其他理性的经济主体一样,频繁地进行生产、消费相关的决策,以实现利润或效用最大化的目标。

  2015 年,浙江大学启动实施的中国农村家庭调查(China Rural Household Panel Survey,CRHPS)旨在建立研究中国农村问题的基准线(base line)。调查涉及中国农村家庭比较完整的信息,包括家庭的基本结构、就业、收入与支出、农业生产经营、土地利用与流转、人口迁移与市民化、社会保障等各个方面,调查还涉及中国农村基层单位(村委会)的基本情况,包括当地的社区环境、社区治理与公共服务等方面的信息。

  中国农村家庭调查的开展,可以对中国农村家庭状况的变迁进行科学的记录和分析,将社会多维度的信息在微观层面上通过农村家庭关联在一起,可以了解我国农村在社会、经济、政治、文化、资源环境等各个维度上的发展历程,从微观层面全面摸清我国农村消费与需求的基本面貌、生产要素及其供给的基本状态变化。通过连续跟踪调查我国农村家庭的方方面面,定期用微观数据记录我国农村家庭全方位的变迁,可以真正了解中国农村家庭的客观现实,探究各类社会问题的内在机制,从因果关系上解释和预测农村社会的发展变化,从而帮助提高决策水平,推进国家治理体系和治理能力的现代化建设,为满足国家重大战略需求提供实时的、全方位的数据支撑和保障。

1.1 农村家庭相关调查的历史沿革

  中国农村家庭调查是中国家庭调查的重要组成部分,事实上,对于中国农村家庭问题的研究经历了一个较长的发展阶段。根据李金铮等的研究,早在 1914 年,国外学者狄特摩尔就组织了以清华园附近 195 个农户为研究对象的农家调查,而历史学界通常认为,中国人最早的农村调查，是 1923 年清华大学的陈达教授组织的北京西郊成府村调查。[①] 到了 20 世纪二三十年代，中国的农村调查和研究已十分活跃。农村家庭相关调查的历史沿革介绍如下。

（1）民国时期的农村调查

民国时期，中国农村经济出现了前所未有的危机，西方经济学研究范式也逐渐引起中国学者们的重视，国内学者希望通过实地调查深入了解农村社会的实际情况。[②]"实地调查是了解信息、积累资料和推进学术的重要途径，它在中国源远流长，但以科学方法进行的专门调查还是晚近之事。"[③]在西方经济学范式的影响下，参与调查的社会各界人士众多，调查组织者既包括中外学者，也包括革命家。乡村建设团体、研究机构和高等院校也组织参与了一定的农村调查。除此之外，出于一定的政治目的，一些政府机关也开展了不同调查内容的农家调查活动。虽然进行全国性的农村调查是当时学者的最高目标，但是以当时有限的技术、人员和经费等，并不能进行全国性的调查。所以，陈翰笙、李景汉等人便只好退而求其次，选择具有一定典型性的地点，进行小范围的地区调查。在 20 世纪上半叶，尤其是二三十年代，中国农村调查与研究中规模较大并取得较大影响的有：卜凯主持的两次全国范围的农村调查，陈翰笙主持的华北地区、长江三角洲和珠江三角洲三大区域的农村调查，李景汉主持的河北定县调查，以及日本满铁的农村调查等。民国时期其他代表性的中国农村调查详见表 1-1[④]。

表 1-1　20 世纪二三十年代的中国农村调查

调查者	调查时间	调查对象	调查内容	代表性调查成果
狄特摩尔	1914—1918 年	清华园附近的 195 个农户	家庭规模、收入、支出、规模等基本情况	《中国生活标准的一个估计》[⑤]
葛学溥	1919—1920 年	广东潮州凤凰村	人口结构与人口流动、婚姻状况、土地、村落财富、宗教、语言、教育等	《华南的乡村生活》
白斐德	1921 年秋	10 余省（区、市）	农业和农业教育的若干问题	《改进中国之农业与农业教育意见书》
戴乐仁、马伦	1922 年夏	河北、江苏、安徽、山东、浙江的 240 个村	居民、家庭、住宅、土地占有、守业、职业、经济等方面	《中国农村经济之调查》
白克令	1923—1924 年	上海附近的沈家行村	家庭、宗教生活、地方行政与惩罚制、教育、农工商业、健康与公共卫生、娱乐、居住等	《社会调查——沈家行概况》

① 李金铮，邓红. 另一种视野：民国时期国外学者与中国农村调查[J]. 文史哲，2009(3):23-36.

② 葛海静. 民国时期知识界关于中国农村调查述评（1925—1935）[D]. 长沙：湖南师范大学，2012.

③ 李金铮. 定县调查：中国农村社会调查的里程碑[J]. 社会学研究，2008(2):165-191.

④ 表 1-1 中的主要内容参考：李金铮，邓红. 另一种视野：民国时期国外学者与中国农村调查[J]. 文史哲，2009(3):23-36.

⑤ DITTMER C G. An estimate of the standard of living in China[J]. Quarterly Journal of Economics，1918，33(1):107-128.

续表

调查者	调查时间	调查对象	调查内容	代表性调查成果
卜凯	1921—1925 年	除东北地区外的 7 省（区、市）17 处 2866 家农户①	偏重于生产和技术，作物种植、粮食亩产、家庭农业作物种植规模的大小与利润、各生产要素之效能的关系	《中国农家经济》
	1929—1933 年	除东北地区外的 22 省（区、市）16786 个农场 38256 家农户	人口、土地使用方式或影响土地利用（成功）程度的自然或一般因素	《中国土地利用》
布朗	1926 年	四川峨眉山新开寺附近 25 个田区和成都平原 50 户农家	田区、屋宇、土地占有及教育、用具、种子、牲畜、家庭工业、果品、地权与人工收入、人工分配、税项、肥料、食料、入息与开销等	《四川峨眉山二十五个田区之调查》
甘布尔	1931—1932 年	河北定县农村	人口、家庭、土地、农业生产、家庭工业、商业交易和社会活动等	《定县：一个华北乡村社区》
兰姆森	1933 年	上海杨树浦附近 4 村 50 家农户	家庭组织、家庭人员的职业与收入，财产所有权（家庭收入与土地占有），收支盈亏，生活费用，农民离村、进工厂工作与农村经济、教育、宗教等	《工业化对于农村生活之影响——上海杨树浦附近四村五十农家之调查》
日本满铁②	1933—1945 年	主要是东北、华北和华东的一些地区	农村人口与经济状况，农业资源与农业生产条件③	《满洲在来农业》
李景汉	1929—1933 年	河北定县	全县概况及分村调查，包括户口、土地、生产、赋税、集市、教育和风俗习惯	《定县土地调查》
陈翰笙	1929—1934 年④	长江三角洲、珠江三角洲、华北地区的村、户、市场、农家	通信、经济生活（地租形态等）、土地所有制关系、生产资料的分配	《现代中国的土地问题》

　　卜凯是一名美籍学者，他在农业经济方面的学术成就正是源自其 1921—1925 年和 1929—1933 年对中国农村所做的两次全面、系统的农户家庭调查。在 20 世纪二三十年代，他分别调查了除东北地区外的 7 省（区、市）17 处的 2866 家农户和 22 省（区、市）的 16786 个

---

① 盛邦跃. 对卜凯的中国农村社会调查的再认识[J]. 学海,2001(2):119-123.

② 全称为"日本南满洲铁道株式会社"。

③ 曹幸穗. 满铁的中国农村实态调查概述[J]. 中国社会经济史研究,1991(4):104-109.

④ 陈翰笙. 四个时代的我 [M].北京:中国文史出版社,1988.

农场的 38256 个农家。① 在调查方法上，卜凯主要采用抽样调查②的方式，调查人员主要是金陵大学的在校学生，调查的主要内容包括人口、土地、粮食产量、家庭农业作物种植规模等方面。有学者认为，"完整理解美国学者对中国近代农业经济的研究必须从卜凯开始"。

当时，另一具有代表性和全面性的农村家庭调查是日本满铁组织的，满铁调查采用了现代经济人类学的理论范式，该项农村调查主要以自然村为调查单位，以村户为调查对象，相当具体而全面。同时在 1908—1945 年近 40 年的时间里，满铁专门设立了多个门类的调查机关，整个调查活动十分规范有序，这使得当时所得的不同地区、不同经济类型的农村资料具有很高的统一性和可比性，形成了大量的图书资料和档案材料，即"满铁调查报告资料"。这为后人研究民国时期的农村经济留下了宝贵的资料，是农村家庭调查中值得系统回顾与分析的历史资料。

总的来说，虽然民国时期的农村调查方法并不成熟，人们对当时调查材料和调查结果的客观性仍存在一定的争议，但是无论如何，已有的农村家庭调查研究数据及资料都是民国时期的社会科学学者经过周密的问卷调查或深入的实地调查，并通过系统的标准化加工整理和综合性量化分析之后才得到的。③ 时至今日，这些调查又成为研究中国近代史的珍贵文献及研究社会人类学、经济学的重要源头，当代民国时期农业经济研究方面的许多论著都参考和利用了这批资料，极大地推动了人文社会科学的进展。

（2）中国人口普查

为获得最翔实准确的人口数据，了解中国最基本的人口状况，国家自 1953 年开始开展基础的人口普查工作。中国人口普查是对全国人口普遍地、逐户逐人地进行的一次性调查登记工作，该项工作主要由国务院组织，多部门参与，全国人口普查领导小组负责组织各地具体实施。中华人民共和国成立以来，我国已经分别在 1953 年、1964 年、1982 年、1990 年、2000 年和 2010 年进行过六次全国人口普查。国务院 2010 年颁布的《全国人口普查条例》进一步明确规定，每逢十年开展一次全国性人口普查，在两次全国人口普查之间逢"5"的年份开展一次全国 1‰人口抽样调查。

第六次全国人口普查④的标准时间是 2010 年 11 月 1 日零时，即通过这个标准时间，所有普查员普查登记完成后，经过汇总就可以得到 2010 年 11 月 1 日全国人口的总数和各种人口状况的数据。第六次全国人口普查工作采用按现住地登记的原则，每个人必须在现住地进行登记。普查对象不在户口登记地居住的，由户口登记地登记相应信息。普查标准时

---

① 陈意新. 美国学者对中国近代农业经济的研究[J]. 中国经济史研究,2001(1):118-124.

② 对于卜凯调查的质疑请主要参照:杨学新,任会来. 卜凯与河北盐山县 150 农家之经济及社会调查[J]. 中国乡村研究,2011,8(1):242-248. 王晶,杨学新. 卜凯与 1920 年代河北平乡农家经济及社会调查[J]. 河北大学学报:哲学社会科学版,2016,41(3):98-104. 在此不做详述.

③ 夏明方. 清末民国社会调查与近代中国社会科学兴起[N]. 中华读书报,2007-08-01(11).

④ 关于第六次全国人口普查的具体信息,本报告主要参照 http://www.stats.gov.cn/ztjc/zdtjgz/zgrkpc/dlcrkpc/。

点在国外工作或学习的普查对象,由其出国前居住的家庭户和集体户申报登记。在人口普查工作中,普查员采用入户查点询问、当场填报的方式进行调查。

中国人口普查具有普遍性、个别性、标准性、集中性、统一性和定期性的特点:某个地域范围内的全部人口都要参加普查登记;以人为单位按实际情况逐人逐项地填写普查表;不论普查员实际入户登记时间为哪一天,登记的都是标准时间的人口状况;人口普查工作在中央的集中领导下,按照中央一级普查机构的部署去组织实施,全国普查方案、普查表、填写方法、分类标准、工作步骤和进度等全国严格统一;人口普查工作定期进行。对人口普查数据质量做出科学评估是人口普查整体工作的重要组成部分,为国家人口政策、劳动就业政策、教育政策、社会福利政策和民族政策等的制定提供了翔实可靠的人口数据。从调查的具体内容来看,人口普查主要调查人口和住户的基本情况,内容包括:性别、年龄、民族、教育程度、行业、职业、迁移流动、社会保障、婚姻生育、死亡、住房情况等方面。

通过人口普查,可以查清全国人口的数量、结构和分布等基本情况,还可以厘清人口的社会特征、家庭特征、教育特征、经济特征、住房状况,以及普查标准时间前一年人口的出生、死亡状况等,数据具有公开可获得性。在人口普查过程中,第六次全国人口普查组的普查员通过入户询问,将普查小区中的每一个普查对象的情况如实地登记到普查表上。同时,由于世界各国的人口普查在时间、内容、方法上逐渐趋向一致,故而人口普查资料具有一定的可比性。但是,由于人口普查总体上是一种静态调查,不能反映人口的变动情况,并且由于普查内容仅限于姓名、性别、年龄、民族、户口登记状况、教育程度等基础的人口、住户迁移和社会保障状况,并未涵盖家庭的其他信息,因此数据的学术价值在一定程度上打了折扣。

(3)中国农村调查

为动态了解中国村庄的基本状况,华中师范大学中国农村研究院以田野调查为基本研究方法,自2009年开始在全国范围内通过跟踪观察258个村,对中国农村村庄的变迁进行可持续性的追踪调查,称为"中国农村调查"项目。项目初始阶段的"百村观察"项目以全国范围内的258个村庄、4000家农户为观察对象,开展特色研究和田野调查。调查组主要由青年教师、博士生、硕士生和本科生组成。

"百村观察"项目从田野调查中进行丰富的个案观察和思考,2011年"百村观察"项目除原有的258个村庄外,针对"林改"和贫困问题,增加了近百个林村和50个贫困村作为考察对象,同时在村户调查的基础之上,调查了50个县(市、区)和100个乡(镇)。中国农村调查是在"百村观察"原有基础上,重新设计的调查计划。该计划调查内容分别包括村庄类、家户类、口述类、惯行类、专题类、文献类等方面。2015年,在"百村观察"的基础上进一步拓展调查深度,开启了新版中国农村调查,先后启动了农民口述史调查、家户制度调查、区域性村庄调查,共完成了18523位80岁以上老人口述史调查,整理了口述史访谈资料2.5亿字,完成了549个传统农村家户调查,形成的家户调查报告共计3664万字,完成了华南宗族、长江小农、西南西北少数民族等六大区域村庄调查,共完成村庄调查报告242份,共计9680万字,还拍摄了116部村庄纪录片。

截至目前,中国农村调查项目已有的学术成果包括《中国农村调查》《中国农村研究》《中国农村农民印象》《中国农民状况发展报告》等图书和图集。2012 年成书的《中国农村调查》主要内容涉及特色村落、乡村治理、基层民主、地权逻辑、乡土社会和新农村建设等方面。2013 年成书的《中国农村咨政报告》的主题集中于农村水利专题、农民工专题、民生问题和农村市场专题四个部分,报告的主要内容是根据全国各省(区、市)的村庄、农户调查研究对专题问题进行的归纳和分析。2015 年成书的《中国农民状况发展报告 2015(经济卷)》侧重于从中国农民的经济状况入手来把握中国农村的经济发展状况。总体报告中,在农民的生产维度上重点考察农地承包与流转状况、生产要素的投入状况、农业劳动力状况以及农民收入状况,在农民的生活维度上着重考察农民生活消费状况与农民债权债务状况,进而对中国农民经济状况进行全景式展现。

目前,该调研平台进一步建立了"百村观察""百居观察""海外百村观察"的"三百"调查平台,主要以不同省(区、市)的村庄个案、典型事例为研究对象,深入分析事件或者村庄治理的内在机制,以期从事实叙述中提炼出理论观点。该调查平台的研究内容侧重于政治学和社会学的研究方向,在数据的定量统计和共享方面并未做到数据公开,而是仅公开了"百村观察"项目的调查报告及影像资料,这在很大程度上影响了其在定量分析方面的学术价值。

(4)全国农村固定观察点调查(National Rural Fixed Observation Point Survey, NRFOPS)

为深入了解农村改革动态、掌握农户家庭生产经营的基本情况,中共中央书记处在 1984 年批准建立全国农村固定观察点调查系统,该系统于 1986 年正式建立。1990 年至今,全国农村固定观察点调查主要由农业部(农业农村部)农村经济研究中心的中共中央政策研究室、农业部(农业农村部)农村固定观察点办公室负责组织实施。

自全国农村固定观察点调查实施以来,样本分布地点由初期的 28 个省(区、市)272 个村扩展至 31 个省(区、市)360 个村,调查积累了丰富的农村社会经济数据,为各级政府制定农村政策、指导农业农村工作提供了重要依据。

全国农村固定观察点调查包含五项工作:第一,每年定时收集并上报各个样本村户数据完成常规调查;第二,针对当期农村发展、农业生产、农民生活的重点和热点问题开展专题调查;第三,省、县两级调查机构及时反映新情况和新问题,形成动态调查;第四,组织省、县两级调查员进行专业知识与农村政策培训;第五,充分开发、利用积累的调查数据,开展对农业、农村、农户的系统分析。

从调查的具体内容上看,全国农村固定观察点调查重点关注农业生产要素,农业生产以及家庭收支、消费情况,主要包括家庭成员构成情况、土地情况、固定资产情况、家庭生产经营情况、出售农产品情况、购买种植业生产资料情况、家庭全年收支情况、主要食物消费量、主要耐用品年末拥有量及居住情况等方面。

因此,全国农村固定观察点调查集常规调查、专项调查、动态监测和分析研究于一体,具有样本分布广、样本量大的优点。同时,近 30 年的调查积累与定期上报形成了丰富翔实的连续性数据,有利于农村社会经济各方面的动态分析和趋势研究。然而,全国农村固定观察点调查的主要目的是为国家各级党政部门了解农村社会经济运行情况,制定农村经济政策、农村经济发展战略和深化农村经济体制改革提供决策参考,调查内容主要反映农村家庭的基本情况,而在农村家庭的金融、健康与社会保障、教育、医疗及社区环境方面涉猎较少。此外,该项调查的历年数据并非公开,获取较为不便,这在很大程度上影响了调查数据的利用与挖掘。

(5)中国农村住户调查(Rural Household Survey,RHS)

中国农村住户调查是由国家统计局农村社会经济调查总队组织实施的,反映农村居民生产、收入、消费、积累和社会活动情况的统计调查项目,旨在通过调查农村居民家庭的经济和社会活动,监测农村居民收入和生活质量的变化,为国民经济核算和价格调查提供基础数据,为各级人民政府和国家宏观决策部门研究制定农村经济政策和决策提供依据[①]。

中国农村住户调查采用美国农业部国家农业统计署开发的 MPPS 抽样方法,在全国共抽取了 6.8 万个样本农户,这些农户分布在全国 31 个省(区、市)的 857 个县(市、区)中(2010 年)。调查的主要内容包括农村居民所在社区发展情况,家庭基本情况、居住情况,人口与劳动力就业基本情况,农业生产结构调整与技术应用情况和农村居民收入、支出情况等。

中国农村住户调查较为科学、系统地统计了我国农村家庭生产生活的基本情况,但调查内容相对笼统,且仅就农户层面进行简要统计分析,对社区单位的调查较少。同时,中国农村住户调查目前公开的数据年份有 1991 年、1999 年、2000 年、2001 年、2002 年、2003 年、2004 年、2005 年、2006 年、2007 年、2008 年和 2009 年,2010 年及以后的数据获取难度大,调查数据内容相对陈旧,无法满足当前农业经济管理的学术研究需要。

(6)中国家庭收入调查(China Household Income Projects,CHIP)

中国家庭收入调查是"中国收入和不平等研究"课题(李实、赵人伟等)的组成部分,该调查主要由中外研究者共同组织,并在国家统计局的协助下完成,主要目的在于追踪中国家庭收入分配的动态情况。目前,中国家庭收入调查已有 1988 年、1995 年、2002 年、2007 年和 2013 年的相关数据。以 2013 年为例,该轮调查由北京师范大学中国收入分配研究院联合国内外专家共同组织实施,在国家自然科学基金和国家统计局的支持下完成。

中国家庭收入调查数据的特点在于所有数据均包含针对城镇和农村住户的调查。2002年以前,其数据包含城镇和农村住户两大群体样本。由于城镇和农村住户的子样本尚未完全覆盖所有流动人口,结合当前我国人口由农村向城镇迁移这一现实特点,自 2002 年起,中国家庭收入调查将流动人口纳入子样本。此后,中国家庭收入调查包含城镇住户调查、农村住户调查和流动人口调查三大部分。以 2013 年的数据为例,调查采用系统抽样方法抽取得到覆盖 15 个省(区、市)的 18948 个住户样本和 64777 个个体样本,住户样本中包括 7175 户城镇住户样本、11013 户农村住户样本和 760 户外来务工住户样本。

从调查的具体内容上看,中国家庭收入调查重点关注中国家庭在收入、消费、就业、生产

---

① 国家统计局农村社会经济调查司.中国农村住户调查年鉴 2010[M].北京:中国统计出版社,2010.

等方面的情况，包括住户个人及家庭基本信息、收入、支出、借贷、征地、土地和农业经营等内容。

中国家庭收入调查数据目前对外公开，聚焦于中国家庭的收入与支出，重点追踪了中国收入分配的动态变化情况。同时，中国家庭收入调查数据包含城镇、农村及流动人口数据的样本结构，更切合实际地反映了我国的城乡分割和近年来的人口迁移状况。对于农村家庭，中国家庭收入数据仍将家庭收入与支出作为重点，并包含了部分人口迁移、土地利用的内容，但缺乏对于农村家庭的农业生产经营、健康与社会保障、社区环境与治理的详细调查。同时，虽然该项调查的样本已覆盖 15 个省（区、市），但样本覆盖仍有扩大的空间；调查频率基本为 5～7 年一次，相比于全国农村固定观察点调查、中国健康与营养调查等调查频率更高的农村家庭相关调查，其还有进一步提高数据连续性和准确性的空间。

（7）中国健康与营养调查（China Health and Nutrition Survey，CHNS）

中国健康与营养调查由中国疾病预防控制中心营养及健康所（National Institute for Nutrition and Health at the Chinese Center for Disease Control and Prevention）与美国北卡罗来纳大学教堂山分校的卡罗来纳州人口中心（Carolina Population Center at the University of North Carolina at Chapel Hill）合作建立，旨在检验国家和地方政府实施的健康、营养和计划生育等政策的影响，并了解中国的社会和经济变革正如何影响其人口的健康和营养状况。

中国健康与营养调查采用多阶段整群抽样的方式获得样本。自 1989 年第一轮调查以来，其样本覆盖面逐渐拓宽。1989 年至 1993 年有 190 个初级抽样单位，其中包括 32 个城市社区、30 个郊区、32 个城镇（县城）和 96 个农村。2009 年的样本主要来自辽宁、黑龙江、江苏、山东、湖北、河南、湖南、广西和贵州 9 个省份，2011 年增加北京、上海和重庆 3 个特大城市，2015 年又增加陕西、浙江和云南 3 个省份的调查样本。截至 2015 年，共计调查了 11130 个家庭和 42829 名成人与儿童，涵盖了个人、家庭以及社区等多方面、多领域的可用信息。

中国健康与营养调查主要涉及地理、经济发展、公共资源和健康等方面，在社区层面侧重于粮食市场、保健设施、计划生育及其他社会服务，调查数据适用于有关健康、人口、社会经济和营养政策研究。从调查的具体内容看，中国健康与营养调查包括家庭、社区、成人、儿童、营养等方面的内容，其中家庭调查涉及人口学背景、工作及收入、开支、饮用水、卫生设施及财产等。

中国健康与营养调查以营养和健康行为、家庭和个人经济情况、人口和社会变化为重点，同时实现了对城镇和农村样本的动态追踪，基本形成了较为全面的动态数据，并保持数据公开。中国健康与营养调查的优势主要在于健康与营养方面，它在一定程度上反映了中国农村发展的动态变化，但缺乏对农业经济生产的深入认识。此外，与其他农村家庭相关调查相比，中国健康与营养调查的样本覆盖范围仍然较小。

（8）中国健康与养老追踪调查（China Health and Retirement Longitudinal Study，CHARLS）

为了深入分析我国人口老龄化问题，为我国制定和完善相关政策提供科学依据，在北京大学国家发展研究院的主持下,北京大学中国社会科学调查中心与北京大学团委共同组织实施了中国健康与养老追踪调查。

中国健康与养老追踪调查采用多阶段抽样方式,县、村两级抽样均采取 PPS 抽样方法,其样本主体是中国 45 周岁及以上中老年人家庭和个人。在 2008 年开展预调查之后,其于 2011 年实施了全国基线调查,每两年追踪一次,调查范围覆盖 28 个省(区、市),至 2015 年全国追访时,其样本总数已达到 1.24 万户。

中国健康与养老追踪调查的问卷设计博采众长,参考了美国健康与退休调查,英国老年追踪调查,以及欧洲的健康、老年与退休调查等国际调查经验。其主要内容包括:个人基本信息,家庭结构和经济支持,健康状况,体格测量,医疗服务利用和医疗保险,工作、退休和养老金,收入,消费,资产,以及社区基本情况等。

中国健康与养老追踪调查不仅具有科学合理的问卷设计,而且在抽样上独特地采用了电子绘图软件技术,用地图法制作村级抽样框。同时,中国健康与养老追踪调查保持两年一次的追踪频率,并在调查结束一年后对学术界免费公开,具有明显的动态性和开放性。然而,由于中国健康与养老追踪调查的调查对象主要为有年满 45 岁的中老年人的家庭,侧重于农村劳动力与健康方面的相关研究,其在涉及农村发展的其他方面以及农业生产经营的数据收集与分析上存在不足。

(9)中国家庭追踪调查(China Family Panel Studies,CFPS)

中国家庭追踪调查是北京大学中国社会科学调查中心在全国范围内开展的追踪调查项目,主要追踪对象分为个体、家庭和社区三个层次。该调查重点关注中国居民的经济与非经济福利,也涵盖经济活动、教育成果、家庭关系、人口迁移、健康等研究主题,主要调查目的是反映中国社会、经济、人口、教育和健康的变迁情况。

2010 年,中国家庭追踪调查正式实施,调查规模为 16000 户。该项目采用城乡整合的问卷,采取多阶段、内隐分层和人口规模成比例的抽样方法,最近一期的调查为其第四轮全样本调查(2016 年),从追踪调查的结果来看,以 2014 年调查完访问样本为基础,2016 年家庭层面的追踪率为 89%,个人层面的追踪率为 82%;以 2010 年基线调查为基础,2016 年家庭层面的追踪率为 69%。

2016 年的中国家庭追踪调查问卷主要包括家庭成员问卷、家庭经济问卷、成人问卷以及少儿问卷,并由此产生了相应的四个数据库,内容包括家庭收入、支出、资产,人口特征,教育、社交、健康、医疗卫生等。2016 年各个数据库的样本量情况为:成人数据库 36892 个,少儿数据库 8427 个,家庭关系数据库 58179 个,家庭经济数据库 14019 个。

基于中国家庭追踪调查,北京大学中国社会科学调查中心自 2009 年起每年撰写一册《中国民生发展报告》。以《中国民生发展报告 2017》为例,该报告主要包括收入分配、家庭支出与消费、家庭财产、房产与生活满意度、社会经济地位与死亡、生育意愿与生育动机、生育政策与生育行为、认知功能的发展、婚姻与家庭、互联网使用等方面内容。该报告重点关注了"不平等"在各个领域的表现,涵盖了对中国的收入不平等、中国的家庭财富不平等、中国

的死亡不平等、互联网带来的新的不平等、中国城乡居民认知功能的变化等热点问题的研究与分析。

（10）中国综合社会调查（Chinese General Social Survey，CGSS）

为系统地监测社会结构和生活质量的相互影响与变化，了解中国社会的变化趋势，中国人民大学中国调查与数据中心组织实施了中国综合社会调查。该调查是我国最早的全国性、综合性、连续性学术调查项目，探讨具有重大科学和现实意义的议题，推动国内科学研究的开放与共享，为国际比较研究提供数据资料，充当了多学科的经济与社会数据采集平台。

中国综合社会调查自2003年起，每年进行一次，对31个省（区、市）的10000多户家庭进行连续性横截面调查。其抽样设计先后采用过三套抽样方案，但原则上均采用多阶段分层PPS随机抽样。就2010年的方案而言，全国共抽取100个县级单位加5个大都市、480个村（居）委会、12000名个体。

中国综合社会调查的调查内容主要包括三方面：社会结构、生活质量及二者之间的内在连接机制。第一，同时采用定位法和关系法研究中国社会的社会结构；第二，从健康、人口、心理、社会经济及政治、社区等五个层面测度生活质量；第三，注重个人层面、人际层面、组织层面和制度层面的内在连接机制。此外，中国综合社会调查于2006年和日本综合社会调查、韩国综合社会调查、中国台湾社会变迁调查共同发起了东亚社会调查计划，目前已完成家庭（2006年）、文化（2008年）、健康（2010年）、社会网络与社会资本（2012年）、工作生活（2014年）等五次主题调查。

中国综合社会调查系统、全面地收集了社会、社区、家庭、个人等多个层次的数据，用以研究社会变迁的趋势。与此同时，其开创了我国大型学术调查数据开放与共享的先河，调查数据涉及经济学、社会学、政治学、历史学等多个学科，被国内外众多学者引用。中国综合社会调查的主题是研究中国社会结构和生活质量，涵盖了部分关于农村人口流动、农村家庭收入消费方面的内容，却并未针对农村、农业经济管理问题展开深入的调查与分析，尤其缺乏对农业生产经营的调查与研究。

（11）中国劳动力动态调查（China Labor-force Dynamics Survey，CLDS）

中国劳动力动态调查是由中山大学社会科学调查中心组织实施的一项以中国劳动力的现状与变迁为主题的全国性跟踪调查。其目的在于追踪调查城乡家庭、劳动力个体的基本情况，以便分析社会结构与家庭及劳动力个体的相互影响，为相关理论研究和政策制定提供参考。

中国劳动力动态调查采用多阶段多层次的PPS抽样方法，其样本覆盖29个省（区、市），调查对象为样本家庭户中的全部劳动力。该调查计划每两年开展一次，目前已有2011年、2012年、2014年和2016年的相关数据。调查的主要内容包括教育、工作、迁移、健康、社会参与、经济活动、基层组织等方面。

中国劳动力动态调查具有鲜明的主题性，主要围绕劳动力的主题开展全国性的跟踪调查。主题的限制使得调查的内容受到局限，鲜有与农村家庭的收入与支出、农业生产经营状况相关的问题,无法全面地展现农村发展的态势和农村家庭生产经营的基本情况。此外,由于中国劳动力动态调查的首次调查时间为 2011 年,相较于其他调查较为滞后,尚未具备较强的连续性。

中华人民共和国成立后的农村家庭相关调查(除中国人口普查和中国农村调查外)详见表 1-2。从中可以看出,中华人民共和国成立后,农村家庭的相关调查始终受到国内外高校和研究机构的高度关注和重视,特别是近年来,在中国社会经济快速发展和转型的背景下,我国多个高校和研究机构更是推出了多项与农村家庭相关的追踪调查。现存的农村家庭相关调查不仅帮助我们掌握农村家庭的一些发展动态和趋势,而且为学术界开展规范的学术研究提供了重要的数据库支撑。但是,如果仔细分析上述调查,我们不难发现,当前涉及我国农村家庭的调查由不同机构组织实施,鉴于不同机构的不同调查目的,数据库中包含的数据也呈现出不同的特点。农林经济管理领域的学者关注的一些问题不能得到数据库数据的全面支撑,因而从农林经济管理领域视角考虑,这些数据库还存在一些缺陷。有的数据库样本覆盖范围不广,有的数据库数据尚未完全公开,有的数据库数据缺乏连续性,而大多数调查仅聚焦于农村家庭相关问题的某一个或某几个方面,从农林经济管理领域角度考虑,不同数据库之间存在条块分割的遗憾,尚未有一项调查能系统、全面地反映农林经济管理学科所关注的多个重点领域问题。

表 1-2　中华人民共和国成立后的农村家庭相关调查

调查名称	名称缩写	组织机构	调查类型	抽样方式	省(区、市)数量(最近)/个	分析单位	核心问题
全国农村固定观察点调查	NRFOPS	农业部(农业农村部)农村经济研究中心	追踪调查	全国农村固定观察点调查户	31	个人、家庭、社区	农业生产要素,农业生产以及家庭收支、消费情况
中国农村住户调查	RHS	国家统计局农村社会经济调查总队	追踪调查	MPPS抽样	31	个人、家庭	中国农村居民生产、收入、消费和积累
中国家庭收入调查	CHIP	北京师范大学	截面调查	国家统计局城乡居民收入调查的样本	15	个人、家庭	中国家庭的收入与支出
中国健康与营养调查	CHNS	中国疾病预防控制中心营养及健康所与美国北卡罗来纳大学人口中心	追踪调查	多阶段整群抽样	15	个人、家庭、社区	人口健康和营养状况

续表

调查名称	名称缩写	组织机构	调查类型	抽样方式	省(区、市)数量(最近)/个	分析单位	核心问题
中国健康与养老追踪调查	CHARLS	北京大学国家发展研究院	追踪调查	多阶段抽样,县村两级居民抽样阶段均采取 PPS 抽样方法	28	个人、家庭	养老与健康
中国综合社会调查	CGSS	中国人民大学社会学系	截面调查	多阶段分层 PPS 随机抽样	28	个人、家庭	社会变迁
中国劳动力动态调查	CLDS	中山大学社会科学调查中心	追踪调查	多阶段、多层次的 PPS 抽样	29	个人、家庭、社区	中国劳动力的现状与变迁
中国家庭追踪调查	CFPS	北京大学中国社会科学调查中心	追踪调查	多阶段/内隐分层和与人口规模成比例抽样	25	个人、家庭、社区	中国家庭及个人的各种经济性与社会性的福利及其变迁

1.2　浙江大学中国农村家庭调查的时代背景

在上述多项农村家庭相关调查的基础上,浙江大学于 2015 年启动并实施了中国家庭调查。它是一项全国性的抽样调查项目,是浙江大学"双一流"建设布局的重要基础性项目。整个项目计划规模庞大,首先启动的是中国农村家庭调查。为保持数据的连续性,2015 年以前的中国农村家庭数据来源于西南财经大学的中国家庭金融调查(China Household Finance Survey,CHFS)。该项目于 2011 年开始启动,每两年进行一次调查,已积累了三轮调查数据。2017 年开始的中国农村家庭调查是由浙江大学主导、多校合作共同实施的大型社会调查项目。

浙江大学开展农村家庭调查具有悠久的历史。早在 20 世纪 30 年代,浙江大学农业社会学系①的师生就积极投身于农村调查,开展"三农"(农业、农村、农民)问题的调查研究。20世纪 40 年代浙江大学西迁办学,即使在条件艰苦的湄潭时期,以农业经济系为主的师生仍遵循"求是"校训,开展与社会服务相结合的"暑期农村调查",兢兢业业,从未懈怠。其中,基于农村调查取得的多项科研成果,如《湄潭之农家经济》《湄潭信用合作社之概况》《战后经济建设资金需要导论》等,在学术报告会上发布,以及在《浙大农业经济学报》《中农月刊》《中农经济统计》等期刊或报纸上发表。20 世纪 80 年代开始,随着农林经济管理学科教学、科研和

---

① 浙江大学农业社会学系(浙江大学农业经济与管理系的前身)成立于 1927 年。

人才培养功能的不断恢复与加强[①],特别是 1998 年以后,浙江大学以农林经济管理学科为主要依托,联合经济学、管理学、公共管理学等多个相关学科,着眼国际农经学科发展趋势,紧密联系中国"三农"问题实际,以各类国家级、国际合作、重大横向研究项目为载体,开展了各式各样的农村家庭相关调查,一批研究成果也相应地涌现出来。鉴于相关科研成果众多,限于篇幅,不一一列举。

现阶段,浙江大学启动实施的中国农村家庭调查具有以下两方面的时代背景。

(1)社会经济背景

从中长期看,中国是世界上最大的发展中国家,中国的"三农"问题仍然是中国现代化建设的根本问题,也是党和国家工作的重中之重。目前,我国"三农"问题依然严峻,城乡二元经济社会结构尚未完全消除;工农差别、城乡差别、地区差别、阶层差别扩大的趋势尚未根本扭转;农业是弱质产业、农村是落后社区、农民是弱势群体的状况尚未根本改变;有效解决新时期"三农"问题,加快推进农业和农村现代化,事关我国国民经济又好又快发展和社会稳定进步的大局,事关我国全面建设小康社会和现代化的前途,事关我国在世界上的和平崛起。因此,党和国家对"三农"问题持续高度关注,频繁出台了多项有关农业农村的政策。推进农业供给侧结构性改革、稳步推进农村集体产权制度改革、加强农村扶贫工作、建立脱贫攻坚责任制、取消农业税、落实多项农业补贴政策、推进农村最低生活保障制度、推进县域内城乡义务教育一体化改革、加快整合城镇居民基本医疗保险和新型农村合作医疗两项制度等一系列政策措施,极大促进了农民增收,改善了农民生活,推动了农村发展。受此影响,农村家庭作为农村社会经济的基本单元,也正发生着日新月异的变化。

此外,随着国民经济不断发展,我国农村的社会经济发展环境正发生着快速而深刻的变化。我国城镇化进程快速推进,国家统计局 2016 年的统计公报显示,2016 年我国户籍人口城镇化率为 41.2%,比 2015 年末提高 1.3 个百分点。农村、农业劳动力外移加剧,2016 年全国流动人口(人户分离人口中,扣除市辖区内人户分离的人口)达 2.45 亿人,全国农民工总量为 28171 万人,比 2015 年增长 1.5%。其中,外出农民工 16934 万人,比 2015 年增长 0.3%;本地农民工 11237 万人,比 2015 年增长 3.4%。各项生产要素配置变化显著,以金融资本为例,2016 年末我国主要农村金融机构(农村信用社、农村合作银行、农村商业银行)人民币贷款余额为 134219 亿元,比年初增加 13895 亿元。与此同时,信息技术对我国农村冲击巨大,"互联网+"正悄然改变着农民的生活,《中国淘宝村研究报告(2016)》显示,截至

[①]　浙江大学农业经济管理系于 1981 年经国务院学位委员会批准,重新获得硕士学位授予权,1990 年获得博士学位授予权,建立博士后流动站,2000 年获准设立农林经济管理一级学科博士点。农林经济管理学科于 1994 年起被列为浙江省首批重点学科,之后成为"211 工程"重点建设学科之一。1999 年,浙江大学以农林经济管理学科为基本力量,组建了农业现代化与农村发展研究中心(简称 CARD),被批准为首批教育部人文社会科学重点研究基地。2005 年,该基地成为中国农村发展研究创新基地(国家"985 工程"A 类创新基地)。2007 年,农林经济管理学科被列为国家重点(培育)学科。2016 年,浙江大学将农林经济管理学科列入高峰学科建设支持计划进行重点建设。

2016 年 8 月底，全国共有 1311 个淘宝村，广泛分布在 18 个省（区、市）；爱立信消费者研究室于 2010 年底至 2011 年初针对中国农村地区进行的一项定性和定量调查显示，我国农村地区的固定电话拥有率已降至 43%，而手机拥有率则上升至 90%，家用电脑的拥有率为 31%，41% 的被访者认为"随时随地连接互联网"很重要。

因此，在上述深刻变化的社会经济背景下，通过开展系统的中国农村家庭调查，掌握我国农村家庭的基本情况及其动态变化，有利于客观了解我国农村社会的发展现状与变迁态势，为各项农业农村政策提供决策参考。

（2）学科发展背景

农林经济管理学科是以"三农"问题为研究对象的一个典型应用经济学科。20 世纪初，许璇教授留学回国，在北平大学农学院开设了农业经济相关课程，中国农业经济学科由此兴起。20 世纪 30 年代，农经学界就中国农村社会性质展开了大论战，论战多基于农业经济理论，尚未有系统的家庭调查作支撑。20 世纪 60—70 年代，人民公社调查、农村经济调查等的逐步实施，为农村社会经济发展与相关政策的制定和落实提供了第一手数据[1]。自 1977 年恢复高考招生以来，我国农林经济与管理方面的研究取得了丰硕的成果，但学术研究多集中于宏观政策层面，基于微观主体的研究还比较薄弱，在数量分析方法上与国际水平有较大差距[2]。2000 年以来，随着国际化进程的快速推进，农林经济管理学科的研究也呈现出鲜明的国际化特点。一方面，中国是重要的转型国家，其"三农"问题引发了国际学术界的广泛关注和讨论；另一方面，更多国内学者的研究开始走向国际，在国际学术界做出了中国学者应有的贡献，传统的农业经济研究方法必将迅速地被以规范调研所得的大样本微观数据为基础的现代数理经济学和计量经济分析方法所取代[3]。因此，为了全面、科学地开展中国农林经济管理学科相关问题的研究，学术界迫切需要大样本农村家庭调查数据库的支撑。

1.3　浙江大学中国农村家庭调查的目标定位

1.3.1　目标定位

（1）把握中国农村家庭的各项基本特征与发展趋势

中国农村家庭调查力图客观把握中国农村家庭的各项基本特征与发展趋势，通过基础

① 王秀清. 中国农业经济百年巨变[J]. 农业经济问题，2005，（11）：6-10.

② 林坚. 我国农业经济管理学科的演变历程与发展方向[C]//黄祖辉，杨烈勋，陈随军. 农业经济管理论文集：农业经济管理学科前沿发展战略学术研讨会论文集. 北京：科学出版社，2005：33-40.

③ 黄祖辉. 中国农业经济管理学科研究评述——"十五"回顾与"十一五"研究态势[C]//黄祖辉，杨烈勋，陈随军. 农业经济管理论文集：农业经济管理学科前沿发展战略学术研讨会论文集. 北京：科学出版社，2005：11-17.

数据的整合比较与进一步的统计分析,掌握当前我国农村家庭的生存发展状况及其动态变化的规律,为党和各级政府的政策制定提供科学的决策参考。

(2)为学术研究提供有关中国农村家庭的基础数据支撑

当前农业经济管理领域的学术研究对数据的要求较高,中国农村家庭调查的相关数据满足国际学术研究所用数据的多项标准:调查样本覆盖范围广,目前已囊括 29 个省(区、市);抽样方法科学,保证了样本的随机性和代表性;调查设计规范,内容涵盖全面,并结合当前农业农村的发展特征突出分析热点问题;实现数据动态追踪,形成中国农村调查的动态数据系统。因此,中国农村家庭调查能为学术研究提供扎实有效的基础数据支撑。

1.3.2　调查原则

(1)全面性

中国农村家庭调查的全面性体现在两个方面。第一,通过构建具有代表性的农村样本,全面客观地反映中国农村家庭的发展情况。通过分层、三阶段、与人口规模成比例(PPS)的抽样,2017 年中国农村家庭调查总样本(包括城镇和农村)分布在 29 个省(区、市),1417 个村(居)委会,其中农村样本包括 608 个村委会的 12732 个家庭,共计 45067 人。第二,中国农村家庭调查的调查内容全面地包括农林经济管理学科涉及的农村家庭的基本结构、就业情况、收入与支出、农业生产经营、土地利用与流转、人口迁移与城镇化、社会保障等各个方面,还涉及中国农村基层单位(村委会)的基本情况,包括当地的公共服务、社区经济、社区治理、环境特征等方面的信息。调查为研究中国农村发展和城镇化问题,特别是农村的减贫与发展、农村劳动力流动、农村基层治理、农村环境整治、农村土地制度改革等方面的问题提供了第一手的数据。

(2)开放性

中国农村家庭调查的开放性在于:一方面,调查所用问卷完全公开,同时欢迎国内外学者在浙江大学驻所开展相关研究,根据合作研究需要,可从问卷设计开始参与或加入调查,共同探讨调查设计、抽样方法选择、实际调研的系统过程,合作开发利用中国农村家庭调查数据,不断完善中国农村家庭调查的内容,发挥其最大的效用价值;另一方面,调查数据所形成的中国农村家庭调查数据库向登记用户开放,有研究需要的用户可通过 http://ssec.zju.edu.cn 提交申请,登记成功后即可使用。

(3)动态性

中国农村家庭调查在客观反映农业农村基本发展情况的同时,还重点把握了当前农村家庭发展的时代特征,例如考虑到现代信息技术对农户生产生活的冲击,在调查问卷中设计有关网络平台采购、销售对农户生产经营的影响问题,在兼顾农村家庭生存发展基本状态的同时,紧紧把握住农村发展的时代脉搏。

中国农村家庭调查还通过长期追踪调查与热点主题相结合的方式体现数据的动态性。调查将每两年进行一次,在样本数量、覆盖范围和问卷设计上不断完善,并计划每次新增切

合农村发展热点的专题性调查。

1.4　报告的基本内容框架与特别关注的主题

1.4.1　内容框架

本发展报告保留了《中国农村家庭发展报告(2016)》的基本框架，以保持内容的连续性。

报告主要包含调查背景与抽样设计、农村家庭基本特征、农村家庭经济活动、农村家庭与公共服务以及调研结论五篇内容。第一篇为调查背景与抽样设计，包含导论和调查抽样设计两章内容；第二篇为农村家庭基本特征，包含农村家庭基本结构、农村家庭就业、农村家庭收入与支出三章内容；第三篇为农村家庭经济活动，包含农村家庭农业生产经营、农村家庭土地利用与流转、农村家庭人口迁移与市民化三章内容；第四篇为农村家庭与公共服务，包含农村家庭社会保障、农村家庭社区环境、农村社区治理与公共服务三章内容；第五篇为调研结论(见图 1-1)。

需要注意的是，本报告中使用的数据不仅涉及居住在农村的农村家庭，也包括了居住在城镇的农村家庭。考虑到部分农村人口进城务工的情况，本报告不仅包括与农业和农民相关的农村问题，而且包括与现代城镇生活有关的问题。全书各篇及各章节的主要内容如下：

第一篇中第 1 章为导论，主要介绍了农村家庭调查的相关历史沿革和本次调查的时代背景，着力于将农村家庭调查的历史脉络进行较为清晰的呈现，并对农村家庭调查的原则和目标定位进行概括性描述。

第 2 章为调查抽样设计，主要包含调查的抽样设计、数据采集和质量控制三个方面的内容。事实证明，整个调查团队严格的培训和高质量的问卷收集过程，使得高质量的调查数据的取得成为现实。

第二篇中第 3 章为农村家庭基本结构，分别从家庭结构、年龄结构、学历结构、婚姻状况、健康情况等五个方面对中国农村家庭的基本结构进行了介绍，整体报告了此次调查所得的家庭样本的基本状况。

第 4 章为农村家庭就业，主要利用中国农村家庭调查数据，从劳动适龄人口与就业人口概况，就业人口的构成，家庭就业类型及其构成，就业人口工作时长、工作数量及通勤概况，不同人群的工作时长，不同人群的兼职情况等六个方面对各层次人群中不同的就业状况进行了报告。

第 5 章为农村家庭收入与支出，主要从农村社会各群体的收入及其构成情况、各类群体的收入与构成差异、收入不平等状况、不同地区的收入与收入不平等情况、支出及其构成情况和不同人群的支出及其构成情况等六个方面对农村家庭的收支状况进行了把握。

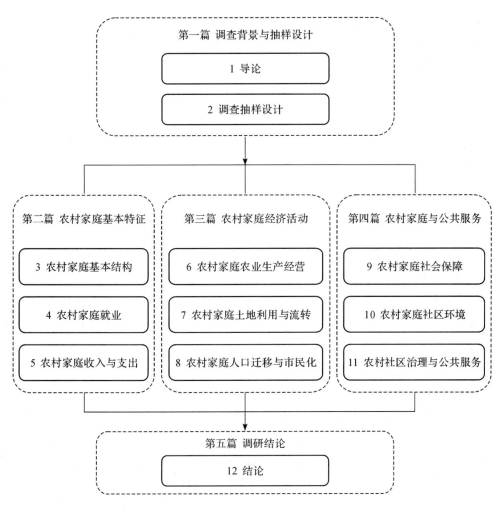

图 1-1 本书框架结构

第三篇中第 6 章为农村家庭农业生产经营,分别从基本情况、生产经营范围、农业劳动力、农业生产工具、农业用地拥有情况、农资采购、家庭农业总产值与销售收入和农业生产补贴等八个方面报告了中国农业生产经营的发展和趋势。

第 7 章为农村家庭土地利用与流转,分别从农业用地基本情况、土地流转、土地确权与土地流转、住宅用地和土地征用五个主要方面对当下中国农村家庭土地利用与流转状况进行了梳理,并简要分析了我国土地流转的概况、其所产生的效果以及土地流转行为的影响因素。

第 8 章为农村家庭人口迁移与市民化,分别利用中国农村家庭调查中的"居住在农村的农村家庭"样本和"居住在城市的农村家庭(即农民工家庭)"对农村居民人口迁移和农民工市民化的现状进行了整体把握。

第四篇中第 9 章为农村家庭社会保障,分别从养老保险、医疗保险,失业保险、住房公积金和商业保险五个方面对农村家庭的保障基本条件和现状进行了统计介绍。

第 10 章为农村家庭社区环境,基于中国农村家庭调查的社区部分数据,主要从村庄概

况与人口特征、社区基础设施、农村产业概况、集体资产与债务、社区支出与收入和农业用地与征地拆迁六个方面对所调查的行政村状况进行了概述。

第11章为农村社区治理与公共服务，分别从治理主体与机制、治理条件、社区纠纷与矫正、社会组织与宗教信仰、社区干部与大学生村官、社会保障、环境保护和社区培训七个方面对当前农村社区的治理状况进行了统计呈现。

第五篇为第12章结论部分。基于农村家庭调查的数据，该章从性别、婚姻、教育、家庭收入、消费、土地利用状况、人口迁移等方面概括了中国农村家庭的特点，总结了当下农村家庭微观和总体的情况。

1.4.2　特别关注的主题——相对贫困

本报告在保持基本内容框架不变的前提下，特别关注了相对贫困主题，并将这一主题贯穿在每一章的分析中。

第二次世界大战结束以来，消除贫困始终是广大发展中国家面临的重要任务。我国是世界上最大的发展中国家，一直是全球减贫事业的积极倡导者和有力推动者。改革开放至今，我国已经走出了一条具有中国特色的减贫道路，使得数亿人摆脱了极端贫困，贫困人口的营养状况、教育程度、预期寿命以及其他福利指标也得到了全面改善。

以习近平同志为核心的党中央，明确要求到2020年实现现行标准下的农村贫困人口全部脱贫。《中国农村贫困监测报告2017》的数据显示，2016年我国贫困发生率为4.5%。同时，《中国扶贫开发报告2017》的研究表明，按照我国现有的脱贫速度和脱贫规模，预计到2020年我国将消除现有标准的绝对贫困。也就是说，2020年后，中国将步入全面建成小康社会的发展阶段。届时，绝对贫困将基本消除，相对贫困和多维贫困问题会逐渐凸显，主要表现为收入、社会公共服务方面不平等以及养老、医疗、教育等社会保障水平较低。

国务院扶贫开发领导小组办公室副主任陈志刚在2018中国扶贫国际论坛上指出，消除绝对贫困后的新扶贫工作重点是三个方面的转变：从主要消除绝对贫困向缓解相对贫困转变；从主要解决收入贫困向解决多维贫困转变；从重点解决农村贫困问题向统筹城乡扶贫转变。因此，中国农村家庭发展研究团队将在本年度的报告中聚焦相对贫困问题，我们在各章节中对相对贫困这一异质性进行考察，通过对区域内部和区域之间贫困相关情况的分析和比较，得出了较多具有实际意义的结论，以期为下一阶段的扶贫工作和相关研究打下一定的基础。

相对贫困的标准因目标区域而异，不同区域衡量相对贫困的标准有所不同。国际和国内目前也尚无统一的做法，有些国家把低于平均收入40%的人口归于相对贫困组别，世界银行则认为，区域内社会成员的收入低于平均收入的三分之一便可视为相对贫困。综合专家意见和相关文献，基于中国农村家庭调查数据库样本的特点，我们对本报告的相对贫困问题从两个视角进行探究。

一是从全国视角，将全国农村居民人均收入中位数的50%作为我们的相对贫困线。二是按照2016年人均GDP排名，把除了新疆和西藏之外的29个省（区、市）划分为三组（见表

1-3),分别命名为"高收入省(区、市)""中收入省(区、市)""低收入省(区、市)",将每组内农村居民人均收入中位数的50%作为该组的相对贫困线,并考察组内贫困异质性和组间差异。

表 1-3 区域分组

2016 年人均 GDP 排名	省(区、市)名称	区域组别
1	天津	
2	北京	
3	上海	
4	江苏	
5	浙江	高收入省(区、市)
6	福建	
7	内蒙古	
8	广东	
9	山东	
10	重庆	
11	湖北	
12	吉林	
13	陕西	
14	辽宁	
15	宁夏	中收入省(区、市)
16	湖南	
17	海南	
18	青海	
19	河北	
20	河南	
21	黑龙江	
22	江西	
23	四川	
24	安徽	
25	广西	低收入省(区、市)
26	山西	
27	贵州	
28	云南	
29	甘肃	

　　基于上述贫困分类方法，本报告的农村样本情况如表 1-4 所示。全国相对贫困比例为 29.26％，高收入省（区、市）、中收入省（区、市）、低收入省（区、市）的相对贫困比例分别为 29.44％、29.34％和 30.42％。因此，对于相对贫困的考察，不论是组内分析还是组间比较，均具备一定的可行性。

表 1-4　不同组别的相对贫困情况

组别	人数/人	户数/户	人均年收入中位数/元	相对贫困比例/%
全国	45067	12732	7750	29.26
高收入省（区、市）	16200	4823	11032	29.44
中收入省（区、市）	15165	4235	7727	29.34
低收入省（区、市）	13702	3674	6234	30.42

2 调查抽样设计

中国农村家庭调查项目的调查抽样设计综合考虑了科学性、对照性和追踪性三个方面的要求。为了保证样本的随机性和代表性,抽样方案设计了整体抽样方案和末端抽样方案两部分,整体抽样方案总体而言采用的是分层、三阶段、与人口规模成比例(PPS)的抽样设计方法,末端抽样采用的是利用"住宅分布地理信息"建立抽样框来进行等距抽样。为了保证横向可比性,全面考察中国农村家庭状况,以及城镇化进程对农村家庭的影响,调查抽样不仅涉及居住在农村的农村家庭,也包括移居城镇的农村家庭[①]。为了保持纵向可比性,考察农村家庭变迁发展情况,调查抽样力求较高的追踪率,历次扩样均以前次调查样本为基础。

2.1 整体抽样方案

中国农村家庭调查至今已进行了四轮,四轮调查的整体抽样方案思路相同,具体做法略有差异。

2.1.1 2011 年调查的整体抽样方案

2011 年抽样设计的目标是使数据具有全国代表性。

(1)第一阶段抽样

第一阶段抽样单元为全国除西藏、新疆、内蒙古和港澳台地区以外范围内的 2585 个县(市、区)。抽样的目标是从 2585 个县(市、区)中抽取 80 个县(市、区)。同时,要求这 80 个县(市、区)的地理分布相对均匀。为达到该目的,我们将 2585 个县(市、区)按照人均 GDP分成 10 层,在每个层内以县(市、区)人口数为权重,采用 PPS 抽样抽取 8 个县(市、区),共抽得 80 个县(市、区),样本涵盖 25 个省(区、市)。最终抽取的 80 个县(市、区)在东、中、西部地区的分布比例为 32∶27∶21。

(2)第二阶段抽样

第二阶段抽样的目标是从抽出的 80 个县(市、区)中抽取村(居)委会样本。在每个被抽

---

① 居住在城镇的农村家庭是指居住在城镇且为农业户口的家庭,或居住在城镇现为统一居民户口且获得统一居民户口前是农业户口的家庭,即所谓的农民工家庭。

中的县（市、区）中，按照非农业人口的比重分配村（居）委会的样本数，并随机抽取相应数量的村（居）委会，且保证每个县（市、区）抽取的村（居）委会之和为4个。其具体实施方法如下：

①按照各县（市、区）的非农人口比例的分位数，将各县（市、区）分成5个组。分组的依据是各县（市、区）非农人口比重20%、40%、60%和80%的分位数。

②在非农人口比例最大的县（市、区）组中，居委会和村委会分配的样本比例是4∶0。

③在非农人口比例次大的县（市、区）组中，居委会和村委会分配的样本比例是3∶1。

④以此类推，在非农人口比例最低的县（市、区）组中，居委会和村委会分配的样本比例是0∶4。

基于上述样本分配方式，在既定县（市、区）内形成了城镇和农村2个抽样框。在城镇和农村抽样框内，其抽取的居委会和村委会样本数量是已知的。因此，可以分别按照各村（居）委会的居民户数进行PPS抽样。

（3）第三阶段抽样

在每个抽中的村（居）委会中，分配相应的样本户数。农村地区的样本量固定为20户，城镇社区的样本量根据其房价高低适当放大，每个城镇社区访问的样本量为25至50个家庭。在每个抽中的家庭中，对符合条件的受访者进行访问。2011年城镇社区样本分配情况如表2-1所示。

表 2-1　2011 年城镇社区样本分配情况

样本数	频数	比例/%
25	51	31.48
30	58	35.80
35	27	16.67
50	26	16.05

2.1.2　2013 年调查的整体抽样方案

2013年抽样设计的目标是使数据具有省级代表性。为此，调查样本量进行了较大规模扩充。初级抽样单元（PSU）为全国除西藏、新疆和港澳台地区外范围内的全部县（市、区）。

（1）第一阶段抽样

在每个省（区、市）内，将所有县（市、区）按照人均GDP排序，然后在2011年抽中的县（市、区）的基础上，根据人均GDP排序进行对称抽样。例如，某省（区、市）共有100个县（市、区），将其按照人均GDP排序后，若2011年抽中的县（市、区）位于第15位，则对称抽取人均GDP位于第85位的县（市、区）。在此基础上，若2011年该省抽中的县（市、区）样本过少，对称抽样不足以构成省级代表性，则采用PPS抽样的方式追加县（市、区）样本。对于新抽中的宁夏、内蒙古和福建3个省（区），同样采用PPS抽样法抽取县（市、区）样本。具体做法为，对该省（区）内所有县（市、区）按照人均GDP排序，然后以人口为权重，采用等距抽样方式抽取县(市、区)样本。

(2)第二阶段抽样

这一阶段的抽样对新增县(市、区)样本使用了与2011年不同的抽样方式。在所有新抽中的县(市、区)内部,按照非农人口比例对各个街道(乡)、村(居)委会进行排序,然后使用以人口为权重的PPS等距抽样方式抽取4个村(居)委会。最终得到的样本包含262个县(市、区)的1048个居委会(村委会),涵盖全国29个省(区、市)。表2-2列出了2013年各个省(区、市)社区样本的城乡分布,以及农村社区比重和各省总体农业人口比重。

表2-2　2013年各省(区、市)样本城乡社区分布情况

省(区、市)	城镇社区数/个	农村社区数/个	农村社区比重	农业人口比重
安徽省	11	21	0.66	0.78
北京市	28	4	0.12	0.23
福建省	20	20	0.50	0.67
甘肃省	14	18	0.56	0.75
广东省	29	23	0.44	0.47
广西壮族自治区	16	16	0.50	0.81
贵州省	9	19	0.68	0.84
海南省	8	12	0.60	0.61
河北省	22	18	0.45	0.69
河南省	19	25	0.57	0.78
黑龙江省	21	15	0.42	0.52
湖北省	32	28	0.47	0.61
湖南省	25	19	0.43	0.78
吉林省	22	18	0.45	0.55
江苏省	27	13	0.32	0.53
江西省	15	17	0.53	0.73
辽宁省	23	17	0.42	0.49
内蒙古自治区	9	11	0.55	0.59
宁夏回族自治区	11	9	0.45	0.62
青海省	13	15	0.54	0.70
山东省	27	9	0.25	0.62
山西省	18	22	0.55	0.68
陕西省	14	18	0.56	0.72
上海市	31	1	0.03	0.13
四川省	34	18	0.35	0.75
天津市	25	3	0.11	0.39
云南省	11	21	0.66	0.83
浙江省	22	26	0.54	0.70
重庆市	20	16	0.44	0.72

（3）第三阶段抽样

与2011年第一轮调查的做法一致，该阶段抽样在每个抽中的村（居）委会中，分配相应的样本户数。农村地区的样本量仍固定为20户，城镇社区根据其房价高低适当放大，每个城镇社区访问的样本量为25～50个家庭。在每个抽中的家庭中，对符合条件的受访者进行访问。表2-3列示了2013年新增城镇社区样本分配情况。

表 2-3　2013年新增城镇社区样本分配情况

样本数	频数	比例/%
25	60	14.96
30	134	33.42
35	168	41.90
50	39	9.73

2.1.3　2015年调查的整体抽样方案

2015年进一步扩大了样本规模。抽样设计的目标是使数据在具有省级代表性的基础上，进一步优化省级代表性，并具有对部分副省级城市的样本代表性。

为此，在追踪回访2013年取得的28141户家庭样本的基础上，为优化省级代表性，在安徽、福建、广东、海南、河北、湖南、吉林、江苏、山西、四川、云南、浙江、重庆这13个省（市）的45个县（市、区）的180个社区补抽了样本；为取得成都、武汉等15个副省级城市的样本代表性，在相关城市新增45个县（市、区）的180个社区作为样本。2015年的新增样本是在充分利用2011年、2013年两轮调查所取得的样本的基础上补抽得到的，补抽的规则如下。

（1）第一阶段抽样

在省级层面进行的样本补抽沿用了分层、三阶段、规模度量成比例的方法。不同的是，为保证样本在各省（区、市）的分布较为均匀，采用了插空补抽的方法，具体做法是：

①对需要补抽样本的省（区、市），按照县（市、区）人均GDP排序；

②引入人口权重，分别计算各县（市、区）的"人口秩"以及2013年省（区、市）内各县（市、区）样本间的"人口秩间距"，并计算省（区、市）内"人口秩间距"的均值；

③在"人口秩间距"大于0.8倍均值的2个县（市、区）之间补抽1个样本，在"人口秩间距"大于1.5倍均值的两个县（市、区）之间补抽2个样本；

④生成随机数种子，按照等距的方法补抽县（市、区）。

为保障副省级城市的代表性，第一阶段抽样的具体操作为：对每个城市下辖的县（市、区）按照人均GDP排序，在充分利用2013年调查样本的前提下，以人口为权重，按照PPS等距的方法抽选县（市、区），大致按照每200万人抽选1个县（市、区）的比例进行补抽，最终访问副省级城市下辖的80个县（市、区），占县（市、区）总访问量的44.7%。

（2）第二阶段抽样

由于第二阶段抽样采用的社区层面的资料有更新，2015年第二阶段抽样直接采用国家统计局公布的社区编码进行排序,再从第一阶段抽中的县(市、区)中等距抽选 4 个社区。这一过程有别于 2011 年、2013 年的第二阶段抽样方法。

(3)第三阶段抽样

该阶段抽样与 2011 年、2013 年的做法保持一致。在每个抽中的村(居)委会中,分配相应的样本户数。农村社区的样本量固定为 20 户,城镇社区的样本量根据其房价高低适当放大,每个城镇社区访问的样本量为 25～50 个家庭。在每个抽中的家庭中,对符合条件的受访者进行访问。

2.1.4 2017 年调查的整体抽样方案

2017 年的调查实际取得样本共 40011 户,分为 4 类,包括追踪回访 2015 年所取得的所有家庭样本、为优化全国农村代表性而在全国部分县(市、区)新增的 30 个农村村委会的 750 户家庭样本、为优化上海市杨浦区代表性而新增的 12 个村(居)委会 360 户家庭样本、为优化社区情况而对部分原始待访村(居)委会增补的 1000 户样本。

其中,追踪回访 2015 年所取得的所有家庭样本是既定样本,但因存在原受访户追踪不到的情况,在保证数据代表性的前提下,对确实追踪不到的样本根据换样规则进行替换。其他的样本为 2017 年新增样本,具体抽样方案如下。

(1)第一阶段抽样

为优化全国农村代表性、弥补在非农人口比例最大的村(居)委会农村样本不足的缺陷,2017 年的调查将此组的村(居)委会分别按照统计局编码排序,将各县(市、区)村(居)委会排序后的第一个原始待访村(居)委会序号作为抽样起点进行等距抽样,若新抽中社区距离老社区太近,则以老社区代替,以确保追踪样本能够被充分利用。

由于往年未在杨浦区投放样本,为了杨浦区的代表性,2017 年直接将杨浦区所有村(居)委会按照统计局编码排序等距抽取 12 个村(居)委会。

对于往年调查因为安全等客观因素未完成的原始待访村(居)委会进行样本增补,直接通过绘图结果随机抽取家庭样本,确保在既定规则下保证每个社区的访问数量。

(2)第二阶段抽样

与之前调查的做法一致,农村社区的样本量固定为 20 户,城镇社区访问的样本量为 25～50 个家庭,上海杨浦区每个社区 30 个样本。

2.2 末端抽样方案

末端抽样时,采用地图地址进行实地抽样。在绘制住宅分布图以及制作住户清单列表的基础上,借助"住宅分布地理信息"为抽样框来进行末端抽样。具体做法如下所示。

2.2.1 绘制住宅分布图

项目组采用地理信息抽样系统,借助 3G（遥感、GPS、GIS）技术解决了目标区域空间地理信息的采集问题。借助地理信息研究所提供的高精度数字化影像图和矢量地图,绘图员在野外通过电子平板仪和 GPS 定位获取高精度的测量电子数据,并直接将其输入计算机系统中,从而获得高质量的地图。考虑到地图数据的时效性,通过后期实地核查、人工修正的方式对空间地理数字模型进行调整,建立起与现实地理空间对应的虚拟地理信息空间。该部分核心流程如图 2-1 所示。

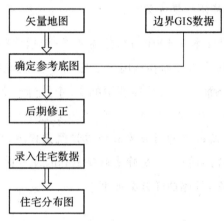

图 2-1　住宅分布图的绘制过程

2.2.2 末端抽样

末端抽样基于绘图工作生成的住户清单列表,采用等距抽样的方式进行。具体步骤如下:

(1)计算抽样间距,即每隔多少户抽选一个家庭。抽样间距的计算公式为:

抽样间距＝住户清单总户数 ÷ 设计抽取户数（向上取整）

若某社区共有住户 100 户,计划抽取 30 户,100/30≈3.33,则抽样间距为 4。

(2)确定随机起点。随机起点的确定为抽样开始时,钟表上分针所处位置的个体数值。若时间为 15：34,则随机起点为 4;若时间为 12：03,则随机起点为 3。

(3)确定抽中住户。随机起点所指示的住户为第一个被抽中的住户。在上述例子中,假定随机起点为 3,则第一个被抽中的住户是编号为 3 的住户。则其他被抽中的住户依次为 7,11,15,19,…,依次类推,直至抽满计划抽样数为止。

抽样中对家庭的定义如下:家庭可分为多人家庭和单人家庭两种情况。多人家庭由夫妻、父母、子女、兄弟姐妹等构成,可以直接访问。单人家庭又分为几种情况:没有其他家人,可以直接访问;而如果在其他地方有家人,但经济独立,则不算作本地区的家庭成员。同时,必须至少有一个人是中国国籍,并至少在本地居住 6 个月以上。识别家庭总的原则是满足下列条件之一:共享收入,共担支出。

2.3　样本权重的确定

在上述抽样设计下,由于每户家庭被抽中的概率不同,因此每户家庭代表的中国家庭数量也就不同。在推断总体的时候,需要通过权重的调整来真实准确地反映每户样本家庭代表的家庭数量,以获得对总体的正确推断。所有计算结果都经过抽样权重的调整。

2017 年的调查抽样覆盖了全国除西藏、新疆、港澳台地区之外的所有省(区、市),抽取县(市、区)355 个,最终访问社区 1428 个。抽样方案已尽可能地保证样本在地理位置、农村与城镇分布上的均衡,但由于在调查过程中存在一些不可避免的原因,调查无法获得部分抽取样本的数据,造成样本分布存在一些偏差。为减少随机误差,根据 2015 年全国县(市、区)GDP、人口数据对权重进行测算。

省(区、市)内的县(市、区)分层是根据 2015 年国家统计局、各省(区、市)地方统计局发布的 GDP、人口数据,选取与调查样本点所在的县(市、区)人均 GDP 相近的县(市、区)作为同一层。具体方法为:将省(区、市)内所有县(市、区)按照人均 GDP 排序,在确定相邻的调查样本点所在县(市、区)后,将 2 个调查样本点所在县(市、区)之间的非样本点县(市、区)按照相近原则,确定非调查样本点县(市、区)所在的层。

抽样权重的计算方法如下:根据每阶段的抽样分别计算出调查县(市、区)被抽中的概率 $P1$、调查社区(村)在所属县(市、区)被抽中的概率 $P2$ 以及调查样本在所属社区(村)被抽中的概率 $P3$,分别计算出三阶段的抽样权重 $W1=1/P1$、$W2=1/P2$、$W3=1/P3$,最后得到该样本的抽样权重为 $W=W_1 \times W_2 \times W_3$。

2.4　历年的样本规模及分布情况

2011 年第一轮调查的样本分布在全国 25 个省(区、市),80 个县(市、区),320 个村(居)委会,样本规模为 8438 个家庭,其中农村样本共 5120 户,样本具有全国代表性。2013 年第二轮调查样本分布在全国 29 个省(区、市),262 个县,1048 个村(居)委会,样本规模为 28141 个家庭,其中农村样本共 16511 户,样本在具有全国代表性的基础上增加了省级代表性。2015 年第三轮调查样本分布在全国 29 个省(区、市),363 个县,1439 个村(居)委会,样本规模为 37289 个家庭,其中农村样本共 22535 户,具有全国、省级和部分副省级城市代表性。2017 年第四轮调查的样本分布覆盖了全国除西藏、新疆、港澳台地区之外的所有省份,355 个县,1428 个村(居)委会,样本规模为 40011 户,其中农村样本涉及 608 个农村社区,共 12732 户,具有全国、省级和部分副省级城市代表性。

2.5　追踪率与拒访率

2.5.1　样本追踪率

本次调查涉及的追踪对象包括2011年、2013年和2015年三次调查持续追踪样本以及历次调查增补的样本，应追踪数为37289户，本次调查实际成功追踪数为26818户，追踪成功率为71.92%。追踪对象城乡分布如表2-4所示。

表 2-4　样本追踪情况

城乡分类	应追踪数/户	成功追踪数/户	追踪成功率/%
城镇样本	25654	16734	65.23
农村样本	11635	10084	86.67
总体	37289	26818	71.92

2.5.2　样本拒访率

调查过程中不可避免地会出现拒访的情况。本次调查中实际接触样本68962户，拒访率为15.47%，成功访问40011户，成功率为58.02%，无应答率为41.98%，替换样本28951户。拒访情况如表2-5所示。

表 2-5　样本拒访情况

城乡分类	成功样本数/户	拒访样本数/户	拒访率/%
城镇样本	27279	7039	20.51
农村样本	12732	282	2.17
总体	40011	7321	15.47

2.6　数据采集和质量控制

2.6.1　数据采集

（1）调查手段

本项目采用国际上通用的成熟的计算机辅助面访系统（Computer-assisted Personal Interviewing，CAPI），全面实现以计算机为载体的电子化入户访问。通过CAPI方式，能够严格地设置问卷内部的逻辑关系并自动校验,及时发现异常关系并提示访问员进行必要追问;能够有效减少人为因素造成的非抽样误差,例如对问题的值域进行预设,减少人为数据录入错误,减少逻辑跳转错误等;能够较好地满足数据的保密性要求和实时性获取的要求,从而能显著提高调查数据的质量。

(2)访问员培训

本项目的访问员来自各地高校优秀的本科生和研究生,所有访问员均接受过良好的教育。在正式"入户访问"之前,项目组对选拔出的学生访问员进行系统培训,培训内容包括调查的知识、技能和态度等方面的内容。担任访问现场督导的专职督导或博士生也接受了相应的督导培训。

①调查的基础知识和技能培训。包括如何进行访问前的准备工作,如何快速准确到达调查或抽样的出发点,如何确定行走路线,如何识别空房等。调查中如何防范意外伤害及其他安全防范等训练也是培训的重要内容。

②访问技巧培训。在访问前如何确定合格的受访对象,如何取得受访者的信任和配合;在访问时如何向受访者准确、中立地传递问题的含义,并记录访问中遇到的特殊问题;在访问后如何将数据传回并遵守保密性要求。

③问卷内容培训。首先要求访问员熟悉问卷的结构和内容,熟悉访问员手册的全部内容,准确掌握相关问题的含义以及相关概念的定义,了解主要的逻辑关系以及各处跳转的逻辑。再以小班授课的方式对问卷内容进行进一步的梳理,帮助进一步熟悉和理解问卷。培训中采用了多种培训方式,如通过幻灯片、视频等多媒体手段更生动地进行讲解;采用角色扮演方式,由访问员轮流扮演访问者和受访者;采用课堂模拟访问等方式。通过训练,较好地提升访问能力、加深对问卷内容印象,并从模拟访问中发现不足以便进行进一步训练。

④CAPI电子问卷系统和访问管理系统使用培训。在课堂上给访问员发放 PAD,通过实际操作练习,熟悉 PAD 的使用以及 CAPI 电子问卷系统和访问管理系统的操作,包括如何分发下载配额和样本信息,如何上传数据等。此环节特别强调了访问过程中备注信息的使用和各种快捷键操作,有效地控制了访问时间,缩短了访问时长。

⑤实地演练。课堂培训结束之后,利用周边非抽样区域的住宅区,组织访问员进行实地演练,即小范围地入户访问,以考核访问员对访问技巧和问卷内容的掌握情况,查漏补缺。

末端抽样框的精度很大程度上取决于实地绘图的精度,因此,项目组对绘图员的培训要求更高。绘图员不仅要接受访问员的培训,还需要接受专门的绘图培训。绘图员需要熟练掌握地理信息抽样系统的操作使用,要求能直接在电子地图上绘制住宅分布图,并对住房的外部信息以及住户资料进行记录。

在培训完成后,项目组对访问员进行严格的考核评分,对考核表现不理想的访问员进行再培训或取消其访问资格。而作为访问管理环节具体指导者的现场访问督导,接受了更加严格的培训,他们被要求熟练掌握督导管理系统、样本分配系统和 CAPI 问卷系统的操作使用。

上述严格的培训和考核保证了现场访问督导和访问员的高素质,为高效收集高质量的调查数据奠定了坚实基础。在实际调查中,样本的调查拒访率稳定保持在较低水平,2011年的拒访率为3.20%,2013年的为0.87%,2015年的为1.21%,2017年的为2.17%。

2.6.2　质量控制

(1)访问过程中的质量控制

除了采用CAPI外,本项目还设计了较为完善的过程质量监控系统,以期尽可能地减少人为因素导致的误差。

①严格的样本管理

样本管理主要由样本管理系统实现。样本管理系统主要功能包括样本建立、样本发放、样本调配、样本维护、样本追踪、访问员管理、督导管理、核查样本的发放情况和执行情况。

利用样本管理系统可以实现严格的样本管理。后台管理系统控制着样本信息的管理、分发和调配,访问员不能为减少访问难度而随意更换样本,从而最大限度地保证样本的随机性和代表性。访问员只有在六次拒访或无人应答的情况下,才能向现场访问督导申请更换样本,而督导必须在亲自确认无法访问后才能更换样本。

样本管理的具体工作流程如下:

第一,根据末端抽样得到的抽样框(房屋编号、地图编号、住宅地址信息等)建立样本框基础地址信息库。

第二,输入访问员、现场访问督导等信息,建立访问员与现场访问督导的对应关联。

第三,根据样本配额数量和抽样框信息,确定样本框,建立样本发放规则,样本发放给现场访问督导或访问员。

第四,实时接收各客户端(PAD)传回的数据,包括样本的接收时段数据、样本投放时段的数据、样本的变更历史数据等,按既定规则,进行数据呈现。

②详细的访问管理

详细的访问管理由访问管理系统自动完成。该系统的主要功能包括四个方面:一是接收样本管理发放的样本数据;二是采集受访户的接触信息;三是采集调查访问数据;四是及时回传所采集的访问数据。

该部分采集的数据主要包括:调查访问数据、样本接触信息数据(接触时间、接触结果、接触方式、接触环境、预约时段、预约方式等)、访问员的访问行为数据(答题时间、答题间隔、答题次序、键盘鼠标操作记录等)、样本的回传时段数据等。

③及时的数据回传

访问员和现场访问督导的客户端(PAD)以VPN方式接入服务器,采集的各项数据通过数据同步,在通信链路稳定的前提下,利用服务器与工作主机的分发与订阅模式进行数据同步,后台工作人员可以对访问数据进行准实时分析与质量核查。

（2）数据核查

数据核查包含了多个环节多种形式的核查。包括后台系统对现场数据的自动核查，对行为数据的自动判断，事后的电话回访和录音核查，以及数据清洗等。

在访问的接触阶段，访问员需要详细记录每次接触的相关信息，例如每次上门的时间、陪同人员、受访者的反应等，这些信息有助于分析拒访的原因，并为进一步的应对方案提供依据，还可以防止访问员随意更换样本的行为。

借助 CAPI 系统的数据记录功能，从访谈的录音乃至访问员每一次的鼠标键盘操作，访问员在访问过程中的所有"行为数据"（Paradata）均被如实、详细地记录下来。在网络条件允许的区域，该记录能及时传回项目服务器，从而实现准实时监控。具体工作包括：

行为数据分析：对调查中搜集到的行为数据进行检查和统计分析。

电话回访：按一定的比例，对所有拥有电话的家庭进行回访，确认是否接受过访问。

录音核查：对访问过程中的全部录音通过回放录音、屏幕重现的方式进行核查。

数据清洗：对数据进行初步统计分析，对存在异常值的问卷进行全卷数据审核，对该问卷的访问数据进行分析，对可疑问卷采用电话回访、录音核查等方式进行核查。

第 二 篇

农村家庭基本特征

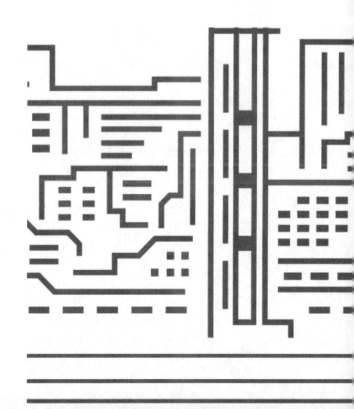

3 农村家庭基本结构

本章利用 2017 年浙江大学中国农村家庭调查样本分析家庭基本结构,并在部分分析中使用 2011—2015 年的调查数据进行比较。2017 年,中国农村家庭调查共收集到有效农村样本 12732 户,其中,个人信息的样本量为 45067 人。研究发现,农村家庭样本的平均家庭规模为 3.54 人,加权后得出全国农村家庭平均规模为 3.55 人,大于全国城镇家庭平均规模(3.03 人),核心家庭和夫妻家庭这两种家庭类型占到我国农村家庭的一半以上,有 43.8% 的家庭有 65 周岁及以上的老人。我国农村人口平均年龄为 40.1 周岁,年龄中位数为 42.0 周岁,其中少儿人口、劳动年龄人口和老年人口占比分别为 16.8%、68.4% 和 14.8%,划分更细的年龄段后发现,整体年龄结构呈现"中间大,两头小"的"纺锤形"结构,未来将逐渐进入"倒三角形"的衰退型年龄结构,劳动年龄人口将面临巨大的少儿和老年抚养压力,而相对贫困家庭的抚养压力要明显大于其他家庭。我国农村地区仍有 47.6% 的居民未达到初中学历,总体受教育水平不高。受教育程度在地区和性别间差异明显,东、中、西部农村地区[①]完成初中及以上教育的人口比例分别为 58.9%,52.3% 和 46.3%,男性完成初中及以上教育的比例为 60.2%,而女性仅为 44.0%。另外,相对贫困家庭其成员完成初中及以上教育的比例为 39.5%,要明显低于其他家庭的 58.0%。在符合我国法定结婚年龄的农村人口中,已婚人口比例为 77.2%,西部地区的未婚比例最高,而未婚比例会随着受教育水平的提高而增大。对于全国农村 16 周岁及以下的少儿而言,绝大多数人(88.2%)都接种过乙肝疫苗或肺炎疫苗,其中东部地区接种比例最高,也有超过一半(52.7%)的少儿在 2016 年参加过体检。就自我身体评估而言,50.3% 的农村居民认为自己的身体状况非常好或好,男性认为自己的身体状况非常好或好的比例要高于女性,东部地区农村居民认为自己的身体状况非常好或好的比例要高于中、西部地区,而相对贫困家庭认为自己的身体状况非常好或好的比例要显著低于其他家庭。

3.1 家庭结构

2017 年,CRHPS 农村样本的平均家庭规模为 3.54 人,加权后全国农村家庭平均规模

---

① 本报告中关于东、中、西部地区的划分如下:东部地区包括北京、天津、河北、辽宁、上海、江苏、浙江、福建、山东、广东、海南 11 个省(市);中部地区包括山西、吉林、黑龙江、安徽、江西、河南、湖北、湖南 8 个省;西部地区包括内蒙古、广西、重庆、四川、贵州、云南、西藏、陕西、甘肃、宁夏、青海、新疆 12 个省(区、市)。

为 3.55 人，而在城镇样本中，平均家庭规模为 3.00 人，加权后全国城镇家庭的平均规模为 3.03 人，农村家庭的平均规模要明显大于城镇家庭。

如图 3-1 所示，按家庭规模分，2017 年我国农村由 1 人组成的家庭占比为 7.4%，由 2 人组成的家庭占比为 29.5%，由 3 人组成的家庭占比为 17.7%，由 4 人组成的家庭占比为 16.5%，由 5 组成的家庭占比为 13.3%，由 6 人组成的家庭占比为 10.2%，由 7 人组成的家庭占比为 3.4%，由 8 人组成的家庭占比为 1.1%，家庭成员数在 9 人及以上的家庭占比为 0.9%。

农村家庭由 4 人及以上组成的比例要明显高于城镇，如由 5 人组成的家庭在农村的占比要比城镇高 4.6 个百分点，由 6 人组成的家庭占比则要高 6.0 个百分点。而相应地，更多的城镇家庭由 3 人及以下组成，由 3 人组成的家庭在城镇占比为 28.2%，远高于农村的 17.7%，由 2 人组成的家庭在城镇占比为 31.9%，比农村也要高出 2.4 个百分点。

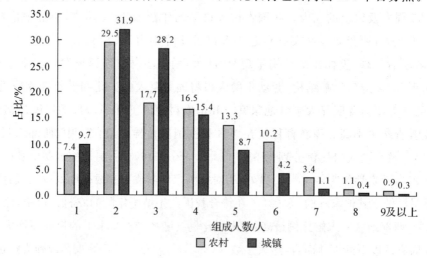

图 3-1　2017 年农村和城镇家庭规模构成

如图 3-2 所示，按家庭类型分，2017 年农村家庭中夫妻家庭所占比例最大，达到了 26.3%，核心家庭为 25.0%，主干家庭为 13.4%，与城镇相比，农村的核心家庭比例较低（城镇核心家庭比例为 33.6%），而主干家庭比例则明显高于城镇的 7.1%。这与图 3-1 的结果较为吻合，因为核心家庭的人数一般为 3~4 人，而主干家庭的人数会相对更多，而更高比例的主干家庭使得农村家庭的平均规模要相对大于城镇。另外，农村和城镇单亲家庭的比例较为接近；农村隔代家庭比例为 4.2%，明显高于城镇的 2.4%，联合家庭的比例两者均较低，农村为 0.8%，城镇为 0.5%。

如表 3-1 所示，按家庭规模与代户关系来划分，2017 年农村代户关系中一代户、二代户和三代户比例较高，均超过了 30%，分别为 34.2%、32.2% 和 31.5%，四代及以上户的家庭相对较少，仅有 2.1%。

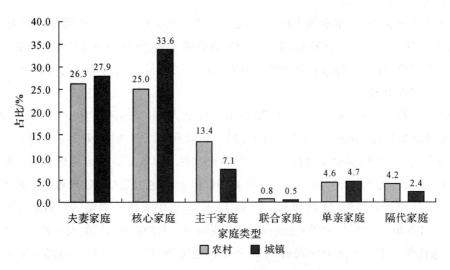

图 3-2　2017 年农村和城镇家庭类型构成

注：夫妻家庭，即只有夫妻两人组成的家庭；核心家庭，即由父母和未婚子女组成的家庭；主干家庭，即由两代或者两代以上夫妻组成，每代最多不超过一对夫妻且中间无断代的家庭；联合家庭，即指家庭中有任何一代含有两对或两对以上夫妻的家庭；单亲家庭，即至少有一个孩子与单身家长居住在一起的家庭；隔代家庭，即有缺代的家庭。

在一代户家庭中，家庭规模主要组成为二人户（大部分为夫妻家庭），比例为 26.5%，另外，7.4% 的家庭为一人户，0.3% 的家庭为三人户。在二代户家庭中，主要组成为三人户和四人户，分别占到了 15.1% 和 11.0%。另外，还有 2.5% 的家庭为二人户，2.7% 的家庭为五人户，0.7% 的家庭为六人户，七人户和八人户家庭共占 0.2%。在三代户家庭中，主要以四人户、五人户和六人户为主，分别占到了 5.3%、10.3% 和 8.8%。另外，2.3% 的家庭为三人户，2.8% 的家庭为七人户，0.8% 的家庭为八人户，0.3% 的家庭为九人户，十人及以上户也有 0.4%。四代及以上户的家庭总共占 2.1%，主要由六人户和七人户构成，分别占 0.7% 和 0.5%。

表 3-1　2017 年农村家庭规模与代户关系　　　　　　　　　　单位：%

家庭规模	规模比例	一代户	二代户	三代户	四代及以上户
一人户	7.4	7.4	0.0	0.0	0.0
二人户	29.5	26.5	2.5	0.5	0.0
三人户	17.7	0.3	15.1	2.3	0.0
四人户	16.5	0.0	11.0	5.3	0.2
五人户	13.3	0.0	2.7	10.3	0.3
六人户	10.2	0.0	0.7	8.8	0.7
七人户	3.4	0.0	0.1	2.8	0.5
八人户	1.1	0.0	0.1	0.8	0.2
九人户	0.4	0.0	0.0	0.3	0.1
十人及以上户	0.5	0.0	0.0	0.4	0.1
总计	100.0	34.2	32.2	31.5	2.1

如表 3-2 所示，2017 年全国农村有 43.8％的家庭至少包含一个 65 周岁及以上的老人，其中 24.6％的家庭只有一个老人，18.9％的家庭有两个老人，还有 0.3％的家庭有三个及以上老人。尤其值得注意的是，在全国的农村家庭中，5.0％的家庭为单身老人户，10.4％的家庭仅由一对老人组成。

分地区来看，西部地区 27.7％的家庭仅有一个老人，东部地区仅有一个老人的家庭比例和中部地区比较接近，分别为 22.8％和 23.9％，相对低于西部地区；但是东部地区单身老人户比例最高，为 5.8％，而中部地区为 4.2％，西部地区为 4.9％。西部地区有更多的家庭拥有两个老人，占比为 21.3％，其中 9.2％的家庭仅由一对老人组成，东部和中部地区有两个老人的家庭比例较为接近，分别为 17.2％和 18.7％，其中仅由一对老人组成的家庭的比例分别为 11.1％和 10.8％。另外，在全国的农村家庭中，大约有 0.3％的家庭拥有三个及以上老人，且该比例在不同地区非常接近，东部和中部地区为 0.3％，西部地区较低，为 0.2％。

表 3-2　2017 年不同地区农村含老人家庭分布情况　　　　　　　　　　单位：％

地区	合计	有一个老人的家庭			有两个老人的家庭			有三个及以上老人的家庭
		小计	单身老人户	其他	小计	仅一对老人	其他	
全国	43.8	24.6	5.0	19.6	18.9	10.4	8.5	0.3
东部	40.3	22.8	5.8	17.0	17.2	11.1	6.1	0.3
中部	42.9	23.9	4.2	19.7	18.7	10.8	7.9	0.3
西部	49.2	27.7	4.9	22.8	21.3	9.2	12.1	0.2

如图 3-3 所示，与 2015 年相比，2017 年全国农村地区有老人的家庭比例从 39.1％上升到 43.8％，有一个老人的家庭比例从 23.2％上升到 24.6％，有两个老人的家庭比例从 15.6％上升到 18.9％，有三个及以上老人的家庭比例不变，仍为 0.3％。农村地区有老人的家庭，尤其是有两个老人的家庭比例明显上升，从侧面反映了农村老龄化的加剧，以及农村养老负担的加重。

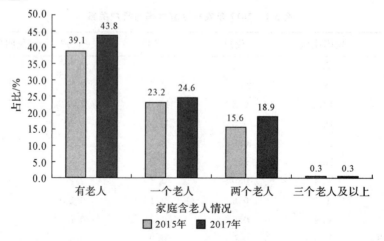

图 3-3　2015 年和 2017 年农村家庭含老人情况

3.2 年龄结构

如表 3-3 所示,2017 年我国农村人口平均年龄为 40.1 周岁,年龄中位数为 42.0 周岁,女性的平均年龄和年龄中位数都显著高于男性,为 41.0 周岁和 44.0 周岁,分别比男性高出 1.7 周岁和 3.0 周岁。在年龄层构成上,男女的劳动年龄人口比例非常接近,分别为 68.0% 和 68.9%,但是男性的少儿人口比例为 17.8%,明显高于女性的少儿人口比例(15.7%),而男性老年人口比例则低于女性的老年人口比例,分别为 14.2% 和 15.4%。

表 3-3　2017 年农村人口年龄结构

性别	平均年龄/周岁	年龄中位数/周岁	不同年龄组人口占比/%			
			少儿人口	劳动年龄人口	老年人口	总人口
男	39.3	41.0	17.8	68.0	14.2	51.9
女	41.0	44.0	15.7	68.9	15.4	48.1
总体	40.1	42.0	16.8	68.4	14.8	100.0

注:根据《中国人口和就业统计年鉴》的划分,少儿人口指 14 周岁及以下的人群,劳动年龄人口指 15 周岁及以上和 64 周岁及以下的人群,老年人口指 65 周岁及以上的人群。

表 3-3 体现了我国整体"中间大,两头小"的"纺锤形"年龄结构,具体如图 3-4 所示,且在特定的几个年龄段,如 30～39 周岁、55～59 周岁,存在明显的"凹点"。这种年龄结构的形成受到了中华人民共和国成立以来社会经济、自然条件变化、国家政策等诸多因素的影响。

1949 年中华人民共和国成立以后,我国由于社会稳定,经济持续快速发展,迈入了第一个生育高峰,较高的出生率使得人口总量快速增长。但是在 1959—1961 年三年困难时期,人民生活水平受到极大影响,出生人口也相应显著减少,使得人口总量呈现"先增长,后下跌"的态势,从而导致目前 55～59 周岁年龄段的人口占比出现了较为明显的"凹点"。度过三年困难时期后,明显改善的自然环境和迅速发展的经济条件使得人口出现了"补偿性生育"现象,我国进入了第二次生育高峰。但是在这一阶段,人口数量的高速增长也带来了巨大的社会与经济压力,我国开始尝试性地推广计划生育政策,以至于在接下来的十几年内,人口出生率呈现下降趋势。与此同时,三年困难时期中出生的人开始进入生育年龄,较少的生育人口和计划生育政策的影响使得该阶段出生的人口数量迈入低谷,导致目前 30～40 周岁年龄段人口占比"凹点"的出现。而在此之后,第二次生育高峰中出生的人开始进入生育年龄,人口数量有所回升。

虽然我国农村年龄结构中有几处"凹点",但其整体上仍然呈现"中间大,两头小"的"纺锤形"结构,随着时间的推移,必然会进入"倒三角形"的衰退型年龄结构,届时我国农村将面临非常严重的少子化和老龄化现象。

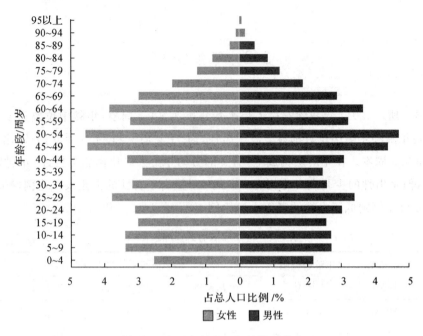

图 3-4　我国农村人口年龄性别分布

　　我国"中间大，两头小"的年龄结构在一定程度上体现了我国家庭人口负担的情况。如表 3-3 所示，我国农村家庭少儿人口、劳动年龄人口和老年人口占比分别为 16.8％、68.4％和 14.8％，即 68.4％的劳动人口，需要抚养 16.8％的少儿人口和 14.8％的老年人口。而如表 3-4 所示，我国农村总抚养比、少儿抚养比和老年抚养比分别为 46.1％、24.5％和 21.6％，劳动年龄人口面临着相当大的少儿和老年抚养压力。

表 3-4　2017 年不同地区农村家庭人口负担情况　　　　　　　　　　　　　　单位：％

地区	总抚养比	少儿抚养比	老年抚养比	老龄化率
全国	46.1	24.5	21.6	14.8
东部	43.0	22.1	20.9	14.6
中部	47.9	25.5	22.4	15.2
西部	47.2	25.8	21.4	14.5

　　注：根据《中国人口和就业统计年鉴》的划分，少儿人口指 14 周岁及以下的人群，劳动年龄人口指 15 周岁及以上和 64 周岁及以下的人群，65 周岁及以上为老年人口。少儿抚养比指少儿人口占劳动年龄人口的比例；老年抚养比指老年人口占劳动年龄人口的比例；总抚养比指少儿和老年总人口占劳动年龄人口的比例。

　　我国不同地区农村的总抚养比呈现一定差异，中部地区最高，为 47.9％，其次为西部地区，为 47.2％，东部地区最低，为 43.0％。东部地区的少儿抚养比和老年抚养比分别为22.1％和 20.9％，均低于中部和西部地区，且少儿抚养比与中部地区（25.5％）和西部地区（25.8％）差距较大。少儿抚养比的较大差异有可能源于不同地区经济水平差异对生育观念的影响，东部地区经济相对发达，抚养子女的成本也比较高，越来越多的家庭倾向不生育或少生育,使得东部地区的少儿抚养比明显低于中、西部地区。

除了抚养比,人口老龄化率同样影响着一个社会的人口负担水平。根据联合国制定的标准,当一个社会中65周岁及以上老年人口占人口总数的7.0%以上时,该社会就迈入了老龄化阶段。如表3-4所示,我国农村整体人口老龄化率达到了14.8%,是老龄化社会标准的两倍多。在地区层面上,中部地区的老龄化率最高,达到了15.2%,东、西部地区较为接近,分别为14.6%和14.5%。

精准脱贫是我国现阶段三大攻坚战之一,许多研究表明,"因学致贫"和"因病致贫"问题是家庭贫困的两个主要原因。因此,本报告期望探寻贫困家庭和非贫困家庭在少儿抚养比和老年抚养比方面是否存在明显差异。根据收入水平,我们将全部家庭划分为相对贫困家庭与其他家庭,划分标准详见1.4.2节。如表3-5所示,相对贫困家庭的总抚养比(57.3%)要远远高于其他家庭(33.7%),其少儿抚养比和老年抚养比(30.6%和26.7%)均明显高于其他家庭(20.5%和13.2%)。因此,相对贫困家庭中每个劳动力需要承担的少儿和老人抚养比例远高于其他家庭,这将分别增加"因学致贫"和"因病致贫"的概率。

表3-5 2017年农村相对贫困家庭与其他家庭的人口负担情况　　　　　　　　　　单位:%

| 指标 | 全国 | 按全国相对贫困标准划分 | | 按区域相对贫困标准划分 | | | | | |
| | | | | 高收入省(区、市) | | 中收入省(区、市) | | 低收入省(区、市) | |
		相对贫困家庭	其他	相对贫困家庭	其他	相对贫困家庭	其他	相对贫困家庭	其他
总抚养比	46.1	57.3	33.7	60.9	32.4	57.3	33.9	56.9	33.7
少儿抚养比	24.5	30.6	20.5	29.5	18.1	30.6	21.0	31.7	21.4
老年抚养比	21.6	26.7	13.2	31.4	14.3	26.7	12.9	25.2	12.3

进一步将我国各省(区、市)划分为高、中、低收入省(区、市)后可以发现,高收入省(区、市)相对贫困家庭的总抚养比最高,为60.9%,高于中收入省(区、市)的57.3%和低收入省(区、市)的56.9%,但高收入省(区、市)相对贫困家庭的少儿抚养比反而是最低的(29.5%),其较高的总抚养比主要来自其显著高于中收入省(区、市)和低收入省(区、市)的老年抚养比。同样地,高收入省(区、市)的其他家庭也同样呈现少儿抚养比最低,而老年抚养比最高的特点,这可能是由于高收入省(区、市)经济较发达,医疗水平较高,从而老年人得以更加长寿,而生育观念以及养育孩子成本较高的问题使得家庭生育更多孩子的意愿较弱。因此,在脱贫攻坚的过程中,应该考虑到地区的差异性,做到有的放矢、精准帮扶。

3.3 学历结构

如表 3-6 所示,2015 年在 16 周岁及以上的我国农村人口中,没上过学的人口比例为 17.7%,最高学历为小学的人口占比为 31.7%,最高学历为初中的人口占比为 33.5%,最高学历为高中的人口占比为 9.0%,最高学历为中专/职高的人口占比为 2.9%,最高学历为大专/高职的人口占比为 2.4%,获得本科及以上学历的人口比例为 2.8%。2017 年在 16 周岁及以上的我国农村人口中,没上过学的人口比例为 16.6%;最高学历为小学的人口占比为 31.0%;最高学历为初中的人口占比为 33.2%;最高学历为高中的人口占比为 9.6%;最高学历为中专/职高的人口占比为 3.0%;最高学历为大专/高职的人口占比为 3.1%;获得本科及以上学历的人口比例为 3.5%。由此可见,受教育程度在高中及以上的人口比例均有一定程度的提升,整体而言,农村人口的受教育水平正在逐渐提升。但是,我国农村人口受教育水平仍然偏低。初中学历与高中学历之间有一条明显的分界线,最高学历为初中的人口占比为 33.2%,而获得高中学历的人却仅有 9.6%,可见大量的农村人口在完成九年制义务教育之后就放弃了继续接受教育的机会。

不同地区人口的受教育水平也存在明显差异,东部地区的文盲率(没上过学)最低,仅为 13.3%,远远低于中部地区(15.8%)和西部地区(20.7%)。相应地,东部地区受过初中及以上教育人口的比例最高,为 58.9%,其次为中部地区(52.3%),西部地区最低,为 46.3%。本科及以上学历的人口比例在地区间差异并不明显,东部地区最高,为 3.7%,其次为中部地区(3.6%),西部地区相对较低,为 3.2%。因而整体上,东部农村人口学历相对较高,中部地区次之,西部地区人口学历相对较低,但学历的差距主要体现在基础教育上。

表 3-6 地区与受教育程度   单位:%

受教育程度	2015 年	2017 年	东部	中部	西部
没上过学	17.7	16.6	13.3	15.8	20.7
小学	31.7	31.0	27.8	31.9	33.0
初中	33.5	33.2	37.6	33.7	28.5
高中	9.0	9.6	10.4	9.6	8.7
中专/职高	2.9	3.0	3.5	2.6	3.0
大专/高职	2.4	3.1	3.7	2.8	2.9
本科及以上	2.8	3.5	3.7	3.6	3.2

受教育程度不仅在地域上存在差异,在性别上也存在显著差异。如表 3-7 所示,2017 年男性的受教育程度普遍高于女性。女性的文盲率(没上过学)高达 24.2%,而男性的文盲率仅有 9.5%;受过初中及以上教育的男性比例为 60.2%,而女性仅为 44.0%,远低于男性。与 2015 年相比,男性和女性的教育程度都有明显提升,而值得注意的是,2015 年,男性和女

性中受教育程度为本科及以上的比例非常接近,分别为 2.8% 和 2.7%,而到了 2017 年,这两个比例分别为 3.3% 和 3.7%,女性获得本科及以上学历的比例高于男性。

表 3-7　性别与受教育程度　　　　　　　　　　　　　　　　　　　　单位:%

受教育程度	男性		女性	
	2015 年	2017 年	2015 年	2017 年
没上过学	10.1	9.5	25.9	24.2
小学	31.1	30.3	32.5	31.8
初中	39.1	38.5	27.4	27.4
高中	10.9	11.5	6.9	7.5
中专/职高	3.5	3.6	2.3	2.5
大专/高职	2.5	3.3	2.3	2.9
本科及以上	2.8	3.3	2.7	3.7

　　根据收入水平划分相对贫困家庭与其他家庭之后可以发现,相对贫困家庭的受教育水平要明显低于其他家庭。如表 3-8 所示,从全国层面来看,2017 年相对贫困家庭的文盲率(没上过学)为 24.3%,而其他家庭这一比例仅为 13.3%;相对贫困家庭仅受过小学教育的比例为 36.2%,其他家庭这一比例则为 28.7%;相对贫困家庭受过本科及以上高等教育的比例为 2.2%,其他家庭这一比例则为 4.1%。将我国省(区、市)划分为高、中、低收入省(区、市)后,整体而言,高收入省(区、市)的人受教育水平要依次高于中收入省(区、市)和低收入省(区、市),而在各类型省(区、市)内部,相对贫困家庭的受教育水平和整体类似,要明显低于其他家庭。高收入省(区、市)的相对贫困家庭和其他家庭的文盲率分别为 23.1% 和 12.4%,均要低于中收入省(区、市)的 23.8% 和 12.8%,以及低收入省(区、市)的 25.3% 和 14.5%。高收入省(区、市)的相对贫困家庭和其他家庭受过初中及以上教育的比例分别为 43.4% 和 59.8%,要高于中收入省(区、市)的 42.6% 和 59.5% 以及低收入省(区、市)的 35.5% 和 54.4%。相对贫困家庭因为经济条件相对较差,可能不能给予下一代很好的教育,而下一代难以获得较好的教育,又有可能导致继续贫困,贫困与教育落后可能会形成一个恶性循环。

表 3-8　2017 年农村相对贫困家庭与其他家庭的教育程度　　　　　　单位:%

受教育程度	全国	按全国相对贫困标准划分		按区域相对贫困标准划分					
				高收入省(区、市)		中收入省(区、市)		低收入省(区、市)	
		相对贫困家庭	其他	相对贫困家庭	其他	相对贫困家庭	其他	相对贫困家庭	其他
没上过学	16.6	24.3	13.3	23.1	12.4	23.8	12.8	25.3	14.5
小学	31.0	36.2	28.7	33.5	27.8	33.6	27.7	39.2	31.1
初中	33.2	26.9	36.0	29.1	35.3	30.6	37.3	23.8	33.9
高中	9.6	6.7	10.6	7.1	11.2	6.6	10.9	6.4	10.0
中专/职高	3.0	2.3	3.4	2.8	4.1	1.6	3.5	2.1	3.1
大专/高职	3.1	1.4	3.9	2.5	4.7	1.3	3.8	1.2	3.3
本科及以上	3.5	2.2	4.1	1.9	4.5	2.5	4.0	2.0	4.1

3.4 婚姻状况

在 CRHPS 2017 年的农村样本中,有 36804 人报告了婚姻状况,占总样本的 81.7%。如表 3-9 所示,2017 年,在全国农村人口中,未婚人口比例为 14.7%,已婚人口为 77.2%,丧偶人口为 6.4%,其余的婚姻状况(如同居、分居、离婚和再婚)人口比例总共为 1.7%。

在地区层面上,西部地区的未婚人口比例最高,为 16.6%,东部地区和中部地区比较接近,分别为 14.1% 和 13.6%。相应地,东部地区和中部地区已婚比例较高,分别为 78.6% 和 78.5%,而西部地区较低,为 74.5%。其他的婚姻状况,如同居、分居、离婚和再婚,在群体中占比均不高。东部和中部地区同居比例均为 0.1%,而西部地区为 0.4%。东部地区的分居比例为 0.1%,中部地区为 0.2%,西部地区为 0.3%。东部地区的再婚比例为 0.1%,中部地区为 0.4%,西部地区为 0.2%。离婚比例相对较高,东部和西部地区均为 1.0%,中部地区为 1.1%。丧偶相比于前述四种婚姻状态更为常见,2017 年全国农村丧偶人口比例为 6.4%,西部地区最高,为 7.0%,东部和中部地区分别为 6.0% 和 6.1%。

2015 年的问卷中虽然没有"再婚"这一选项,但是 2017 年再婚比例很低,仅为 0.3%,并不影响其与 2017 年的整体对比。与 2015 年相比,2017 年婚姻状况最主要的变化在于未婚比例从 17.6% 下降为 14.7%,而相应地,已婚比例由 75.5% 上升为 77.2%。

表 3-9 不同地区农村人口的婚姻状况 单位:%

婚姻状况	2015 年全国	2017 年全国	2017 年东部	2017 年中部	2017 年西部
未婚	17.6	14.7	14.1	13.6	16.6
已婚	75.5	77.2	78.6	78.5	74.5
同居	0.1	0.2	0.1	0.1	0.4
分居	0.2	0.2	0.1	0.2	0.3
离婚	0.8	1.0	1.0	1.1	1.0
丧偶	5.8	6.4	6.0	6.1	7.0
再婚	—	0.3	0.1	0.4	0.2

注:此表及以下所有涉及婚姻情况的表格中的对象,均针对符合我国法定结婚年龄,即男性≥22 周岁,女性≥20 周岁的群体而言。2015 年问卷中没有"再婚"这一选项。

随着社会的发展,社会上出现了越来越多的"剩男""剩女"(大龄未婚人群),也引发了社会的广泛关注。如表 3-10 所示,在"剩男""剩女"中,"剩男"比例要明显高于"剩女"比例,我国农村整体"剩男""剩女"比例为 3.2%,其中"剩男"比例为 5.4%,是"剩女"比例的将近 7 倍。

"剩男""剩女"在不同区域的比例也有所不同,西部地区"剩男""剩女"比例为 4.0%,高于东部地区(2.9%)和中部地区(2.6%),这主要是由于西部地区的"剩男"比例高达6.8%,远远高于东部(4.7%)和中部地区(4.8%)。另外,西部地区的"剩女"比例也在三个区域中最高,为1.1%,其次是东部地区,为1.0%,中部地区"剩女"比例最低,为0.4%。

表3-10　2017年农村30周岁及以上未婚人群分布　　　　　　　　单位:%

性别	30周岁及以上人口比例	30周岁及以上未婚人群比例			
		全国	东部	中部	西部
男	50.9	5.4	4.7	4.8	6.8
女	49.1	0.8	1.0	0.4	1.1
总体	100.0	3.2	2.9	2.6	4.0

注:"剩男""剩女"指30周岁及以上未婚男女。30周岁及以上未婚男性比例=30周岁及以上未婚男性数量/30周岁及以上男性数量;30周岁及以上未婚女性比例=30周岁及以上未婚女性数量/30周岁及以上女性数量。

如表3-11所示,从2011年到2015年,"剩男""剩女"的比例都在上升,而到了2017年,总体比例从2015年的3.4%下降为3.2%,这主要是由于"剩女"比例从2015年的1.2%下降为2017年的0.8%。虽然"剩女"比例有所下降,但"剩男"比例并没有变化,这意味着在未婚市场上,性别差距可能正在增大,"剩男"脱单的难度也在增加。

表3-11　农村30周岁及以上未婚人群比例变化　　　　　　　　单位:%

性别	2011年	2013年	2015年	2017年
男	4.4	5.0	5.4	5.4
女	0.7	1.1	1.2	0.8
总体	2.6	3.1	3.4	3.2

学历和婚姻状况的关系历来为人们所关注,如表3-12所示,在符合法定结婚年龄的群体中,不同学历人群及不同性别人群的未婚比例都存在较大差异。这主要体现在两个方面。一方面,低学历男性的未婚比例高于低学历女性的未婚比例。例如,没上过学的男性未婚比例为11.7%,而没上过学的女性未婚比例仅为1.8%;仅拥有小学学历的男性未婚比例为7.5%,而同样学历的女性未婚比例只有2.1%。另一方面,高学历女性的未婚比例要相对高于高学历男性的未婚比例。如拥有高中学历的男性未婚比例为24.6%,女性却高达31.9%;学历为大专/高职的男性未婚比例为56.4%,相同学历的女性却高达62.9%。

在全国农村样本中,无论是男性还是女性,随着学历的升高,未婚比例都呈现出非常明显的上升趋势,获得本科及以上学历的人未婚比例甚至高达75.9%(获得本科及以上学历的人大部分属于年轻群体,未婚率相对较高)。

表 3-12　　2017 年农村学历与未婚比例　　　　　　　　　单位：%

学历	全国	男性	女性
没上过学	4.5	11.7	1.8
小学	4.8	7.5	2.1
初中	12.7	15.6	8.5
高中	27.3	24.6	31.9
中专/职高	42.2	42.7	41.5
大专/高职	59.4	56.4	62.9
本科及以上	75.9	75.8	76.0

3.5　健康情况

如表 3-13 所示，对于全国农村 16 周岁以下的少儿而言，绝大多数人（88.2%）都接种过乙肝疫苗或肺炎疫苗，其中东部地区接种比例最高，为 92.0%，其次为中部地区，为 89.2%，西部地区最低，为 84.1%。接种比例在男女间差异并不明显，男性接种比例为 87.5%，略低于女性（89.0%）。

超过一半（52.7%）的 16 周岁以下少儿在 2016 年参加过体检，其中东部和西部地区的参与比例较高，为 58.5% 和 58.6%，中部地区相对较低，为 41.9%。体检比例在男女间差异同样并不明显，男性体检比例为 52.0%，略低于女性（53.5%）。

表 3-13　　2017 年农村 16 周岁以下少儿健康情况　　　　　　单位：%

是否接种过乙肝疫苗或肺炎疫苗						
	全国	东部	中部	西部	男性	女性
是	88.2	92.0	89.2	84.1	87.5	89.0
否	11.8	8.0	10.8	15.9	12.5	11.0
2016 年是否做过体检						
是	52.7	58.5	41.9	58.6	52.0	53.5
否	47.3	41.5	58.1	41.4	48.0	46.5

表 3-14 显示了我国农村人口对自身身体状况的评估情况。2017 年，16.8% 的农村人口认为自己的身体状况非常好，33.5% 的人认为自己的身体状况好，仅有 15.9% 和 4.7% 的农村人口认为自己的身体状况不好或非常不好。由此可见，农村人口对自我身体状况的评估整体上较为良好。与 2015 年相比，自我评价为"好"和"非常好"的比例均有明显上升，尤其是"非常好"的比例上升了 3.4 个百分点，农村人口对自我身体状况的评估有所改善。

不同性别的人会对自我身体状况做出不同的评估。2017 年有 18.5％的男性认为自己的身体状况非常好,而相应的女性比例仅为 14.9％,认为自己身体状况好的男性比例为 34.4％,也要高于女性(32.5％)。由此可见,男性对自我身体情况的评估整体上要好于女性。与 2015 年相比,男性和女性对自我身体状况的评估均有明显改善,就自我评价为"好"或"非常好"的比例,男性从 48.6％上升为 52.9％,女性则从 41.9％上升为 47.4％。

表 3-14　分性别农村人口自我身体状况评估　　　　　　　　　单位:％

身体状况	整体		男性		女性	
	2015 年	2017 年	2015 年	2017 年	2015 年	2017 年
非常好	13.4	16.8	14.9	18.5	11.7	14.9
好	32.0	33.5	33.7	34.4	30.2	32.5
一般	34.3	29.1	34.2	29.0	34.4	29.2
不好	16.2	15.9	13.8	14.0	18.9	18.0
非常不好	4.1	4.7	3.4	4.1	4.8	5.4

不同地区农村人口对自我身体状况的评估差别较大。如表 3-15 所示,东部地区人口对自我身体状况的评估要相对好于中、西部地区,2017 年东部地区有 20.5％的人认为自己的身体状况非常好,还有 35.3％的人认为自己的身体状况好,中部地区相应比例分别为 18.0％和 30.0％,西部地区则为 12.1％和 35.2％。与 2015 年相比,就自我评价为"好"或"非常好"的比例,东部地区从 52.2％上升为 55.8％,中部地区从 43.2％上升为 48.0％,西部地区从 40.1％上升为 47.3％,均有比较显著的提高。

表 3-15　分地区农村人口自我身体状况评估　　　　　　　　　单位:％

身体状况	东部		中部		西部	
	2015 年	2017 年	2015 年	2017 年	2015 年	2017 年
非常好	17.0	20.5	13.0	18.0	9.7	12.1
好	35.2	35.3	30.2	30.0	30.4	35.2
一般	31.8	28.5	35.1	29.2	36.4	29.6
不好	13.2	12.8	17.4	17.1	18.2	17.6
非常不好	2.8	2.9	4.3	5.7	5.3	5.5

根据收入水平划分相对贫困家庭和其他家庭后,可以发现相对贫困家庭成员对自我身体状况的评估劣于其他家庭。如表 3-16 所示,相对贫困家庭中有 11.9％的人认为自己的身体状况非常好,31.9％的人认为自己的身体状况好,而其他家庭中认为自己的身体状况非常好和好的比例分别为 19.1％和 34.3％,均要高于相对贫困家庭。划分高、中、低收入省(区、市)后可以发现,在各个地区,其他家庭的自我评估水平均要高于相对贫困家庭。整体而言,

高收入省（区、市）的人对自我身体状况的评估要好于中、低收入省（区、市）。高收入省（区、市）相对贫困家庭的成员中，认为自己身体状况非常好或好的比例为 46.3％，其他家庭的这一比例则为 61.9％；中收入省（区、市）的对应比例分别为 42.9％ 和 51.4％；低收入省（区、市）的对应比例分别为 43.3％ 和 50.0％。2017 年 10 月国务院新闻办公室举行的党的十八大以来脱贫攻坚成就发布会发布的数据显示，2015 年底因病致贫、因病返贫的贫困人口占整体贫困人口的 44％，涉及近 2000 万人，疾病可能已经成为贫困最重要的原因之一。

表 3-16　2017 年农村相对贫困家庭与其他家庭的自我身体状况评估　　　　单位：%

| 身体状况 | 全国 | 按全国相对贫困标准划分 | | 按区域相对贫困标准划分 | | | | | |
| | | | | 高收入省（区、市） | | 中收入省（区、市） | | 低收入省（区、市） | |
		相对贫困家庭	其他	相对贫困家庭	其他	相对贫困家庭	其他	相对贫困家庭	其他
非常好	16.8	11.9	19.1	14.1	21.5	13.8	20.6	9.0	15.4
好	33.5	31.9	34.3	32.2	40.4	29.1	30.8	34.3	34.6
一般	29.1	29.0	29.2	30.9	25.1	30.3	30.8	26.6	29.9
不好	15.9	20.5	13.7	19.4	11.1	19.4	13.6	22.2	15.6
非常不好	4.7	6.7	3.7	3.4	1.9	7.4	4.2	7.9	4.5

4　农村家庭就业

　　本章主要利用中国农村家庭调查中"居住在农村的农村家庭"样本,分析农村家庭的就业情况。研究发现,农村劳动适龄人口占农村总人口的比重为 65.9%,该比重自东向西依次递减。农村劳动适龄人口中就业人口的比重为 81.3%,西部地区该比重显著高于东、中部地区。农村就业人口中农业就业人口的比重为 54.3%,该比重自东向西依次递增。三个比例均随时间的推移整体呈下降趋势。农村就业人口中,男性占比明显高于女性,东、中部地区男性与女性的占比差异明显大于西部地区。女性在农业人口中的占比高于其在就业人口中的占比,农业生产呈现"女性化"特点。绝大多数的农村就业人口处于中间年龄段,尤其集中在 45~54 周岁;人口老龄化问题在农村就业人口中逐年凸显,老龄化趋势在男性就业人口中表现更突出。农业就业人口的老龄化程度明显高于整体就业人口的平均水平,且其老龄化趋势在不断加快。绝大部分农村就业人口的受教育程度为初中及以下,其中,受教育程度为小学及以下的人群占比最高;东部地区就业人口受教育程度最高,中部地区次之,西部地区最低;男性就业人口受教育程度较女性更高,这一点在 35 周岁及以上就业人口中尤为明显。

　　农村家庭中农业生产型家庭的占比最高,非农生产型家庭次之,兼业型家庭占比最少。三类家庭在相对贫困家庭和其他家庭中的分布存在差异,相对贫困家庭以农业生产型家庭为主,非农生产型家庭占比最少,而其他家庭以非农生产型家庭为主,农业生产型占比最少。非农生产型家庭在两类家庭中的占比均随区域人均 GDP 的降低而降低,而其他家庭中农业生产型、兼业型家庭的占比则均随区域人均 GDP 的降低而升高。农业生产型家庭就业人口的平均年龄最大,非农生产型家庭就业人口的平均年龄最小,三种就业类型家庭就业人口的平均年龄随区域人均 GDP 增长而上升。农业生产型家庭就业人口的平均受教育水平最低,非农生产型家庭就业人口的平均受教育水平最高。相对贫困家庭的平均受教育年限低于其他家庭,非农生产型家庭就业人口受教育年限的差距随区域人均 GDP 增长而扩大,而兼业型家庭平均受教育年限的差距随收入增加而缩小。相对贫困家庭中,农业生产型、兼业型家庭的平均受教育年限整体上与区域人均 GDP 呈正相关。其他家庭中的三种就业类型家庭的平均受教育年限均随收入增加而上升。

　　农村就业人口全年平均工作月份数为 9.3 个月,工作月平均每月工作 24.6 天,工作日平均每天工作 9.4 小时,长于 8 小时工作制工作时长;东部地区农村就业人口全年工作时间长于中、西部地区。纵向对比,农村就业人口工作时长先加长后缩短,中部地区农村就业人口全年工作小时数始终少于东、西部地区。全年工作月份数先减少后增加,尽管总体上农村男性就业人口全年工作月份数高于女性,但差距大幅降低。全年工作月份数、工作日平均每

天工作小时数、全年工作小时数均随就业人口的年龄增长呈倒 U 形变化,除工作日每天工作小时数在 35~44 周岁年龄段达到峰值外,其余二者均在 25~34 周岁年龄段达到峰值。受教育程度为初中、高中/中专/职高的就业人口群体工作时间明显长于受教育程度处于两端的就业人口。总体而言,农村就业人口的工作时长与其工资性收入呈正相关,充分体现了"多劳多得"的分配特点。

超过 90% 的农村就业人口只有一份工作,西部地区兼职人群的占比最小,远低于东、中部地区。农村男性就业人口中兼职群体占比远高于女性,该差距在中部地区最为明显,西部地区次之。兼职人群占比随年龄增长呈倒 U 形变化,在年龄为 45~55 周岁的人群中最高;兼职群体在受教育程度为初中的农村就业人口中占比最高,在受教育程度为高职/大专/本科及以上就业人口中占比最小;中部地区兼职群体在受教育程度为高中/中专/职高、高职/大专/本科及以上就业人口中的占比远高于东、西部地区。在中间收入群体中兼职人群占比较高,在低收入群体中该比例最低;西部地区低收入人群中兼职群体占比明显低于东、中部地区。

农村就业人口主要通勤方式为"步行"和"电动车或摩托车",其他类型的通勤方式占比很小;在东部地区,最主要的通勤方式为"电动车或摩托车",而中、西部地区为"步行";虽然以"私家车"作为通勤方式的农村就业人口占比很小,但该比例随家庭总收入增加而上升,而以"步行"为通勤方式的人群占比随收入增加而降低。超过一半的农村就业人口单程通勤时间在 15 分钟以下,单程通勤时间不低于 45 分钟的人群占比很小;西部地区农村就业人口的单程通勤时间明显长于东、中部地区;单程通勤时间不短于 30 分钟的人群占比在各收入组中的占比均很低,总体上随收入增加而降低。农村就业人口中每日无通勤支出的人群占比为 56.0%,每日通勤费用不低于 5 元的人群占比很低,而西部地区该比例远高于东、中部地区;每日无通勤支出的人群占比总体上随家庭总收入增加而降低,且降幅较大,每日通勤费用不低于 10 元的人群占比整体上随收入增加而上升。

4.1 劳动适龄人口与就业人口概况

农村人口中,年龄在 16~64 周岁的人群被称为农村的"劳动适龄人口"。在本调查中,年龄在 16 周岁及以上且报告有工作的人群被称为"就业人口"。其中,就业性质为"务农"的人群被称为"农业人口",就业性质为其他类型的人群被称为"非农人口"。

表 4-1 报告了全国及东、中、西部地区农村的劳动适龄人口与就业人口概况。劳动适龄人口概况由劳动适龄人口占农村总人口的百分比表示,就业人口概况由就业人口占劳动适龄人口的百分比表示。在劳动适龄人口和就业人口中,还进一步对男性和女性的占比进行了比较。

表 4-1 显示,就全国而言,农村劳动适龄人口占农村总人口的比重为 65.9%。东、中、西部地区该比重分别为 67.5%、65.2%、65.1%,自东向西依次递减,与外出务工人口分布规律

保持一致。就全国而言,劳动适龄人口中就业人口的比重为81.3%,东、中、西部地区该比重分别为80.8%、79.7%、83.5%,西部地区显著高于东、中部地区,主要源于西部地区就业人口中女性占比明显高于其他两个地区。就全国而言,就业人口中农业人口的比重为54.3%,东、中、西部地区该比重分别为45.1%、54.5%、62.5%,自东向西依次递增。无论是从全国还是分地区来看,女性劳动适龄人口在农村女性人口中的占比均略高于男性,女性农业人口在农村女性就业人口中的比重明显高于男性;而其就业人口在劳动适龄人口中的占比显著低于男性。从全国来看,男性就业人口在男性劳动适龄人口中的占比高达91.0%,中部地区最高,东部地区次之,分别为92.1%和91.6%,即使是最低的西部地区,该比例也接近90.0%。

表 4-1 2017 年农村劳动适龄人口与就业人口概况   单位:%

项目	全国	东部	中部	西部
劳动适龄人口/总人口	65.9	67.5	65.2	65.1
劳动适龄人口/总人口(男)	64.7	66.4	63.6	64.4
劳动适龄人口/总人口(女)	67.0	68.6	66.8	65.9
就业人口/劳动适龄人口	81.3	80.8	79.7	83.5
就业人口/劳动适龄人口(男)	91.0	91.6	92.1	89.2
就业人口/劳动适龄人口(女)	71.6	69.8	67.4	77.8
农业人口/就业人口	54.3	45.1	54.5	62.5
农业人口/就业人口(男)	47.5	38.8	47.8	55.8
农业人口/就业人口(女)	62.7	53.3	63.6	70.1

图 4-1 显示,2011 年、2013 年、2015 年和 2017 年农村地区劳动适龄人口在总人口中的占比分别为 72.1%、70.3%、68.0% 和 65.9%,呈下降趋势。就业人口在劳动适龄人口中的比例逐年降低,由 2011 年的 87.4% 下降至 2017 年的 81.3%。农业人口在就业人口中的占比整体也呈下降趋势,由 2011 年的 55.6% 下降至 2017 年的 53.8%。

4.2 就业人口构成

表 4-2、表 4-3 和表 4-4 报告了农村就业人口在性别、年龄和受教育程度三个维度上的构成情况。其中,性别构成情况由男性与女性人群的占比来表示,年龄构成由 15～24 周岁[①]、25～34 周岁、35～44 周岁、45～54 周岁、55-64 周岁和 65 周岁及以上六个年龄组的人群占比来表示,受教育程度构成由小学及以下、初中、高中/中专/职高和高职/大专/本科及以上四组人群的占比来表示。同样,在分析就业人口的年龄、受教育程度构成时,还进一步比较了男性与女性的构成差异。

---

① 本次调查中就业人口均年满 16 周岁,故该类人群实际年龄分布为 16～24 周岁。

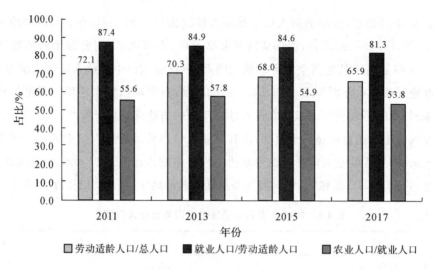

图 4-1 历年农村劳动适龄人口与就业人口概况

4.2.1 性别构成

表 4-2 显示,就业人口中,男性占比均明显高于女性。具体来说,全国来看,男性和女性在就业人口中的占比分别为 56.0％和 44.0％;西部地区女性在就业人口中的占比最高,为 46.5％;东、中部地区男性与女性的占比差异明显大于西部地区。图 4-2 表明,女性就业人口占比呈现先下降后上升的变化趋势,由 2011 年的 45.8％下降至 2013 年的 41.2％,而后上升至 2017 年的 44.0％。

表 4-2 2017 年农村就业人口性别构成   单位:％

性别	全国	东部	中部	西部
男	56.0	57.2	57.4	53.5
女	44.0	42.8	42.6	46.5

农业人口中,相对较高的女性占比显示出农业生产的"女性化"。但如图 4-2 所示,从 2011 年至 2017 年,农业人口中女性的占比整体呈下降趋势,由 2011 年的 52.7％下降至 2017 年的 51.1％。

4.2.2 年龄构成

表 4-3 显示,从全国来看,绝大多数的农村就业人口处于 25～34 周岁、35～44 周岁、45～54 周岁、55～64 周岁这四个年龄组。其中,尤以 45～54 周岁人群的占比为最,达 28.8％。此外,有 9.9％的就业人口处于 65 周岁及以上年龄组。分地区来看,东部地区 35～44 周岁人群在就业人口中的占比低于中、西部地区,而 45～54 周岁、55～64 周岁人群在就业人口中的占比高于另外两个地区,这与东部地区 45 周岁及以上人群外出务工比例较低有关;其他年龄组的占比在各地区间无明显差异。

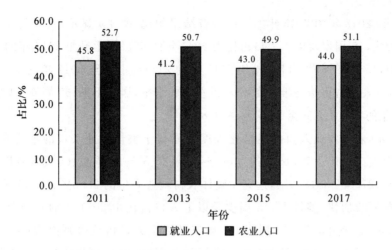

图 4-2　历年就业人口与农业人口中女性人口占比

表 4-3　2017 年农村就业人口年龄构成　　　　　　　　　　　单位：%

年龄	全国	东部	中部	西部
15～24 周岁	7.9	7.8	7.4	8.6
25～34 周岁	16.5	16.7	16.2	16.7
35～44 周岁	18.9	17.8	19.8	19.1
45～54 周岁	28.8	29.6	27.7	29.2
55～64 周岁	18.0	20.0	18.4	15.9
65 周岁及以上	9.9	8.1	10.5	10.5

　　为考察男女就业者年龄构成的差异，图 4-3 展示了就业人口中男性与女性的年龄分布。结果显示，在就业人口中，男性和女性年龄分布均为单峰，但男性的峰值较低且右尾较厚，表明农村就业人口老龄化问题在男性就业者中更为突出。

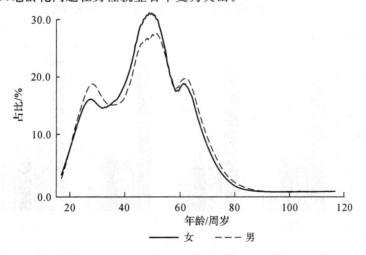

图 4-3　2017 年农村各性别就业人口年龄分布

与 2011 年、2013 年和 2015 年的三次调查结果相比,图 4-4 显示,农村就业人口中老龄化趋势不断加快,45 周岁及以上人口占比由 2011 年的 47.5％上升至 2017 年的 56.6％。农村就业人口中,45～54 周岁人口占比从 2011 年的 21.7％上升至 2017 年的 28.8％,增幅明显;55～64 周岁人口占比始终维持在 18.0％左右的水平,居高不下;65 周岁及以上人口占比更是从 2011 年的 7.8％上升至 2017 年的 9.8％。

图 4-5 显示,农村农业人口的老龄化程度明显高于整体就业人口的平均水平,2017 年45 周岁及以上人口占比达 77.8％,其中,45～54 周岁、55～64 周岁、65 周岁及以上人口占比分别为 31.6％、27.3％和 18.9％,远高于整体农村就业人口的 28.8％、18.0％和 9.8％。其老龄化趋势亦不断加快,整体上,45 周岁及以上人口占比由 2011 年的 68.2％显著上升至2017 年的 77.8％。其中,45～54 周岁、65 周岁及以上人口占比分别由 2011 年的 27.3％、13.3％上升至 2017 年的 31.6％、18.9％,增幅明显,而 45～54 周岁人口占比亦维持在 28％左右的较高水平上。

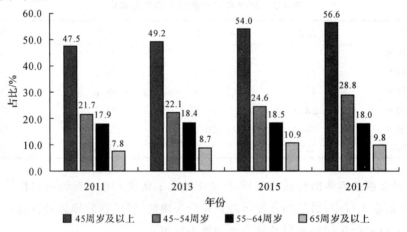

图 4-4　历年农村就业人口中 45 周岁及以上年龄人口占比

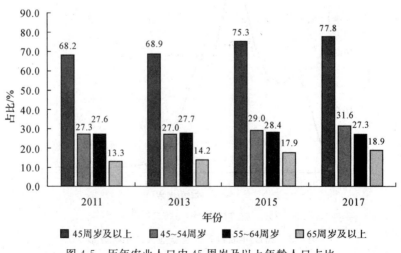

图 4-5　历年农业人口中 45 周岁及以上年龄人口占比

4.2.3 受教育程度构成

如表 4-4 所示,从全国来看,绝大多数农村就业人口的受教育程度为初中及以下。具体来说,受教育程度为小学及以下的人群占比最高,为 45.8%;受教育程度为初中的人群占比次之,为 38.1%。各地区农村就业人口的受教育程度构成接近,东部地区就业人口受教育程度较高,中部次之,西部最低。西部地区受教育程度为小学及以下的人群占比高达 54.6%,明显高于东、中部地区的 36.7% 和 45.2%,且该地区受过高等教育(高职/大专/本科及以上)的人群占比远低于东、中部地区,不足 5%。

表 4-4　2017 年农村就业人口的受教育程度构成　　　　　单位:%

受教育程度	全国	东部	中部	西部
小学及以下	45.8	36.7	45.2	54.6
初中	38.1	43.7	39.1	31.8
高中/中专/职高	11.2	13.4	10.9	9.5
高职/大专/本科及以上	4.9	6.2	4.8	4.1

为考察男女就业者受教育程度构成的差异,表 4-5 显示了农村就业人口中男性与女性的受教育程度分布。结果显示,教育程度为初中及以下者在农村女性就业人口中的占比明显高于男性,尤其体现在小学及以下教育程度群体的占比方面。高中/中专/职高教育程度者在农村男性就业人口中的占比明显高于女性。高等教育者占比在性别间没有差异,均为 5.0%。

表 4-5　2017 年农村男性、女性就业人口的受教育程度构成　　　　　单位:%

性别	小学及以下	初中	高中/中专/职高	高职/大专/本科及以上
男	38.1	43.0	13.9	5.0
女	55.5	31.8	7.7	5.0

就业人口的受教育程度构成与就业者的年龄、性别有关。图 4-6 刻画了各年龄组就业人口中初中及以下受教育程度者的占比,并对男性和女性的情况进行了比较。结果显示,在 15~24 周岁年龄段,女性就业人口中受教育程度为初中及以下者的占比低于男性,可能原因为农村地区该年龄段男性人口扮演着家庭"补充劳动力"的角色,较早辍学以流入当地劳动市场或外出务工,从而该年龄段男性就业人口的受教育程度较低。对于其他年龄段,女性就业人口中该类人群的占比均高于男性就业人口,说明男性就业人口整体受教育程度较女性更高,这与表 4-5 的结论一致。分年龄段进行比较,可看出随着年龄段的提高,男性和女性就业人口中受教育程度为初中及以下的占比呈现一致的变化:在 15~54 周岁,该占比随年龄的增长而上升;在 55~64 周岁,该占比小幅下降;在 65 周岁及以上就业人口中,该占比

较高。整体而言,35 周岁以下就业人口的受教育程度明显高于 35 周岁及以上人口,这与 20
世纪 80 年代以来"科教兴农"等战略对农村教育问题的关注有关。

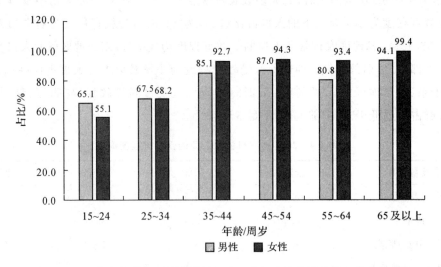

图 4-6　2017 年各年龄组不同性别就业人口中初中及以下受教育程度者占比

4.3　家庭就业类型及其构成

　　根据家庭成员的就业性质,农村家庭可以被分为三种就业类型。具体来说,家庭中所有
就业成员均在家务农的被称为农业生产型家庭;所有就业成员均从事非农生产的被称为非
农生产型家庭;其余家庭被称为兼业型家庭。

　　表 4-6、表 4-7 报告了 2017 年全国这三种就业类型家庭的构成概况,并就相对贫困家庭
和其他家庭的构成情况进行了比较。表 4-8、表 4-9 和表 4-10、表 4-11 分别报告了 2017 年全
国这三种就业类型家庭就业人口的平均年龄和平均受教育年限,同样地,就相对贫困家庭和
其他贫困家庭的情况进行了比较。

　　表 4-6 和表 4-7 显示,就全国而言,农业生产型家庭的占比超过 40％;非农生产型家庭
的占比次之,为 30.4％;兼业型家庭的占比最低,为 28.9％。无论是从全国整体来看,还是
从各区域内部的比较结果来看,相对贫困家庭中农业生产型家庭占比均超过 65％,其次是兼
业型家庭,非农生产型家庭占比最低。而从全国整体上看,其他家庭以非农生产型家庭为
主,占比为 39.5％,兼业型家庭次之,占比为 35.9％,农业生产型家庭占比最低,仅为
24.6％,各就业类型家庭间占比差异较相对贫困家庭更小。高、中收入省(区、市)的其他家
庭中各就业类型家庭的构成概况与全国整体情况保持一致,以非农生产型家庭为主,而农业
生产型家庭占比最低。低收入省(区、市)的其他家庭则以兼业型家庭为主,农业生产型家庭

次之,非农生产型家庭占比最低。无论是相对贫困家庭还是其他家庭,非农生产型家庭的占比随区域人均 GDP 的降低而降低,由高收入省(区、市)的 53.4% 下降至低收入省(区、市)的 30.7%;而其他家庭中农业生产型、兼业型家庭的占比则大致上随区域人均 GDP 的降低而升高,分别由高收入省(区、市)的 17.5%、29.1% 上升至低收入省(区、市)的 31.6% 和 37.7%。这一结论与非农生产的劳动回报率整体上高于农业生产的现象相符合。

表 4-6 2017 年相对贫困家庭与其他家庭的就业类型构成概况(全国)　　　单位:%

家庭类型	全国	按全国相对贫困标准划分	
		相对贫困家庭	其他
农业生产型	40.7	72.6	24.6
非农生产型	30.4	12.4	39.5
兼业型	28.9	15	35.9

表 4-7 2017 年相对贫困家庭与其他家庭的就业类型构成概况(区域)　　　单位:%

家庭类型	按区域相对贫困标准划分					
	高收入省(区、市)		中收入省(区、市)		低收入省(区、市)	
	相对贫困家庭	其他	相对贫困家庭	其他	相对贫困家庭	其他
农业生产型	67.2	17.5	68.9	23.8	77.9	31.6
非农生产型	15.5	53.4	14.6	38	9.4	30.7
兼业型	17.3	29.1	16.5	38.2	12.7	37.7

表 4-8、表 4-9 结果表明,就全国而言,农业生产型、非农生产型和兼业型家庭的平均年龄分别为 54.5 周岁、43.2 周岁和 45.3 周岁,农业生产型家庭的平均年龄最大,非农生产型家庭的平均年龄最小。这一规律在相对贫困家庭和其他家庭乃至各区域内部均成立。相对贫困家庭和其他家庭就业人口的平均年龄差异不大,且随收入增加的变化规律基本一致,整体来看,三种就业类型家庭的平均年龄均随收入增加而上升。其中,农业生产型家庭的上升幅度最大,相对贫困家庭和其他家庭就业人口的平均年龄分别从低收入省(区、市)的 52.5 周岁和 54.4 周岁上升至高收入省(区、市)的 57.3 周岁和 57.3 周岁。

表 4-8 2017 年相对贫困家庭与其他家庭中各就业类型家庭的平均年龄(全国)　　单位:周岁

家庭类型	全国	按全国相对贫困标准划分	
		相对贫困家庭	其他
农业生产型	54.5	54.0	55.1
非农生产型	43.2	43.3	43.2
兼业型	45.3	45.4	45.3

表 4-9　　**2017 年相对贫困家庭与其他家庭中各就业类型家庭的平均年龄（区域）**　　单位：周岁

家庭类型	按区域相对贫困标准划分					
	高收入省（区、市）		中收入省（区、市）		低收入省（区、市）	
	相对贫困家庭	其他	相对贫困家庭	其他	相对贫困家庭	其他
农业生产型	57.3	57.3	54.0	54.8	52.5	54.4
非农生产型	42.6	44.1	43.1	42.9	43.2	42.8
兼业型	46.8	46.1	47.2	45.4	43.5	44.3

表 4-10、表 4-11 报告了各就业类型家庭的平均受教育年限。就全国而言，农业生产型、非农生产型和兼业型家庭的平均受教育年限分别为 6.0 年、8.7 年和 7.8 年，表明农业生产型家庭的平均受教育程度最低，非农生产型家庭的平均受教育程度最高。除高收入省（区、市）相对贫困家庭中兼业型家庭的平均受教育年限高于非农生产型家庭外，这一规律在相对贫困家庭和其他家庭乃至各区域内部普遍成立。相对贫困家庭的平均受教育年限低于其他家庭，从全国来看，农业生产型、非农生产型和兼业型家庭两者间的差距分别为 0.8 年、1.6 年和 1.2 年，非农生产型家庭的差距最大，而农业生产型家庭的差距最小。对比各区域间的差距后发现，非农生产型家庭平均受教育年限的差距随人均收入增加而扩大，由低收入省（区、市）的 1.4 年上升至高收入省（区、市）的 1.7 年；而兼业型家庭平均受教育年限的差距随收入增加而缩小，由低收入省（区、市）的 1.7 年下降至高收入省（区、市）的 0.8 年。相对贫困家庭中，农业生产型和兼业型家庭的平均受教育年限整体上与人均收入正相关，分别由低收入省（区、市）的 5.3 年、6.1 年上升至高收入省（区、市）的 5.8 年、7.4 年。其他家庭的三种就业类型家庭的平均受教育年限均随收入增加而上升。

表 4-10　　**2017 年相对贫困与其他家庭中各就业类型家庭的平均受教育年限（全国）**　　单位：年

家庭类型	全国	按全国相对贫困标准划分	
		相对贫困家庭	其他
农业生产型	6.0	5.6	6.4
非农生产型	8.7	7.3	8.9
兼业型	7.8	6.8	8.0

表 4-11　　**2017 年相对贫困家庭与其他家庭中各就业类型家庭的平均受教育年限（区域）**　　单位：年

家庭类型	按区域相对贫困标准划分					
	高收入省（区、市）		中收入省（区、市）		低收入省（区、市）	
	相对贫困家庭	其他	相对贫困家庭	其他	相对贫困家庭	其他
农业生产型	5.8	6.6	6.0	6.6	5.3	6.1
非农生产型	7.3	9.0	7.4	8.8	7.4	8.8
兼业型	7.4	8.2	6.8	8.1	6.1	7.8

4.4　就业人口工作时长、工作数量及通勤概况

表 4-12、表 4-13 报告了全国和不同地区农村就业人口工作时长和工作数量情况,表 4-14、表 4-15、表 4-16 从通勤方式、通勤时间、通勤费用三个方面对全国和不同地区农村就业人口通勤情况进行了描述性统计。其中,工作时长由全年工作月份数[①]、工作月平均每月工作天数[②]、工作日平均每天工作小时数来衡量,将三个指标的乘积作为全年工作小时数[③]的近似值;通勤方式包括路面公共交通(包括公交)、轨道交通(包括地铁)、公务车(包括班车)、私家车、打车(包括出租车、网约车等)、电动车或摩托车、自行车、步行等。

4.4.1　工作时长

如表 4-12 所示,从全国来看,农村就业人口调查前一年平均工作月份数约为 9.3 个月,工作月平均每月工作 24.6 天,工作日平均每天工作 9.4 小时,长于 8 小时工作制工作时间。分地区看,尽管中部地区农村就业人口全年工作月份数明显少于东、西部地区,但其工作月平均每月工作时长 24.7 天明显长于西部地区的 24.1 天,其工作日平均每天工作时长 9.6 小时远长于东部地区的 9.1 小时。东部地区由于全年工作月份数和工作月平均工作天数较多,其全年工作小时数远多于其他两个地区。

表 4-12　2017 年全国和不同地区农村就业人口工作时长概况

工作时长	全国	东部	中部	西部
全年工作月份数/月	9.3	9.8	8.5	9.5
工作月平均每月工作天数/天	24.6	24.8	24.7	24.1
工作日平均每天工作小时数/小时	9.4	9.1	9.6	9.5
全年工作小时数/小时	2153.4	2249.8	2115.3	2074.9

与 2011 年和 2013 年的两次调查结果相比,图 4-7 显示,从全国来看,农村就业人口工作时长先缩短后加长,由 2011 年全年工作 9.1 个月缩短至 2013 年的 8.6 个月,后加长至 2017 年的 9.3 个月。分地区看,中部地区就业人口全年工作月份数逐年增加,由 2011 年的 8.3

---

① 样本总体为 16 周岁及以上且未丧失劳动能力、非在校学习的个体。

② 样本总体为“全年工作月份数”样本的子样本,仅包括其中工作性质为“受雇于他人或单位(签订正规劳动合同)”、“临时性工作(没有签订正规劳动合同,如打零工)”、“自由职业”以及“其他(志愿者)”的个体;“工作日平均每天工作小时数”的样本总体与之相同。

③ 由于部分样本“工作月平均每月工作天数”“工作日平均每天工作小时数”信息缺失,计算全年工作小时数时,样本总体与前述二者保持一致。

个月增加至 2017 年的 8.5 个月；东、西部地区变化趋势与全国保持一致，分别从 2011 年的
9.5 个月和 9.2 个月减少至 2013 年的 8.9 个月和 8.4 个月，后增加至 2017 年的 9.8 个月和
9.5 个月。

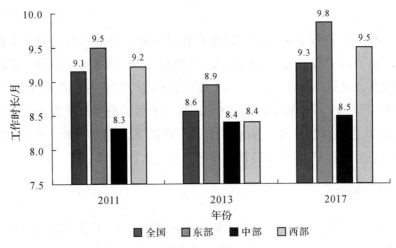

图 4-7　历年就业人口工作时长

4.4.2　工作数量

如表 4-13 所示，从全国来看，超过 90％的农村就业人口只有一份工作；有其他工作的人
群仅占农村就业人口的 7.4％，其中，有两份工作和三份及以上工作的人群占比分别为
7.1％和 0.3％。各地区工作数量分布与全国保持一致，西部地区农村就业人口中有其他工
作的人群占比最小，为 6.3％，远低于东、中部地区的 8.0％和 7.9％。

表 4-13　2017 年全国和不同地区农村就业人口工作数量　　　　　　　　单位：％

工作数量	全国	东部	中部	西部
一份	92.6	92.0	92.1	93.7
两份	7.1	7.8	7.6	6.1
三份及以上	0.3	0.2	0.3	0.2

4.4.3　通勤情况

本部分样本总体为农村就业人口中就业身份为"雇员"的个体。

表 4-14 显示，从全国来看，"步行"是农村就业人口最主要的通勤方式，该类人群占比为
41.9％；其次是"电动车或摩托车"，占比为 32.9％；有 10.5％的农村就业人口采用"路面公
共交通（包括公交）"作为通勤方式；其他类型的通勤方式占比很小。分地区看，各地区农村
就业人口的主要通勤方式均为"步行""电动车或摩托车"。但在东部地区，农村就业人口最
主要的通勤方式为"电动车或摩托车"；而中、西部地区农村就业人口最主要的通勤方式为

"步行",且该类人群占比远高于东部地区。

表 4-14 2017 年全国和不同地区农村就业人口通勤方式概况 单位:%

通勤方式	全国	东部	中部	西部
路面公共交通(包括公交)	10.5	9.9	10.8	11.0
轨道交通(包括地铁)	1.7	1.8	2.5	0.5
公务车(包括班车)	3.1	2.7	3.5	3.1
私家车	8.1	10.7	5.6	7.6
打车(包括出租车、网约车等)	1.0	0.7	0.8	1.5
电动车或摩托车	32.9	41.6	29.4	26.0
自行车	5.6	7.4	5.9	3.1
步行	41.9	30.8	46.2	51.1
其他	4.7	4.6	5.8	3.7

表 4-15 报告了全国和各地区农村就业人口单程通勤时间。结果显示,从全国来看,超过一半的农村就业人口单程通勤时间在 15 分钟以下,单程通勤时间为 15~30 分钟、30~45 分钟的人群在农村就业人口中的占比分别为 25.2% 和 10.6%,单程通勤时间为 45~60 分钟、60 分钟以上人群占比较小,分别为 3.48% 和 5.82%。分地区看,西部地区单程通勤时间不超过 30 分钟的人群占比为 77.2%,远低于东、中部地区的 81.9% 和 80.6%;而其单程通勤时间不低于 60 分钟的人群占比为 7.1%,明显高于东、中部地区的 4.5% 和 6.2%。

表 4-15 2017 年全国和不同地区农村就业人口通勤时间概况 单位:%

通勤时间	全国	东部	中部	西部
15 分钟以下	54.9	55.2	55.5	53.9
15~30 分钟	25.2	26.7	25.1	23.3
30~45 分钟	10.6	10.8	9.7	11.3
45~60 分钟	3.48	2.8	3.50	4.4
60 分钟以上	5.82	4.5	6.2	7.1

表 4-16 报告了全国和各地区农村就业人口每天的通勤费用。结果显示,从全国来看,每日无通勤支出的人群在农村就业人口中的占比为 56.0%,该人群的高占比与"步行"为农村就业人口主要通勤方式的结论保持一致;每日通勤费用在 5 元以下人群的占比为 27.6%;每日通勤费用不低于 5 元的人群在农村就业人口中的占比很低,为 16.4%。分地区看,东部地区每日无通勤支出的人群占比为 52.5%,明显低于中、西部地区的 58.1% 和 58.2%;但其每日通勤费用在 5 元以下的人群占比远高于西部地区。西部地区每日通勤费用在 20 元以上的人群占比明显高于其他两个地区,且其每日通勤费用在 5~10 元、10~20 元的人群占比

也处于较高水平,因而该地区农村就业人口每日通勤费用不低于 5 元的人群占比最高,为 18.1%,东、中部地区该比例分别为 16.1% 和 15.3%。

表 4-16　2017 年全国和不同地区农村就业人口通勤费用概况　　　　单位:%

通勤费用	全国	东部	中部	西部
不花钱	56.0	52.5	58.1	58.2
5 元以下	27.6	31.4	26.6	23.7
5~10 元	7.9	8.8	6.4	8.3
10~20 元	5.0	4.3	5.5	5.2
20 元以上	3.5	3.0	3.4	4.6

4.5　不同人群的工作时长

根据就业人口的个人信息,可以对其进行归类,进而比较不同群体的工作时长。农村就业人口的个人信息主要包括其性别、年龄、受教育程度和工资性收入。本部分的样本情况与前文对应部分保持一致。

4.5.1　不同性别人群的工作时长

表 4-17 对比了不同性别人群的工作时长。结果显示,农村男性就业人口全年工作月份数略高于女性,仅相差 0.1 个月。对于工作性质为"受雇于他人或单位(签订正规劳动合同)"、"临时性工作(没有签订正规劳动合同,如打零工)"、"自由职业"以及"其他(志愿者)"的群体来说,男性和女性就业人口的工作时长无明显差异。

表 4-17　2017 年农村不同性别就业人口工作时长

工作时长	男性	女性
全年工作月份数/月	9.3	9.2
工作月平均每月工作天数/天	24.3	25.0
工作日平均每天工作小时数/小时	9.5	9.2
全年工作小时数/小时	2137.9	2182.2

与 2011 年和 2013 年的两次调查结果相比,图 4-8 显示,女性全年工作月份数逐年上升,由 2011 年的 8.78 个月上升至 2017 年的 9.24 个月;而男性全年工作月份数则先下降后上升,由 2011 年的 9.29 个月下降至 2013 年的 8.53 个月,后上升至 2017 年的 9.28 个月。除 2013 年外,农村男性就业人口的工作时间均长于女性,但相较于 2011 年,2017 年二者的差

距大幅减小。

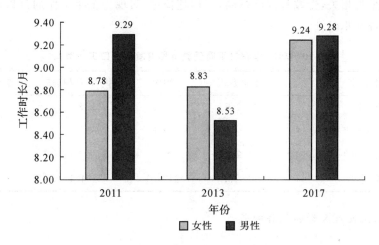

图 4-8　历年不同性别农村就业人口工作时长

4.5.2　不同年龄人群的工作时长

表 4-18 依据农村就业人口的年龄划分群体,对比不同群体的工作时长。结果显示,全年工作月份数、工作日平均每天工作小时数、全年工作小时数均随就业人口的年龄增长呈倒 U 形变化。其中,全年工作月份数、全年工作小时数在年龄为 25～34 周岁的就业人口中达到峰值,随后整体呈下降趋势;而工作日平均每天工作小时数在 35～44 周岁的就业人口中达到峰值。工作月平均每月工作天数则总体上随就业人口的年龄增长呈下降趋势。

表 4-18　2017 年农村各年龄组就业人口工作时长

工作时长	15～24 周岁	25～34 周岁	35～44 周岁	45～55 周岁	55～64 周岁	65 周岁及以上
全年工作月份数/月	8.8	9.8	9.3	9.2	9.10	9.14
工作月平均每月工作天数/天	25.5	25.1	24.5	23.8	23.1	24.2
工作日平均每天工作小时数/小时	9.3	9.37	9.5	9.43	9.14	9.13
全年工作小时数/小时	2088.3	2338.2	2174.2	2057.9	1893.8	1909.7

4.5.3　不同受教育程度人群的工作时长

表 4-19 依据农村就业人口的受教育程度划分群体,对比不同群体的工作时长。结果显示,受教育程度为初中、高中/中专/职高的就业人口群体工作月平均每月工作天数、全年工作小时数均明显高于教育程度处于两端的就业人口,呈现两端低、中间高的特点;工作日平均每天工作小时数随就业人口教育程度上升而降低,而全年工作月份数与就业人口教育程度正相关。受教育程度为小学及以下的就业群体的平均每天工作小时数最高,但其他三项工作时长指标均为最低。上述统计结果在一定程度上表明,农村就业人口工作的稳定性与

其受教育程度呈正相关，受教育程度越高，工作越稳定，表现为全年工作的月份数更多，每天工作时间更接近 8 小时。

表 4-19　2017 年农村不同受教育程度就业人口工作时长

工作时长	小学及以下	初中	高中/中专/职高	大专/本科及以上
全年工作月份数/月	8.5	9.2	9.8	10.0
工作月平均每月工作天数/天	24.0	24.8	25.0	24.1
工作日平均每天工作小时数/小时	9.6	9.4	9.3	8.6
全年工作小时数/小时	2019.1	2194.1	2294.1	2108.3

4.5.4　不同收入人群的工作时长

表 4-20 根据年工资收入水平将农村就业人口均分为低收入组、中低收入组、中等收入组、中高收入组和高收入组五类，比较每类人群的工作时长。结果显示，除"每天工作小时数"这一指标与工资性收入呈负相关外，其他反映工作时长的指标"全年工作月份数""工作月平均每月工作天数""全年工作小时数"均与农村就业人口的工资性收入呈正相关，随工资性收入的增加而增加，体现了"多劳多得"的分配特点。其中，全年工作月份数由低收入组的7.0 个月上升至高收入组的 10.6 个月，工作月平均每月工作天数由低收入组的 23.3 天上升至高收入组的 25.6 天，全年工作小时数由低收入组的 1560.2 小时上升至高收入组的2508.9 小时；而工作日平均每天工作小时数稳定在 9.4 小时左右。

表 4-20　2017 年农村各收入组就业人口工作时长

工作时长	低收入组	中低收入组	中等收入组	中高收入组	高收入组
全年工作月份数/月	7.0	8.8	9.6	9.9	10.6
工作月平均每月工作天数/天	23.3	24.2	24.6	25.1	25.6
工作日平均每天工作小时数/小时	9.4	9.6	9.4	9.3	9.2
全年工作小时数/小时	1560.2	2069.0	2263.1	2362.8	2508.9

4.6　不同人群的兼职情况

具体到本次调查，除了主要工作之外还有其他工作的情况被视为"兼职"。与不同人群工作时长的分析方法类似，本部分根据就业人口的个人信息从性别、年龄、受教育程度等角度对不同人群的兼职情况进行比较。另外，本部分对地区间的差异进行了比较，并将家庭总收入作为人群归类依据加入分析。

4.6.1　不同地区、性别人群的兼职情况

表 4-21 依据性别划分群体，比较各类群体的兼职情况。结果显示，从全国来看，农村男性就业人口中兼职群体占比远高于女性，为 9.6%，约为农村女性就业人口中兼职群体占比的 2.1 倍。分地区进行比较，农村男性就业人口中兼职群体占比普遍高于女性，其中两类就业群体中兼职群体占比差距最大的为中部地区，约为 152%（基于农村女性就业人口中兼职人群的占比）；西部地区次之，约为 142%（基于农村女性就业人口中兼职人群的占比）；两类群体差距最小的为东部地区，约为 60%（基于农村女性就业人口中兼职人群的占比）。

表 4-21　2017 年不同地区农村不同性别就业人口兼职情况　　　单位：%

性别	全国	东部	中部	西部
男	9.6	9.6	10.6	8.7
女	4.5	6.0	4.2	3.6

4.6.2　不同年龄人群的兼职情况

表 4-22 依据农村就业人口的年龄划分群体，对比不同群体的兼职情况。结果显示，从全国来看，兼职人群在农村就业人口中的占比随年龄增长呈倒 U 形变化。年龄为 45～55 周岁的农村就业人口中兼职群体占比最高，达 12.2%；年龄为 15～24 周岁的农村就业人口中兼职群体占比最低，仅为 1.5%。兼职群体在农村就业人口中的占比在各地区间均随就业人口年龄增长呈倒 U 形变化，峰值均出现在 45～55 周岁，15～24 周岁年龄段兼职群体占比普遍较低。

表 4-22　2017 年不同地区各年龄组农村就业人口兼职情况　　　单位：%

年龄	全国	东部	中部	西部
15～24 周岁	1.5	1.2	0.9	2.1
25～34 周岁	3.1	1.8	4.0	3.5
35～44 周岁	7.66	8.9	7.0	7.2
45～55 周岁	12.2	13.1	13.3	10.3
55～64 周岁	7.73	8.4	8.5	6.1
65 周岁及以上	3.7	4.8	4.5	2.0

4.6.3　不同受教育程度人群的兼职情况

表 4-23 依据农村就业人口受教育程度划分人群，比较各类群体的兼职情况。结果显示，从全国来看，兼职群体在受教育程度为初中的农村就业人口中占比最高，为 9.0%；其在

受教育程度为高职/大专/本科及以上的农村就业人口中占比最小，为3.5%。分地区看，各地区兼职群体在农村就业人口中的占比随受教育程度变化的规律与全国保持一致，但中部地区兼职群体在受教育程度为高职/大专/本科及以上农村就业人口中的占比远高于东、西部地区，差距分别为142%（基于东部地区农村就业人口中兼职人群的占比）和132%（基于西部地区农村就业人口中兼职人群的占比）。同时，受教育程度为高中/中专/职高人群的地区间差异与之相同，中部地区与东、西部地区的差距分别为34.7%（基于东部地区农村就业人口中兼职人群的占比）和35.6%（基于西部地区农村就业人口中兼职人群的占比）。

表4-23　2017年各地区不同受教育程度农村就业人口兼职情况　　单位：%

受教育程度	全国	东部	中部	西部
小学及以下	6.6	8.1	7.1	5.3
初中	9.0	9.4	8.9	8.7
高中/中专/职高	7.0	6.3	8.5	6.3
高职/大专/本科及以上	3.5	2.4	5.8	2.5

4.6.4　不同收入人群的兼职情况

表4-24依据农村就业人口家庭总收入划分人群，比较各类群体的兼职情况。结果显示，从全国来看，中间收入群体中兼职人群占比较高，低收入群体中该比例最低。兼职人群占比随家庭总收入变化的规律在地区间无明显差异，且与全国变化规律保持一致。但西部地区低收入人群中兼职群体占比明显低于东、中部地区，中部地区高收入人群中兼职群体占比明显高于东、西部地区。

表4-24　2017年不同地区各收入组农村就业人口兼职情况　　单位：%

收入组	全国	东部	中部	西部
低收入组	6.2	8.4	7.3	3.8
中低收入组	8.1	8.2	9.5	6.6
中等收入组	8.1	9.4	8.2	7.4
中高收入组	7.2	7.4	6.4	7.0
高收入组	7.5	6.7	8.1	7.0

4.7　不同收入人群的通勤情况

表4-25、图4-9和图4-10根据年家庭总收入水平将农村就业人口均分为低收入组、中低收入组、中等收入组、中高收入组和高收入组五组，比较每组人群的通勤方式、通勤时间和通

勤费用。具体到本次调查,通勤时间仅指单程花费的时间,通勤费用为每天的通勤支出,包括搭乘公共交通的车费或自驾的油/汽/电费。

4.7.1 不同收入人群的通勤方式

表 4-25 显示,各收人群体最主要的通勤方式均为"步行",其次是"电动车或摩托车"。虽然以"私家车"作为通勤方式的农村就业人口占比很小,但该比例总体上随家庭总收入增加而增加,由低收入组的 3.5% 上升至高收入组的 16.6%。而以"步行"作为通勤方式的农村就业人口占比却随收入增加而降低,由低收入组的 51.4% 下降至高收入组的 34.0%。

表 4-25　2017 年各收入组农村就业人口通勤方式　　　　单位:%

通勤方式	低收入组	中低收入组	中等收入组	中高收入组	高收入组
路面公共交通(包括公交)	8.2	9.8	9.9	10.4	14.5
轨道交通(包括地铁)	1.1	1.1	1.3	2.4	2.7
公务车(包括班车)	3.2	3.3	3.3	2.8	2.9
私家车	3.5	3.3	7.3	10.0	16.6
打车(包括出租车、网约车等)	1.3	1.0	0.5	1.3	0.9
电动车或摩托车	29.7	34.7	34.8	35.0	30.0
自行车	5.2	8.2	7.2	3.3	3.9
步行	51.4	44.0	41.5	38.5	34.0
其他	4.7	5.7	5.0	5.3	3.0

4.7.2 不同收入人群的通勤时间

图 4-9 显示,单程通勤时间在 15 分钟以下的人群在各收入组中的占比均超过 50%,单程通勤时间不短于 30 分钟的人群占比普遍较低,在 20% 上下波动,但该比例总体上随收入增加而降低,由低收入组的 23.6% 下降至高收入组的 19.0%,这可能与通勤时间不短于 30 分钟人群占比最高的西部地区的该比例随收入增加整体呈下降趋势有关。

4.7.3 不同收入人群的通勤费用

图 4-10 显示,除高收入组外,其他收入组就业人口中每天没有通勤支出的人群占比均超过 50%;该比例总体上随收入增加而降低,且下降幅度较大,由低收入组的 63.4% 降低至高收入组的 47.8%。每日通勤费用不低于 10 元的人群占比整体上随收入增加而上升,由低收入组的 6.7% 上升至高收入组的 10.0%,与表 4-25 揭示的以"私家车""路面公共交通""轨道交通"为通勤方式的人群占比随收入增加而上升的规律保持一致。

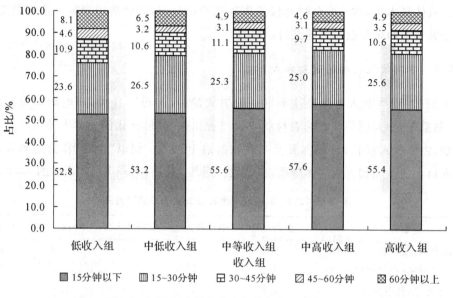

图 4-9　2017 年农村各收入组就业人口通勤时间

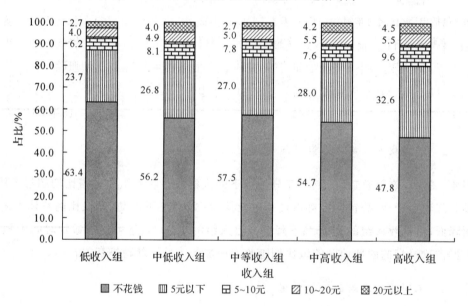

图 4-10　2017 年农村各收入组就业人口通勤费用

5　农村家庭收入与支出

本章主要利用 2017 年中国农村家庭调查中的"居住在农村的家庭"样本,分析农村家庭的收支情况。在部分对比研究中,使用了"居住在城镇的农业户口家庭"(即农民工家庭)样本。研究发现,工资性收入是农村家庭总收入的最主要来源,农业纯收入是中、西部地区农村家庭第二重要的收入来源,而东部地区农村家庭第二重要的收入来源为工商业收入。东、中部地区农村家庭的户均总收入明显高于西部地区。东部地区家庭工资性、工商业和财产性收入等非农业收入较高,中部地区家庭农业纯收入较高。财产性收入在总收入中的占比普遍很低。

得益于较多的农业纯收入、工资性收入和工商业收入,户主为男性的家庭具有较高的总收入水平,且两类群体的收入差距在扩大,工资性收入在群体差异中占比增加,农业纯收入对群体差异的贡献相对减少。总收入、工资性收入和工商业收入总体上随户主年龄的增长先上升后下降,农业纯收入在户主年龄在 45～55 周岁的家庭中最高,财产性收入随户主年龄的增长呈上升趋势,转移性收入则随户主年龄的增长先上升后下降。整体而言,总收入随户主的教育程度的上升而上升,农业纯收入随户主受教育程度的提高先上升后下降,转移性收入随户主受教育程度的提高先下降后上升,其他非农业收入则随户主受教育程度的提高不断上升。农民工家庭的总收入水平最高,农业纯收入最少。有外出经验的农民家庭比其他农民家庭具有更高的工资性收入。由于农民家庭的非农业收入不断提高,而农民工家庭的非农业收入总体呈下降趋势,两类群体的总收入差距整体呈下降趋势。相对贫困家庭的户均总收入远低于全国平均水平,与其他家庭的收入差距随省(区、市)人均 GDP 变化呈现两端高、中间低的特点,其中,工商业收入和财产性收入方面的差距与省(区、市)人均 GDP 呈负相关。相对贫困家庭农业纯收入在总收入中的占比均低于其他家庭,而其转移性收入在总收入中的占比均远高于其他家庭。

农村家庭户均总收入的基尼系数为 0.535,非农业收入的基尼系数远低于农业纯收入,其中工资性收入的基尼系数最小,转移性收入的基尼系数最大。西部地区的总收入、农业纯收入、非农业收入的基尼系数均高于东、中部地区,尤其是非农业收入中工商业收入的基尼系数。无论是家庭总收入还是各分项收入的基尼系数,省内差异的贡献都很小,而重叠部分均贡献最大。从 2011 年到 2017 年,农村家庭总收入的基尼系数呈上升趋势,非农业收入的基尼系数从 2011 年至 2015 年持续上升,2017 年较 2015 年略微下降;农业纯收入基尼系数整体呈上升趋势。在总收入的基尼系数中,从 2011 年至 2017 年,省内差异的贡献整体呈下降趋势,尽管 2017 年略有上升,但增幅很小。

社区的社会救助支出、公共事务支出及土地确权情况与社区户均总收入呈正相关。社区的社会救助与各项收入的基尼系数总体上呈负相关，尤其体现在工商业收入方面。社区的公共事务开销与总收入、非农业收入及非农业收入中的其他收入的基尼系数呈正相关，但与农业纯收入、其他各项非农业收入的基尼系数负相关。已确权的社区各项收入的基尼系数总体上高于未确权社区，尤其体现在工商业收入方面。

中部家庭的户均总支出最高，东部地区则最低。对各地区而言，总支出中消费性支出的占比均最高，东、西部地区家庭的消费性支出占比明显高于中部地区家庭。中部地区家庭转移性支出和农业生产支出的占比高于东、西部地区。就全国而言，消费性支出中食品支出、生活居住支出、医疗保健支出的比重较大。分地区看，东部地区的食品支出、生活居住支出占比高于中、西部地区；西部地区的医疗保健支出占比高于东、中部地区；交通通信支出占比在地区间的差异不大；中部地区教育娱乐支出占比高于东、西部地区。无论是从全国还是分地区来看，按支出项目分，红白喜事支出在转移性支出中的占比最高，其中，东部地区最高，中部地区次之；按支出对象分，对父母、岳父母之外其他亲属/非亲属的转移性支出占比最高，其中，东部地区最高，西部次之。户均总支出逐年上升。消费性支出的占比始终最大，但其比重先上升后下降。农业生产支出的占比先下降后上升，而转移性支出的占比逐年降低。消费性支出中，支出份额逐渐向医疗保健、生活居住支出两方面转移。

其他家庭的户均消费性支出远高于相对贫困家庭，且其与省（区、市）人均GDP呈正相关，而相对贫困家庭的户均消费性支出则随省（区、市）人均GDP变化呈现中间高、两端低的特点，中收入省（区、市）的户均消费性支出最高。两类家庭消费性支出的差距随省（区、市）人均GDP变化呈现中间低、两端高的特点；其中，医疗保健支出占比随收入增加而降低，相对贫困家庭的该项指标高于其他家庭，而其衣着支出、日用品与耐用品支出、教育娱乐支出占比均低于其他家庭。消费性支出金额随户主年龄增长呈倒U形变化。其中，食品支出占比随年龄增加而小幅上升，交通通信、教育娱乐支出占比在中间年龄段家庭中明显较高，而医疗保健支出占比则在两端家庭中较高。农民工家庭的户均总支出水平最高，其次是有外出经验的农民家庭；消费性支出、转移性支出的规律与此一致。农民工家庭的食品、衣着、生活居住、交通通信、教育娱乐支出在消费性支出中的占比明显高于另外两类家庭，但其医疗保健支出占比明显低于另外两类家庭。

在农村家庭中，有国外代购/境外消费、网购支出的家庭比例很小，两类支出在消费性支出中的占比也很低；东、中部地区家庭该项消费方式的参与率明显高于西部地区；农民工家庭中有国外代购/境外消费、网购支出的家庭比例明显高于其他两类家庭，其次是有外出经验的农民家庭；东部地区超过一半的农民工家庭有网购支出。户均网购支出的绝对水平和在消费性支出中的相对占比均随收入水平提高而提高；中高收入组的户均国外代购/境外消费的支出金额明显高于其他四类家庭，高收入组的该项支出在消费性支出中的占比最低。两项支出随户主年龄变化无明显趋势。

5.1 收入及其构成情况

5.1.1 收入概况

农村家庭的总收入由农业纯收入和非农业收入组成。其中,农业纯收入是农业收入扣除农业生产成本后的剩余部分。根据来源划分,非农业收入包括工资性收入、工商业收入、财产性收入、转移性收入和其他收入等五部分。在本调查中,除工资性收入、转移性收入中的养老金和年金数据是在个人层面统计而获得的之外,其余各项收入都以家庭为单位进行统计。为统一口径,将上述三种收入也在家庭层面上加总。最终,各项收入均以家庭为单位进行统计。

表 5-1 报告了 2017 年全国和东、中、西部地区农村家庭的各项户均收入。就全国来看,2017 年中国农村家庭户均总收入为 34263 元,其中 15.8% 为农业纯收入,84.2% 为非农业收入。在非农业收入中,工资性收入占比最大,为 59.0%;转移性收入和工商业收入的占比次之,分别为 13.6% 和 11.1%;财产性收入仅占非农业收入的 0.5%;其他收入占比不足 0.1%。

就不同地区来看,无论是在全国,还是在中、西部地区,工资性收入和农业纯收入都是农村家庭总收入的主要来源;东部地区农村家庭的主要收入来源为工资性收入和工商业收入。东、中部地区农村家庭的户均总收入明显高于西部地区,超出幅度分别为 48.7% 和 27.5%。区分各项收入,可看出东、西部地区农业纯收入在总收入中的占比仅为 12.2% 和 14.7%,明显低于中部地区的 20.2%。这说明东部与西部地区农村家庭具有相似的农业纯收入,但得益于较多的非农业收入,东部地区的户均总收入较高。中部与西部地区农村家庭的非农业收入相近,但由于中部地区家庭的农业纯收入较高,其具有较高的户均总收入。

进一步考察非农业收入的各项构成可以发现,东部地区家庭的非农业收入之所以远高于中、西部地区家庭,主要得益于其在工资性、工商业和财产性收入方面的明显优势。不过,即使在东部地区,财产性收入在家庭总收入中的占比也不足 1%。

从表 5-1 中可以得出以下几点结论:第一,工资性收入是农村家庭总收入的最主要来源;第二,农业纯收入是中、西部地区农村家庭第二重要的收入来源,与中、西部地区不同,东部地区农村家庭第二重要的收入来源为工商业收入;第三,东、中部地区农村家庭的户均总收入明显高于西部地区;第四,东部地区较高的家庭总收入主要来自较高的工资性、工商业等非农业收入,而中部地区较高的家庭总收入是较高的农业纯收入和工资性、工商业等非农收入共同作用的结果;第五,中部地区的农业生产经营成本率最低;第六,财产性收入在总收入中的占比普遍很低。

表 5-1　2017 年农村家庭各项户均收入

收入类型及占比	全国	东部	中部	西部
总收入/元	34263	40809	35011	27451
农业纯收入/元	5415	4967	7065	4043
农业收入/元	9777	8952	12471	7624
农业纯收入在总收入中占比/%	15.8	12.2	20.2	14.7
非农业收入/元①	28848	35842	27947	23408
工资性收入/元	20223	24766	19807	16507
工商业收入/元	3818	5910	3659	2070
财产性收入/元	158	226	139	116
转移性收入/元	4645	4935	4338	4712

5.1.2　收入变化

图 5-1 展示了 2011 年、2013 年、2015 年和 2017 年四年的户均总收入走势（对应于右轴）和历年总收入中各项收入的占比（对应于左轴）。结果显示,农村家庭的户均总收入从 2011 年的 27764 元增至 2017 年的 34263 元。总收入中,农业纯收入占比延续了 2015 年的下降趋势,进一步大幅降低至 15.8%。非农业收入中,尽管 2015 年工资性收入的占比较 2013 年略微下降,但其整体呈上升趋势,由 2011 年的 53.1% 上升至 2017 年的 59.0%;工商业收入的占比先下降后上升;财产性收入的占比始终很小;而转移性收入的占比则变化不大。

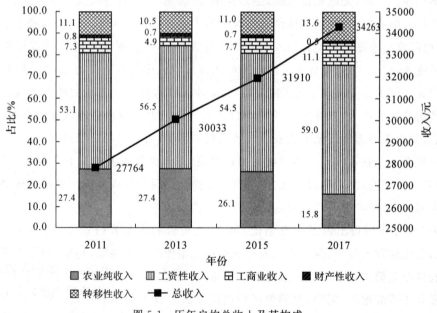

图 5-1　历年户均总收入及其构成

---

①　非农业收入=工资性收入+工商业收入+财产性收入+转移性收入+其他收入,由于"其他收入"非常少,故没有报告在图与表格中。

5.2 各类群体的收入与构成差异

根据户主的个人信息,可以将家庭归类,进而比较不同群体的收入与其构成情况。户主的个人信息主要包括其性别、年龄、受教育程度和外出务工经验等。

5.2.1 性别

表 5-2 依据户主的性别划分家庭,对比不同群体的各项收入。结果显示,户主为男性的家庭具有较高的总收入水平,两类群体的总收入相差 9723 元,差距约为 38.0%;无论从绝对数值还是从相对水平来看,差距较 2015 年(8088 元,32.5%)有所扩大。男性户主家庭较高的总收入主要得益于较多的农业纯收入、工资性收入和工商业收入,两类群体在这三项收入上分别相差 3021 元、6191 元、1518 元;工资性收入在群体差异中占比增加,农业纯收入对群体差异的贡献相对减少。女性户主家庭的转移性收入比男性户主家庭多 1006 元;两类群体的财产性收入大致相当。

表 5-2　2017 年依据户主性别划分的各项户均收入　　　　　　单位:元

收入类型	男性	女性
总收入	35329	25606
农业纯收入	5746	2725
农业收入	10351	5117
非农业收入	29583	22880
工资性收入	20902	14711
工商业收入	3984	2466
财产性收入	158	160
转移性收入	4535	5541

5.2.2 年龄

表 5-3 依据户主的年龄划分家庭,对比不同群体的各项收入。结果显示,户主年龄处于 25～34 周岁的家庭具有最高的总收入水平。总体而言,总收入随户主年龄先上升后下降。分项来看,农业纯收入在户主为 45～54 周岁的家庭中最高,非农业收入则在户主为 25～34 周岁的家庭中最高。非农业收入中,工资性收入和工商业收入总体上随户主年龄增长先上升后下降;财产性收入总体上随户主年龄增加呈上升趋势;转移性收入则随户主年龄增长先下降后上升,户主年龄在 65 周岁及以上的家庭该项收入远高于其他家庭。

从表 5-3 中逐列纵向来看，还可以发现，对所有年龄组家庭而言，收入的最主要来源均为工资性收入，但其他主要的收入来源有所差异。对于户主年龄在 15～24 周岁、65 周岁及以上的家庭而言，转移性收入为第二重要的收入来源，其次是农业纯收入；对于户主年龄在25～34 周岁的家庭而言，工商业收入和农业纯收入为重要性仅次于工资性收入的主要收入来源；对于户主年龄在 35～54 周岁的家庭而言，农业纯收入为第二重要的收入来源，其次是工商业收入；对于户主年龄在 55～64 周岁的家庭而言，转移性收入与农业纯收入的重要程度相近，仅次于工资性收入。

表 5-3　2017 年依据户主年龄划分的各项户均收入　　　　　　单位：元

收入类型	15～24 周岁	25～34 周岁	35～44 周岁	45～54 周岁	55～64 周岁	65 周岁及以上
总收入	32161	43054	37804	42871	32048	19090
农业纯收入	1353	5222	6000	7254	5149	2563
农业收入	4618	9860	11237	12616	9469	4710
非农业收入	30807	37832	31804	35617	26899	16527
工资性收入	25156	27974	22343	26744	19178	8103
工商业收入	546	5682	5425	5388	2708	1087
财产性收入	0	135	101	159	167	199
转移性收入	5105	4040	3928	3321	4843	7134

5.2.3　受教育程度

表 5-4 依据户主的受教育程度划分家庭，对比不同群体的各项收入。结果显示，户主受教育程度为高职/大专/本科及以上的家庭户均收入为 67934 元，户主受教育程度为小学及以下的家庭户均收入为 26026 元，总收入整体而言随户主的受教育程度的上升而上升。除户主受教育程度为小学及以下群体的总收入较 2015 年略微减少外，其余群体的家庭总收入均有所增加。农业纯收入随户主受教育程度的提高先上升后下降，转移性收入随户主受教育程度的提高先下降后上升，其他非农业收入则随户主受教育程度的提高不断上升。

逐列纵向来看，在户主受教育程度为第一类和最后一类的家庭中，工资性收入和转移性收入都是总收入最主要的来源。在中间两类家庭中，工资性收入和农业纯收入是总收入最主要的来源。通过比较不同组别的收入结构可以发现，户主受教育程度在高职/大专/本科及以上的家庭中，农业纯收入占总收入的比重为 9.5%，远低于其他三类家庭；工资性收入占比高达 63.2%，略高于其他三类家庭；工商业收入占比略低于占比最高的户主受教育程度为初中的家庭。

表5-4　2017年依据户主受教育程度划分的各项户均收入　　　　单位：元

收入类型	小学及以下	初中	高中/中专/职高	高职/大专/本科及以上
总收入	26026	40652	48831	67934
农业纯收入	4126	6886	6580	6467
农业收入	7709	12105	11915	10163
非农业收入	21900	33767	42251	61467
工资性收入	15109	23973	29799	42943
工商业收入	2082	5481	6037	8895
财产性收入	151	164	171	206
转移性收入	4556	4143	6242	9422

5.2.4　外出务工经验

表5-5依据户主的外出经验将家庭分为农民家庭、有外出经验的农民家庭和农民工家庭，对比不同群体的各项收入。具体来说，如果户主所在地区为城镇，但户口为农业户口，或户口虽为非农业户口但在获得统一居民户口之前为农业人口的，则将该家庭定义为农民工家庭。如果户主目前为农民，但有离开目前所在省（区、市）到其他省（区、市）生活或者工作的经验，则将该家庭定义为有外出经验的农民家庭。有外出经验的农民家庭是农民家庭的子集。

结果显示，农民工家庭的总收入水平最高，高出农民家庭66.0%，高出有外出经验的农民家庭38.3%。农民工家庭的农业纯收入最少，且与其他两类家庭差距较大。计算农业生产经营成本率发现，农民家庭的成本率最低，其次是农民工家庭。农民工家庭的各项非农业收入均显著高于其他家庭；其中，工商业收入的差距尤其明显。而对比有外出经验的农民家庭和其他农民家庭可以发现，有外出经验的农民家庭明显具有更高的工资性收入。

逐列纵向来看，农民家庭的主要收入来源是工资性收入和农业纯收入，占比分别为59.0%和15.8%。其中，有外出经验的农民家庭更依赖于工资性收入，其在总收入中的占比高达65.5%，较2015年（64.9%）略有上升；而其农业纯收入的占比为11.4%，较2015年（21.8%）大幅下降。农民工家庭的主要收入来源是工资性收入和工商业收入，占比分别为69.5%和16.0%。在这三类家庭中，农民家庭的转移性收入占比为13.6%，高于另两类家庭的11.0%和11.6%。

表 5-5　2017 年依据户主外出务工经验划分的各项户均收入　　　　单位：元

收入类型	农民家庭	有外出经验的农民家庭	农民工家庭
总收入	34263	41129	56892
农业纯收入	5415	4685	1405
农业收入	9777	8881	2638
非农业收入	28848	36444	55487
工资性收入	20223	26919	39529
工商业收入	3818	4782	9079
财产性收入	158	213	265
转移性收入	4645	4525	6593

　　图 5-2 显示了 2011 年、2013 年、2015 年、2017 年各类家庭的总收入及其构成情况。结果显示，农民家庭的总收入和非农业收入从 2011 年到 2017 年不断上升，其中，非农业收入由 2011 年的 20156 元上升至 2017 年的 28848 元；其农业纯收入则先上升后下降，从 2011 年的 7608 元上升至 2013 年的 8242 元，后下降至 2017 年的 5415 元，2017 年降幅明显。农民工家庭的农业纯收入虽然少，但也从 2011 年的 623 元上升到 2017 年的 4686 元；而其非农业收入则先上升后下降，从 2011 年的 53970 元上升到 2013 年的 59923 元，后下降至 2017 年的 36444 元，导致其总收入也呈现相同的变化趋势，这与非农业收入作为农民工家庭最主要收入来源的收入结构基本保持一致。对于有外出经验的农民家庭，其总收入的上升得益于非农业收入的大幅增加；该群体 2017 年的农业纯收入较 2015 年明显减少。因此，总体而言，2017 年相比于 2011 年，由于农民家庭的非农业收入不断提高，农民工家庭的非农业收入总体而言呈下降趋势，两类群体的总收入差距有所缩小。

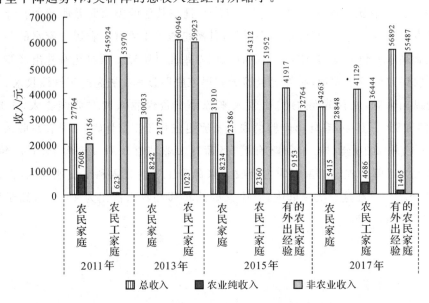

图 5-2　历年各类家庭收入及其构成

5.2.5 相对贫困

表5-6、表5-7依据家庭人均总收入将家庭分为相对贫困家庭和其他家庭,同时,依据国家统计局公布的2016年各省人均GDP数据,将调研省份分为三个区域,分别为高收入、中收入和低收入省(区、市),比较全国和各区域内部两类家庭的总收入及其构成情况。结果显示,全国来看,相对贫困家庭的户均收入为4264元,远低于全国平均水平34263元,其他家庭的户均收入约为相对贫困家庭的12倍。无论是相对贫困家庭还是其他家庭,其总收入均随省(区、市)人均GDP的增加而增加,分别从低收入省(区、市)的2718元、43348元增加至高收入省(区、市)的5020元、57797元。两类家庭的收入差距呈现两端高、中间低的特点,低收入省(区、市)的收入差距最大,其他家庭的户均收入约为相对贫困家庭的16倍,高收入省(区、市)次之,约为12倍,而中收入省(区、市)差距最小,约为10倍。

分项来看,绝对水平上,无论是全国层面还是各区域内部,其他家庭各项收入远高于相对贫困家庭。工资性收入和转移性收入[①]作为主要收入来源,两类家庭在这两项收入绝对水平上的差距变化规律与户均收入保持一致;而两类家庭在工商业收入和财产性收入方面的差距则与省(区、市)人均GDP呈负相关,分别由高收入省(区、市)的37倍、2倍上升至低收入省(区、市)的55倍、5倍。就各项收入在总收入中的相对占比而言,其他家庭农业纯收入在总收入中的占比均高于相对贫困家庭,全国层面上,两类家庭的该项占比分别为13.1%和15.9%;而其他家庭转移性收入在总收入中的占比远低于相对贫困家庭,全国层面上,相对贫困家庭和其他家庭转移性收入在总收入中的占比分别为46.3%和12.1%。

表5-6 2017年相对贫困家庭与其他家庭的各项户均收入(全国)

收入类型	全国	按全国相对贫困标准划分	
		相对贫困家庭	其他
总收入/元	34263	4264	50236
农业纯收入/元	5415	557	8001
农业收入/元	9777	3864	12925
农业纯收入在总收入中占比/%	15.8	13.1	15.9
非农业收入/元	28848	3707	42234
工资性收入/元	20223	1507	30189
工商业收入/元	3818	163	5764
财产性收入/元	158	59	211
转移性收入/元	4645	1975	6068
转移性收入在总收入中占比/%	13.6	46.3	12.1

---

① 除高收入省(区、市)其他家庭的第二主要非农业收入为工商业收入外,第二主要非农业收入均为转移性收入。

表 5-7　2017 年相对贫困家庭与其他家庭的各项户均收入（区域）

收入类型	按区域相对贫困标准划分					
	高收入省（区、市）		中收入省（区、市）		低收入省（区、市）	
	相对贫困家庭	其他	相对贫困家庭	其他	相对贫困家庭	其他
总收入/元	5020	57797	4685	49159	2718	43348
农业纯收入/元	266	5650	796	8420	33	8624
农业收入/元	3358	9504	4786	13765	2852	13659
农业纯收入在总收入中占比/%	5.3	9.8	17.0	17.1	1.2	19.9
非农业收入/元	4553	52148	3889	40739	2685	34724
工资性收入/元	1711	36630	1738	29871	860	24318
工商业收入/元	227	8328	125	5218	79	4339
财产性收入/元	162	260	53	215	31	151
转移性收入/元	2451	6928	1970	5430	1713	5911
转移性收入在总收入中占比/%	48.8	12.0	42.0	11.0	63.0	13.6

5.3　收入不平等状况

5.3.1　收入不平等概况

表 5-8 报告了 2017 年各项户均收入在全国和东、中、西部地区的基尼系数，以及基尼系数在省际的分解结果，以刻画农村家庭的收入不平等情况。结果显示，就全国而言，农村家庭户均总收入的基尼系数为 0.535，农业纯收入的基尼系数高于非农业收入。在各项非农业收入中，工资性收入的基尼系数最小，为 0.420；转移性收入的基尼系数最大，为 0.655。

分地区来看，基尼系数整体上呈现西高东低的特点，西部地区的总收入、农业纯收入基尼系数均高于东、中部地区。就各项非农业收入而言，工资性收入、转移性收入的基尼系数在地区间差异不大，西部地区两项收入的基尼系数分别是最高和最低的，同时，该地区工商业收入的基尼系数显著高于东、中部地区，为西部地区非农业收入基尼系数明显高于其他两个地区提供了可能的解释。

就全国而言，农村家庭总收入的基尼系数中，85.3% 来自重叠部分，12.4% 来自省际差异，省内差异的贡献很小。分各项收入来看，省内差异对基尼系数的贡献始终很小，重叠部分总是占据着贡献最大的部分，表明各省（区、市）在各类收入的分布上重叠部分较多。

表 5-8   2017 年各项家庭收入的基尼系数与分解

收入类型	基尼系数				全国基尼系数分解		
	全国	东部	中部	西部	省内差异/%	省际差异/%	重叠部分/%
总收入	0.535	0.511	0.525	0.563	2.3	12.4	85.3
农业纯收入	0.653	0.652	0.634	0.672	2.9	23.6	73.5
农业收入	0.663	0.640	0.647	0.685	2.8	28.0	69.2
非农业收入	0.586	0.552	0.585	0.608	2.5	15.4	82.1
工资性收入	0.420	0.396	0.414	0.443	1.8	11.1	87.1
工商业收入	0.521	0.504	0.479	0.538	2.7	20.8	76.5
财产性收入	0.481	0.448	0.518	0.484	2.3	20.9	76.8
转移性收入	0.655	0.659	0.651	0.649	2.7	16.5	80.8

5.3.2　收入不平等变化

图 5-3 展示了 2011 年、2013 年、2015 年和 2017 年农村家庭总收入、农业纯收入和非农业收入的基尼系数(对应于右轴),以及历年总收入基尼系数中省际差异、重叠部分和省内差异三部分贡献的占比(对应于左轴)。

结果显示,从 2011 年到 2017 年,农村家庭总收入基尼系数呈上升趋势,从 2011 年的 0.450 增至 2017 年的 0.535,表明收入不平等状况在加剧。其中,非农业收入基尼系数从 2011 年至 2015 年持续上升,2017 年较 2015 年略微下降;农业纯收入基尼系数总体呈上升

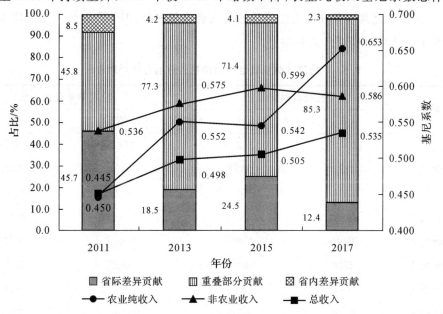

图 5-3　历年农村家庭各项收入的基尼系数与总收入基尼系数的分解

趋势,由 2011 年的 0.445 增至 2017 年的 0.653。

在总收入基尼系数中,省内差异的贡献整体上逐年降低,从 2011 年的 8.5% 下降至 2017 年的 2.3%。省际差异的贡献先下降后上升,从 2011 年的 45.7% 下降至 2013 年的 18.5%,后上升至 2015 年的 24.5%,而 2017 年大幅下降至 12.4%。总体而言,重叠部分和省际差异是总收入基尼系数的主要来源。

5.4 不同地区的收入与收入不平等情况

根据公共支出和土地确权情况,可以比较不同社区中家庭的收入及其不平等状况。

5.4.1 社区支出情况

表 5-9 和表 5-10 分别以 2017 年社区的社会救助支出和公共事务开销支出为划分依据,对社区户均收入及其基尼系数进行了对比研究。

表 5-9 显示,社区的人均社会救助支出与社区户均总收入呈正相关。相较于没有社会救助支出的社区,有一定社会救助支出的社区农业纯收入低 15.6%,非农业收入高 11.8%,总收入高 7.1%。这说明有社会救助支出的社区,收入水平(尤其是非农业收入水平)较高。两类社区农业纯收入的差距较 2015 年有所扩大,非农业收入和总收入的差距大幅度减小。

社区的公共事务开销支出与社区户均总收入呈正相关。相较于没有公共事务开销支出的社区,有一定公共事务开销支出的社区农业纯收入高 3.0%,非农业收入高 1.9%,总收入高 2.1%。虽然有公共事务开销支出的社区收入表现仍较好,但非农业收入和总收入的差距较 2015 年的 10.3% 和 7.8% 大幅缩小。

表 5-9 2017 年依据社区支出情况划分的各项户均收入　　　　单位:元

收入类型	社会救助支出		公共事务开销支出	
	有	无	有	无
总收入	35645	33295	34418	33721
农业纯收入	4883	5787	5450	5292
农业收入	8679	10545	9924	9265
非农业收入	30762	27508	28968	28430
工资性收入	22015	18969	20239	20168
工商业收入	3544	4009	4046	3022
财产性收入	189	137	171	112
转移性收入	5010	4390	4509	5121

如表 5-10 所示,各项收入的基尼系数总体上与社会救助支出呈负相关,说明社会救助有助于缓解收入不平等,这尤其体现在工商业收入上。两类社区工资性收入基尼系数的差距较 2015 年有所缩小。

与此同时,尽管总收入、非农业收入的基尼系数在有公共事务开销支出的社区中较高,但农业纯收入、除其他收入外的各类非农业收入的基尼系数在该类社区中较低。总体来说,公共事务开销支出有助于缓解收入不平等,尤其体现在农业纯收入、工商业收入和转移性收入上。

表 5-10　2017 年依据社区支出情况划分的各项户均收入基尼系数

收入类型	社会救助支出		公共事务开销支出	
	有	无	有	无
总收入	0.532	0.537	0.538	0.524
农业纯收入	0.661	0.648	0.650	0.661
农业收入	0.674	0.655	0.654	0.695
非农业收入	0.578	0.590	0.590	0.569
工资性收入	0.417	0.419	0.419	0.421
工商业收入	0.495	0.534	0.509	0.558
财产性收入	0.468	0.493	0.478	0.484
转移性收入	0.645	0.660	0.650	0.667

5.4.2　土地确权情况

表 5-11 依据社区的土地确权情况比较了户均收入及基尼系数。结果显示,土地已确权的社区户均总收入较高。其中,尽管财产性收入和转移性收入较低,但农业纯收入、非农业收入其他各项均明显高于未确权社区。这在一定程度上表明了土地确权对于提高社区居民农业纯收入及家庭总收入的重要性,尤其针对将农业纯收入作为主要收入来源的家庭。

基尼系数方面,已确权社区各项收入的基尼系数总体上高于未确权社区,尤其体现在工商业收入方面。但该类社区的农业纯收入、工资性收入基尼系数明显低于未确权社区,这说明土地确权与较平均的农业纯收入相关。

表 5-11　2017 年依据社区土地确权情况划分的各项户均收入及基尼系数

收入类型	已确权		未确权	
	均值/元	基尼系数	均值/元	基尼系数
总收入	34706	0.534	31107	0.529
农业纯收入	5791	0.653	3715	0.667
农业收入	10318	0.661	7599	0.691
非农业收入	28915	0.586	27392	0.570
工资性收入	20380	0.415	18089	0.443
工商业收入	3970	0.529	2696	0.456
财产性收入	155	0.483	170	0.456
转移性收入	4407	0.655	6434	0.639

5.5 支出及其构成情况

5.5.1 支出概况

农村家庭的总支出按照用途分为消费性支出、转移性支出、农业生产支出和其他支出四部分。其中，消费性支出是指日常生活支出，又包括食品支出、衣着支出、生活居住支出、日用品与耐用品支出、医疗保健支出、交通通信支出、教育娱乐支出、其他支出等八大类。转移性支出是给予家庭成员以外的人或组织的现金或非现金支出。按照支出项目，转移性支出包括节假日支出（包括压岁钱），红白喜事支出（包括祝寿庆生等），在教育、医疗和生活上给予他人的资助，其他方面的转移性支出，以及捐赠或资助。按照支出对象，转移性支出包括对父母、岳父母，以及其他亲属/非亲属的转移性支出。农业生产支出是从事农业生产经营所产生的支出，主要包括农业生产成本和农业雇人支出两部分。本报告数据显示，95％以上的农业生产支出来自农业生产成本，农业雇人支出的占比很小。

表 5-12 报告了 2017 年全国和东、中、西部地区农村家庭的户均总支出及其构成情况。全国农村家庭的户均总支出为 42261 元。分地区看，中部家庭的户均总支出最高，东部地区最低；中部地区与其他两个地区的支出差距主要体现在农业生产支出方面。就全国而言，消费性支出在总支出中的占比为 81.7％；分地区看，东、西部地区的消费性支出占比均为84.1％，明显高于中部地区的 77.5％。就全国而言，转移性支出和农业生产支出的占比分别为 5.8％和 12.2％；而中部地区家庭的这两个比重较东、西部地区而言偏高，分别为 7.0％和15.1％。

表 5-12 2017 年农村家庭户均支出及其构成

支出类型		全国	东部	中部	西部
总支出/元		42261	41634	42754	42303
各项支出占比/%	消费性支出	81.7	84.1	77.5	84.1
	转移性支出	5.8	4.9	7.0	5.2
	农业生产支出	12.2	10.7	15.1	10.4
	其他支出	0.3	0.3	0.4	0.3

5.5.2 消费性支出

如表 5-13 所示，在八大类消费性支出中，食品支出、生活居住支出、医疗保健支出的比重比较大。

其中，食品支出占消费性支出的比重在全国为 30.8％；东部地区该比重为 34.6％，明显高于中部、西部地区的 29.9%、28.3%。

生活居住支出占消费性支出的比重在全国为 13.0%;东部地区该比重为 15.4%,明显高于中部地区的 12.9% 和西部地区的 10.9%。

医疗保健支出占消费性支出的比重在全国为 21.3%;西部地区该比重为 25.1%,远高于东部和中部地区的 18.0% 和 20.4%。

交通通信支出占消费性支出的比重在全国为 10.4%,该项比重在地区间的差异不大。

教育娱乐支出占消费性支出的比重在全国为 9.9%;中部地区该比重为 12.0%,高于东部和西部地区的 8.7% 和 9.0%。

其他支出占消费性支出的比重在全国为 6.0%;西部地区该比重为 7.7%,高于东部和中部地区的 4.2% 和 5.8%。

表 5-13   2017 年农村家庭户均消费性支出及其构成

	支出类型	全国	东部	中部	西部
	消费性支出/元	34516	35014	33124	35562
各项支出占比/%	食品支出	30.8	34.6	29.9	28.3
	衣着支出	4.0	4.0	4.4	3.6
	生活居住支出	13.0	15.4	12.9	10.9
	日用品与耐用品支出	4.6	4.5	4.3	5.0
	医疗保健支出	21.3	18.0	20.4	25.1
	交通通信支出	10.4	10.6	10.3	10.4
	教育娱乐支出	9.9	8.7	12.0	9.0
	其他支出	6.0	4.2	5.8	7.7

5.5.3　转移性支出

如表 5-14 所示,按支出项目分,红白喜事支出在转移性支出中的比重最高,全国范围内该比重为 65.2%。其中,东部地区该比重最低,为 56.6%,西部地区该比重最高,为 68.7%。其次为春节、中秋节等假日支出。全国范围内,春节、中秋节等假日支出占转移性支出的比重为 23.5%。其中,东部地区该比重最高,为 26.8%,西部地区该比重最低,为 22.2%。

按支出对象分,全国范围内对父母的转移性支出占总转移性支出的比重约为 7.6%,对岳父母的转移性支出占总转移性支出的比重约为 3.9%。东、西部地区对父母和岳父母之外其他亲属/非亲属的转移性支出占比明显高于中部地区。

表 5-14　2017 年农村家庭户均转移性支出及其构成

支出类型		全国	东部	中部	西部
转移性支出/元		2435	2050	2990	2190
按支出项目分/%	春节、中秋节等假日	23.5	26.8	22.6	22.2
	红白喜事	65.2	56.6	67.8	68.7
	教育	1.7	1.0	2.3	1.6
	医疗	2.7	2.8	3.1	2.0
	生活费	2.8	4.5	2.7	1.5
	其他	2.9	6.5	0.7	3.2
	捐赠或资助	1.1	1.9	0.9	0.8
按支出对象分/%	父母	7.6	7.3	10.2	3.8
	岳父母	3.9	3.9	4.7	2.5
	其他亲属/非亲属	88.5	88.8	85.1	93.7

5.5.4　支出变化

图 5-4 刻画了 2011 年、2013 年、2015 年和 2017 年农村家庭户均总支出（对应于右轴）及其构成情况（对应于左轴）。其中，户均总支出水平逐年上升，从 2011 年的 25433 元增至 2017 年的 42261 元。分项来看，消费性支出占比尽管始终最大，但其比重先上升后下降。而农业生产支出的占比则先下降后上升，转移性支出的占比逐年降低。

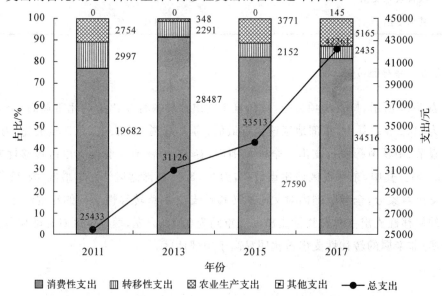

图 5-4　历年农村家庭户均支出及其构成

图 5-5 进一步对比了 2011 年、2013 年、2015 年和 2017 年农村家庭的户均消费性支出（对应于右轴）及其构成情况（对应于左轴）。结果显示,户均消费性支出从 2011 年的 19682 元显著增长至 2017 年的 34516 元。其中,食品支出占比始终最大,但其趋势为先上升后下降。生活居住支出的占比次之,其趋势为先下降后上升;医疗保健支出占比的变化趋势与之相同。交通通信支出、教育娱乐支出的占比整体呈下降趋势。整体而言,消费性支出份额主要向医疗保健支出转移,其次是生活居住支出。

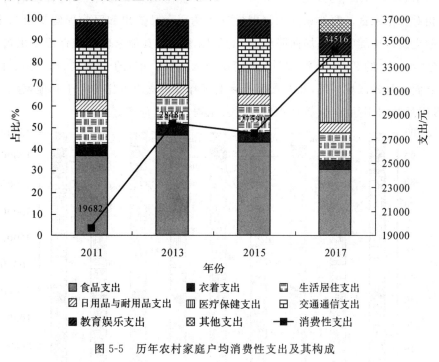

图 5-5　历年农村家庭户均消费性支出及其构成

5.6　不同人群的支出及其构成情况

5.6.1　相对贫困

图 5-6 依据家庭人均总收入将家庭分为相对贫困家庭和其他家庭,同时,依据国家统计局公布的 2016 年各省人均 GDP 数据,将调研省份分为三个区域,分别为高收入、中收入和低收入省(区、市),比较全国和各区域内部两类家庭的户均消费性支出(对应于右轴)及其构成情况(对应于左轴)。结果显示,从全国来看,相对贫困家庭的户均消费性支出为 27929 元,远低于平均水平的 34516 元,其他家庭的户均消费性支出约为相对贫困家庭的 1.4 倍。分区域看,各区域内部其他家庭的户均消费性支出均高于相对贫困家庭,其他家庭的消费性支出与省(区、市)人均 GDP 正相关,由低收入省(区、市)的 36957 元上升至高收入省(区、

市)的 40744 元;而相对贫困家庭的消费性支出呈现中间高、两端低的特点,中收入省(区、市)的户均消费性支出最高,为 29460 元,高、低收入省(区、市)的户均消费性支出分别为 27083 元、26560 元。两类家庭消费性支出的差距呈现两端高、中间低的特点,高收入省(区、市)其他家庭的消费性支出约为相对贫困家庭的 1.5 倍,低、中收入省(区、市)分别约为 1.4 倍和 1.3 倍。

分项来看,绝对水平上,无论是全国层面还是各区域内部,其他家庭各项消费性支出均远高于相对贫困家庭。两类家庭的消费性支出均以食品支出和医疗保健支出为主。其中,医疗保健支出占比随收入增加而降低,相对贫困家庭和其他家庭医疗保健支出占比分别由低收入省(区、市)的 25.5%、23.2%下降至高收入省(区、市)的 22.6%、16.8%。此外,无论是全国层面还是各区域内部,相对贫困家庭的医疗保健支出占比均高于其他家庭,而其衣着支出、日用品与耐用品支出、教育娱乐支出占比均低于其他家庭。

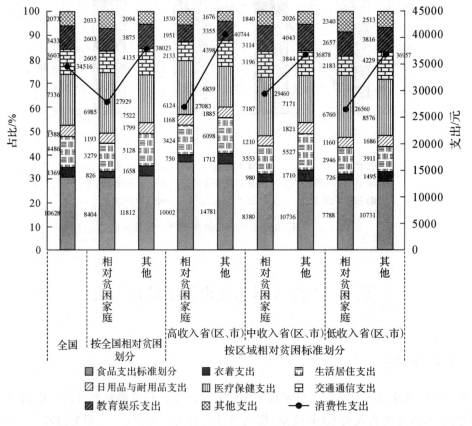

图 5-6 2017 年相对贫困家庭与其他家庭的户均消费性支出及其构成

5.6.2 年龄

图 5-7 根据户主的年龄划分家庭,报告了各年龄组家庭的户均消费性支出(对应于右轴)及其构成情况(对应于左轴)。结果显示,消费性支出金额随户主年龄增长呈倒 U 形变

化。户主年龄在 25～34 周岁的家庭的消费性支出最多,为 46749 元;户主年龄在 16～24 周岁和 65 周岁及以上的家庭的消费性支出分别为 24380 元和 23111 元。

分项来看,除户主年龄在 16～24 周岁的家庭外,随着户主年龄的增长,食品支出占比始终最大,且总体呈上升趋势;对于户主年龄在 16～24 周岁的家庭,医疗保健支出占比最高,略高于食品支出。相比于户主年龄在 16～24 周岁的家庭,生活居住支出占比在户主年龄 25～34 周岁的家庭中显著提高,随后略有下降趋势。交通通信支出在户主年龄 25～34 周岁、35～44 周岁、45～54 周岁的家庭中明显占比较高,教育娱乐支出在户主年龄 35～44 周岁、45～54 周岁户主年龄中明显占比较高,两类支出占比均在两端有所降低。相反,医疗保健支出占比则在两端家庭中较高。

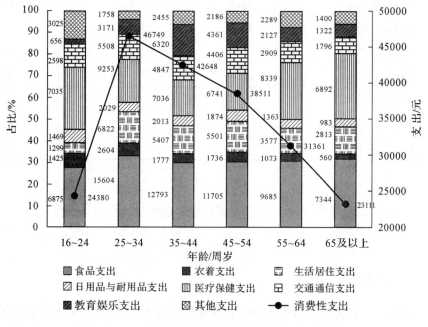

图 5-7 2017 年各年龄组的户均消费性支出及其构成

5.6.3 进城务工经验

表 5-15 依据户主的进城务工经验划分家庭,比较农民家庭、有外出经验的农民家庭和农民工家庭的户均支出及其构成情况。结果显示,农民工家庭的户均总支出水平最高,其次是有外出经验的农民家庭,农民家庭的支出水平最低。消费性支出和转移性支出的规律与此一致,而农业生产支出则在有外出经验的农民家庭中最多,在农民工家庭中最少,且差异明显。

进一步考察各类家庭的消费性支出结构发现,农民工家庭的食品、衣着、生活居住、交通通信、教育娱乐支出在消费性支出中的占比明显高于另外两类家庭;而其医疗保健支出占比明显低于另外两类家庭,农民家庭的该项占比显著高于农民工家庭和有外出经验的农民家庭。日用品与耐用品支出占消费性支出的比例在三类家庭中无明显差异。

表 5-15　2017 年不同进城务工经验家庭的户均支出及其构成

支出类型		农民家庭	有外出经验的农民家庭	农民工家庭
	总支出/元	42261	49004	52740
	消费性支出/元	34516	40258	47925
消费性支出各项占比/%	食品支出	30.8	31.7	35.6
	衣着支出	4.0	4.3	4.9
	生活居住支出	13.0	13.8	15.4
	日用品与耐用品支出	4.6	4.6	4.9
	医疗保健支出	21.3	19.1	14.4
	交通通信支出	10.4	10.4	11.8
	教育娱乐支出	9.9	10.6	11.5
	其他支出	6.0	5.5	1.6
	转移性支出/元	2435	2986	3229
	农业生产支出/元	5165	5596	1329
	其他支出/元	145	163	258

5.7　国外代购/境外消费、网购支出情况

5.7.1　支出概况

　　表 5-16、表 5-17 报告了全国和东、中、西部地区农民家庭、有外出经验的农民家庭、农民工家庭中有国外代购/境外消费、网购支出的家庭比例。全国农民家庭的国外代购/境外消费参与率为 7.9‰，网购消费参与率为 20.3%。分地区看，东、中部地区农民家庭的国外代购/境外消费参与率分别为 10.5‰和 9.8‰，明显高于西部地区的 3.6‰；西部地区有网购支出的农民家庭比例仅为 16.9%，远低于东、中部地区的 23.6%和 20.6%。无论是全国还是分地区比较，农民工家庭中有国外代购/境外消费、网购支出的家庭占比均显著高于其他两类家庭，其次是有外出经验的农民家庭。其中，东部地区的农民工家庭中，超过一半的家庭进行了网购消费；而西部的农民家庭中，网购参与率不足 20%。这表明国外代购/境外消费、网购参与率在地区间、不同类型的家庭之间存在较大差异。

表 5-16　2017 年各地区不同进城务工经验家庭的国外代购/境外消费参与率　　单位:‰

地区	农民家庭	有外出经验的农民家庭	农民工家庭
全国	7.9	9.0	31.9
东部	10.5	14.6	43.2
中部	9.8	9.4	13.9
西部	3.6	4.0	29.5

表 5-17　2017 年各地区不同进城务工经验家庭的网购消费参与率　　单位:%

地区	农民家庭	有外出经验的农民家庭	农民工家庭
全国	20.3	28.6	46.1
东部	23.6	32.8	51.1
中部	20.6	31.8	38.5
西部	16.9	21.8	44.7

5.7.2　不同人群的支出情况

表 5-18 根据总收入水平将有该项支出的家庭均分为低收入组、中低收入组、中等收入组、中高收入组和高收入组五组,比较每类家庭的国外代购/境外消费、网购支出情况。结果显示,无论是从绝对水平还是在消费性支出中的相对占比来看,户均网购支出均随收入水平提高而提高,分别从低收入组的 1058 元、2.4% 增至高收入组的 3390 元、5.2%。中高收入组的户均国外代购/境外消费的绝对水平和相对占比均明显高于其他四类家庭;虽然低收入组家庭的绝对数值较小,但其该项支出在消费性支出中的占比仅次于中高收入组;就相对占比而言,高收入组的该项支出在消费性支出中的占比最低,为 2.0%。

表 5-18　2017 年各收入组的户均国外代购/境外消费、网购支出及其在消费性支出中的占比

支出类型	低收入组	中低收入组	中等收入组	中高收入组	高收入组
网购支出/元	1058	1465	1731	2072	3390
网购支出占消费性支出比重/%	2.4	3.0	3.5	3.9	5.2
国外代购/境外消费支出/元	1535	1064	1998	4335	1657
国外代购/境外消费支出占消费性支出比重/%	5.7	2.3	4.4	7.7	2.0

表 5-19 依据户主的年龄划分家庭,报告了各年龄组家庭的户均国外代购/境外消费、网购支出情况。结果显示,对于户主年龄为 16～55 周岁的家庭,网购支出金额随户主年龄增长呈倒 U 形变化,而其在消费性支出中的占比随户主年龄组增长先下降后上升。无论是支出的绝对水平还是在消费性支出中的相对占比,其峰值均出现在户主年龄为 55～64 周岁的

农村家庭中。国外代购/境外消费支出随年龄变化无明显变化趋势。户主年龄为16～24周岁的家庭没有该项支出，户主年龄为55～64周岁的家庭该项支出金额最大，在消费性支出中占比最高。

表5-19　各年龄组的户均国外代购/境外消费、网购支出及其在消费性支出中的占比

支出类型	16～24周岁	25～34周岁	35～44周岁	45～55周岁	55～64周岁	65周岁及以上
网购支出/元	1420	2096	1936	1841	2103	1441
网购支出占消费性支出比重/%	4.0	3.3	3.6	3.6	4.3	3.1
国外代购/境外消费支出/元	0	2564	816	1822	3571	1528
国外代购/境外消费支出占消费性支出比重/%	0	5.3	1.0	4.3	6.3	4.6

第三篇

农村家庭经济活动

6 农村家庭农业生产经营

本章利用浙江大学中国农村家庭调查数据,分析中国农业生产经营的发展和趋势,主要由农业家庭经营基本情况、生产经营范围、农业劳动力雇用情况、生产工具使用情况、农资采购情况、农业总产值与销售情况、农业生产补贴等内容构成。由于部分城镇家庭也在开展农业生产经营活动,因而本章采用与2015年调查相同的处理方式,将"农业家庭"定义为所有从事农业生产经营的农村家庭样本和城镇家庭样本。2017年农业家庭样本共13023户,其中,农村家庭3582户,城镇家庭9441户;按照地区来分,东部家庭4771户,中部家庭4212户,西部家庭4040户。

6.1 基本情况

农业生产经营主要包括种植农作物,育种,养殖牲畜、家禽、水产品等农业活动。由图6-1可知,中国农村家庭调查的所有样本中,农村、城镇分别有76.4%、13.2%的家庭从事农业生产经营。分地区来看,西部地区从事农业生产经营的家庭比例最高,其中城镇为16.3%,农村为82.6%;东部地区最低,城镇为10.6%,农村为69.3%。

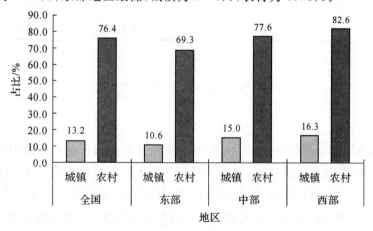

图6-1 2017年参与农业生产经营家庭比例

将家庭划分为从事农业生产经营的农业家庭和未从事农业生产经营的非农业家庭,比较两种类型家庭的就业人口特征。限定统计个体为16周岁及以上人口,得到的结果如表6-

1所示。与2015年相比,2017年两类家庭中女性占比都有部分增长,2017年农业家庭中女性占比为46.0%,非农生产型家庭为44.7%。相对于非农生产型家庭,2015年与2017年的数据均显示,农业家庭中女性占比更大,就业人口平均年龄更大,受教育年限更低。

表 6-1   家庭就业人口特征

家庭类型	女性占比/%		年龄/周岁		受教育年限/年	
	2015 年	2017 年	2015 年	2017 年	2015 年	2017 年
农业家庭	44.0	46.0	46.8	48.1	7.6	7.6
非农业家庭	42.0	44.7	41.1	44.1	11.6	10.8

和《中国农村家庭发展报告(2016)》相同,本报告将主要劳动力定义为农村家庭成员中从事主要工作的成员。将农业经营户按照全国相对贫困标准划分为相对贫困家庭及其他家庭两类,按照区域相对贫困标准分别在高收入省(区、市)、中收入省(区、市)、低收入省(区、市)中划分出相对贫困家庭及其他家庭两类,划分标准与前面章节相同。由表6-2可知,相对于其他家庭,相对贫困家庭的主要劳动力中通常女性占比更大,平均年龄更大,受教育年限更短。分高收入省(区、市)、中收入省(区、市)、低收入省(区、市)来看,结果类似。

表 6-2   2017年相对贫困家庭与其他家庭的主要劳动力特征比较

劳动力特征	全国		按区域相对贫困标准划分					
			高收入省(区、市)		中收入省(区、市)		低收入省(区、市)	
	相对贫困家庭	其他	相对贫困家庭	其他	相对贫困家庭	其他	相对贫困家庭	其他
女性占比/%	47.1	45.2	47.5	45.0	46.0	44.8	47.6	46.0
年龄/周岁	48.0	44.1	49.9	45.0	48.5	44.0	47.2	43.3
受教育年限/年	6.7	8.4	7.1	8.7	6.9	8.5	6.3	8.2

6.2   生产经营范围

在《中国农村家庭发展报告(2016)》中,农业生产经营范围的界定标准为生产是否以营利为目的,具体来说,从事经济作物、林木、畜牧养殖、水产养殖和捕捞等生产是以营利为目的,而供自家使用的生产行为,则不包含在内。在本报告中,统计口径发生了变化,将自用农产品生产也纳入考量,即"不论产出的农产品是自用还是销售,只要从事农业生产经营",都包含在统计范围内,因此2017年相关经营范围数据与2015年相比有所变动。从分析结果来看,就农业生产经营范围而言,覆盖率由高到低分别为粮食作物、经济作物、畜牧业、林业、渔业、其他农业。如表6-3所示,从全国来看,经营粮食作物的农业家庭比例高达84.3%,从事经济作物的农业家庭比例为44.4%,而经营畜牧业的农业家庭比例为26.3%。从城镇来看,从事粮食作物经营的农业家庭占比为79.0%,经济作物占比为41.0%,畜牧业、林业、渔业、其他农业占比分别为20.8%、5.2%、1.9%、0.7%。农村地区从事粮食作物经营的农业家庭比例比城镇高7.5个百分点,而从事经济作物、畜牧业、林业的农业家庭比例分别比城镇地区高4.8个、7.9个、0.6个百分点。就东、中、西部地区而言,中部地区从事粮食生产的农业家庭比例最高,为91.7%;西部地区从事经济作物生产的农业家庭比例最高,为50.5%;西部地区从事畜牧业经营的农业家庭比例最高,为42.3%;而东部地区林业占比最高,为7.8%;中、西部地区渔业占比均为2.1%。

表 6-3　2017 年农业生产经营范围　　　　　单位:%

生产范围	全国	城镇	农村	东部	中部	西部
粮食作物	84.3	79.0	86.5	73.4	91.7	87.4
经济作物	44.4	41.0	45.8	45.0	37.9	50.5
畜牧业	26.3	20.8	28.7	14.4	22.1	42.3
林业	5.6	5.2	5.8	7.8	3.3	5.8
渔业	2.0	1.9	2.0	1.7	2.1	2.1
其他农业	0.5	0.7	0.4	0.3	0.4	0.7

如表 6-4 所示,从全国来看,经营的粮食作物主要有玉米、水稻、小麦、豆类、马铃薯、甘薯等,具体而言,全国经营玉米的农业家庭占比为70.6%,经营水稻的占比为38.2%,经营小麦、豆类、马铃薯、甘薯的比例分别为31.4%、20.6%、16.7%、17.9%。就城镇地区而言,粮食作物生产经营中,经营玉米的农业家庭比例最高,为67.8%,其次为水稻,比例为39.1%。就农村地区而言,经营玉米的占比为71.7%,水稻的占比为37.9%。就不同地区而言,经营水稻的农业家庭占比最高的地区为西部,为43.9%;经营小麦的农业家庭占比最高的地区为东部,为40.4%[①];经营玉米的农业家庭占比最高的地区为西部,为77.3%;经营马铃薯比例最高的地区为西部,为30.3%,约为中部地区的3倍,东部地区的4倍;经营甘薯的农业家庭占比最高的地区为西部,为26.1%;经营豆类的农业家庭比例最高的地区为西部,为25.4%,比东部地区高10.3个百分点。

表 6-4　2017 年粮食作物生产经营范围　　　　　单位:%

生产范围	全国	城镇	农村	东部	中部	西部
水稻	38.2	39.1	37.9	33.4	36.6	43.9
小麦	31.4	32.7	30.9	40.4	26.2	29.5
玉米	70.6	67.8	71.7	67.9	66.5	77.3
马铃薯	16.7	9.7	19.5	7.0	11.5	30.3
甘薯	17.9	16.5	18.4	12.2	14.5	26.1
豆类	20.6	17.8	21.7	15.1	20.4	25.4
其他	3.5	2.8	3.7	2.8	4.8	2.7

① 小麦经营比例较 2015 年有所下降,可能是因为在 2017 年底,我国首次降低了小麦的最低收购价格。

如表 6-5 所示，就经济作物生产经营范围而言，农业家庭经营蔬菜、花生、瓜果、油菜等作物的比例较高。就全国而言，经营蔬菜作物的占比为 44.5%，经营花生、瓜果、油菜作物的农业家庭占比分别为 31.0%、24.6%、19.4%。比较城镇地区和农村地区可以发现，城镇地区的农户蔬菜经营占比高于农村地区 10.4 个百分点，油菜经营占比高于农村地区 5.5 个百分点，甘蔗生产经营比例高于农村地区 0.3 个百分点；而农村地区的花生、茶叶、棉花、烟叶、香料作物、花卉生产经营占比则高于城镇地区。就东、中、西部地区的比较而言，西部地区的蔬菜、油菜、茶叶、甜菜、烟叶生产经营占比较高，中部地区的花生生产经营比率最高，东部地区的棉花、甘蔗、瓜果、香料作物、花卉生产经营占比较高。

表 6-5　2017 年经济作物生产经营范围　　　　　　　　　　单位：%

生产范围	全国	城镇	农村	东部	中部	西部
花生	31.0	28.4	32.0	29.8	39.5	25.7
油菜	19.4	23.3	17.8	4.8	19.9	31.7
茶叶	3.9	2.3	4.5	1.5	3.9	6.0
棉花	3.6	1.5	4.4	6.5	4.6	0.2
甜菜	1.0	1.0	1.0	0.5	0.4	1.9
甘蔗	2.3	2.5	2.2	3.2	1.1	2.5
烟叶	2.8	0.2	3.8	0.7	1.9	5.2
蔬菜	44.5	52.0	41.6	40.5	41.6	50.3
瓜果	24.6	23.3	25.1	31.3	17.5	24.2
香料作物	2.2	1.1	2.5	2.4	2.0	2.0
花卉	1.0	1.0	1.1	1.2	0.8	1.1
其他	14.5	13.6	14.8	13.5	18.0	12.7

作物播种面积指本年农作物总播种面积，即上年秋冬播种面积、本年春播面积、本年夏播面积以及本年秋播面积之和。表 6-6 呈现了主要作物的平均播种面积。具体而言，全国水稻种植户的水稻平均播种面积为 8.2 亩（1 亩约等于 666.67 平方米），其中，城镇地区平均播种面积为 10.3 亩，而农村地区为 7.3 亩。全国小麦经营户平均播种小麦面积为 5.8 亩，东部地区最大，为 6.5 亩。城镇地区马铃薯的播种面积约为农村地区的 2 倍，中部地区约为东部地区的 2 倍。

全国平均甘薯播种面积为 1.4 亩，农村地区为 1.6 亩，为城镇地区的 2 倍；中部地区为 2.6 亩，远高于东部地区的 1.2 亩和西部地区的 0.4 亩。全国平均棉花播种面积为 3.0 亩，东部地区播种面积为 4.5 亩，远远大于中、西部地区。全国平均烟叶播种面积为 7.7 亩，城镇地区为 9.4 亩，而农村地区为 7.7 亩；东部地区为 9.6 亩，高于中、西部地区的平均水平。

表 6-6 2017 年主要作物平均播种面积   单位：亩

生产范围	全国	城镇	农村	东部	中部	西部
水稻	8.2	10.3	7.3	6.6	15.5	2.6
小麦	5.8	4.8	5.9	6.5	6.2	4.0
马铃薯	3.6	5.7	3.0	3.5	7.2	1.3
甘薯	1.4	0.8	1.6	1.2	2.6	0.4
棉花	3.0	0.9	3.2	4.5	0.8	0.2
烟叶	7.7	9.4	7.7	9.6	8.5	7.2

6.3 农业劳动力

6.3.1 自我雇用

本小节将农业劳动力来源分为自我雇用、帮工和雇用他人三种情况，同时进一步对农忙时期和非农忙时期的劳动力投入情况进行了区分。具体而言，如表 6-7 所示，农忙期间、非农忙期间自我雇用人数各地区平均水平与全国平均水平、城乡平均水平差异不大。农忙期间，全国平均自我雇用人数为 1.9 人，城镇地区为 1.8 人，农村地区为 1.9 人。而非农忙期间，自家劳动力投入有所下降，全国平均自我雇用人数为 1.5 人。就地区而言，农忙、非农忙期间西部地区平均自我雇用人数均最多，为 2.0 人及 1.6 人。农忙期间，全国平均帮工人数为 0.8 人，西部地区最高，为 1.0 人，东部地区最低，为 0.7 人。而农忙的持续天数在西部地区最长，为 61.0 天，在东部地区最短，为 50.0 天。

表 6-7 2017 年农业生产经营自我雇用状况

地区	农忙期间			非农忙期间
	自我雇用人数/人	帮工人数/人	持续天数/天	自我雇用人数/人
全国	1.9	0.8	55.5	1.5
城镇	1.8	0.8	45.1	1.4
农村	1.9	0.9	59.9	1.5
东部	1.8	0.7	50.0	1.4
中部	1.9	0.8	55.3	1.4
西部	2.0	1.0	61.0	1.6

6.3.2 劳动力雇用

如表 6-8 所示,就农业生产经营劳动力雇用状况而言,全国雇用比例为 12.8％,城镇地区雇用比例低于农村地区 0.3 个百分点。东部地区雇用比例为 15.9％,高于中部地区及西部地区,分别为 12.8％及 9.7％。劳动力雇用具体分为长期雇工和短期雇工。长期雇工指每年超过半年都在此工作,具有稳定雇佣关系的雇工。短期雇工指农忙时节临时招募的雇工,不包括换工。就全国而言,平均雇用长期劳动力 0.8 人,城镇、农村地区雇用人数基本无差异。就东、中、西部地区而言,中部地区平均长期雇用劳动力数最多,为 1.3 人,西部地区平均长期雇用劳动力数与东部基本相同,为 0.5 人。相对于长期雇工,农业生产经营者更倾向于短期雇工。具体而言,全国平均短期雇用劳动力数为 8.6 人,中位数为 4.0 人;城镇地区为 8.3 人,农村地区为 8.7 人。就地区而言,西部地区平均短期雇工数最多,为 11.8 人,中位数为 5.0 人;东部地区平均短期雇工数最少,为 6.3 人,中位数为 3.0 人。

表 6-8　2017 年农业生产经营劳动力雇用状况

地区	雇用比例/％	长期雇工/人	短期雇工/人	
			均值	中位数
全国	12.8	0.8	8.6	4.0
城镇	12.6	0.8	8.3	4.0
农村	12.9	0.8	8.7	4.0
东部	15.9	0.5	6.3	3.0
中部	12.8	1.3	11.8	5.0
西部	9.7	0.5	8.0	4.0

表 6-9 对短期雇工情况进行了具体分析,可以发现,短期雇工工作时间长度差异较大,均值与中位数存在较大差距。全国短期雇工平均工作天数为 10.3 天,城镇地区均值高于农村地区,西部地区均值为 12.9 天,高于东部地区的 10.2 天及中部地区的 8.4 天;而就中位数结果而言,短期雇工工作天数在城乡、地区之间均无较大差异。将工资、奖金、分红、股息等都换算为薪酬,结果显示,全国平均酬金水平为 140.3 元/天,城镇、农村地区差异不大,东部地区最高,约为 147.8 元/天,西部地区最低,约为 126.9 元/天。中位数统计结果也显示,西部地区短期雇工薪酬明显低于中、东部地区。

表 6-9　2017 年短期雇工工作时间及薪酬

地区	工作时间/天		薪酬/(元·天$^{-1}$)	
	均值	中位数	均值	中位数
全国	10.3	3.0	140.3	120.0
城镇	11.9	3.0	140.7	120.0
农村	9.6	3.0	140.1	120.0
东部	10.2	3.0	147.8	120.0
中部	8.4	3.0	141.5	120.0
西部	12.9	3.0	126.9	100.0

6.4　农业生产工具

6.4.1　农业机械

本小节的农业机械指拖拉机、播种机、插秧机、收割机、脱粒机、耕地机、钢磨(碾米机)、抽水机、喷药机、饲料粉碎机等各种用于农业生产及农产品加工的机械。如表 6-10 所示,对比 2015 年,2017 年农业家庭农业机械拥有比例有所提升。具体而言,2017 年农业家庭拥有农业机械的比例在全国平均为 36.2%,在城镇地区,拥有农业机械的农业家庭比例为29.3%,约比农村地区低 10 个百分点。东部地区的拥有比例为 31.8%,低于中部地区的37.8% 和西部地区的 39.1%。在拥有农业机械的农业家庭中,户均拥有的农业机械价值中位数在全国、城镇地区及农村地区无较大差异,均为 3000 元;中部地区农业机械价值中位数为 3442 元,高于西部地区的 2600 元及东部地区的 2500 元。

表 6-10　农业机械拥有情况

地区	拥有比例/%		农业机械价值/元	
	2015 年	2017 年	均值	中位数
全国	32.2	36.2	8835.5	3000
城镇	25.2	29.3	10194.9	3000
农村	33.6	39.2	8402.5	3000
东部	26.2	31.8	8257.8	2500
中部	35.0	37.8	12772.5	3442
西部	36.1	39.1	5429.8	2600

在种植粮食作物或经济作物的农业家庭中,各种植环节使用农业机械的比例如表 6-11 所示。统计中包括了自家拥有、雇佣租赁,以及整体外包服务中使用的农用机械。结果显示,就全国平均使用率而言,在各个种植环节中,使用农业机械比例最高的环节为耕地/施肥,为 54.2%,其次为收获,为 45.1%,之后是运输环节、播种环节、喷洒农药环节。农村地区在耕地/施肥、运输、喷洒农药环节中使用农业机械的农业家庭占比高于城镇地区。在各个生产环节中,中部地区使用农业机械的农业家庭占比均高于东、西部地区,西部地区在各个环节中使用农业机械的比例均最低。

表 6-11　2017 年各种植环节使用农业机械比例　　单位:%

地区	耕地/施肥	播种	收获	运输	喷洒农药
全国	54.2	35.3	45.1	35.9	16.6
城镇	51.6	35.8	46.7	35.6	16.2
农村	55.3	35.0	44.5	36.0	16.8
东部	53.1	38.6	45.5	39.3	16.9
中部	64.5	45.1	56.5	45.7	22.1
西部	44.7	22.0	33.1	22.5	10.7

6.4.2　牲畜

如表 6-12 所示,2017 年全国拥有用于农业生产的牲畜的家庭占比为 6.5%。该比例在农村地区为 7.8%,约为城镇地区的 2 倍。在西部地区,拥有用于农业生产的牲畜的家庭比例为 11.8%,而中部地区占比为 4.2%,东部地区占比为 3.6%。相较于 2015 年,2017 年农业经营户牲畜拥有比例有所下降,这可能是由于机械化的替代等原因。如表 6-13 所示,从 2015 年到 2017 年,农业经营户的机械服务雇用或机械租赁比例大幅提高。

表 6-12　牲畜拥有情况　　单位:%

地区	2015 年	2017 年
全国	10.3	6.5
城镇	5.6	3.7
农村	11.3	7.8
东部	4.5	3.6
中部	6.6	4.2
西部	21.8	11.8

6.4.3　机械服务雇用或机械租赁费用

如表 6-13 所示,相较于 2015 年,2017 年全国农业家庭中雇用机械服务或租赁机械的家庭比例提高了 21.9 个百分点。城镇农业家庭雇用机械服务或租赁机械的比例依旧高于农村家庭,分别为 71.9% 和 66.4%。中部地区农业家庭雇用机械服务或租赁机械的比例依旧高于东部和西部地区,为 76.2%,东部地区为 72.9%,西部地区为 54.9%。

表 6-13　机械服务雇用或机械租赁比例　　　　　　　　　　　单位:%

地区	2015 年	2017 年
全国	46.1	68.0
城镇	49.7	71.9
农村	45.3	66.4
东部	48.2	72.9
中部	56.9	76.2
西部	30.2	54.9

机械服务雇用或者租赁费用包括因农地整理、播种、收割、施肥、除草、治虫、灌溉、脱粒、运输等产生的雇用和租赁农用机械及运输车辆服务的机械作业费和人工费。如表 6-14 所示,全国平均费用为 1584.3 元,费用中位数为 770.0 元;城镇地区平均费用为 1727.6 元,农村地区为 1522.1 元。中部地区平均费用为 1857.3 元,中位数为 1000.0 元,均高于东部与西部地区;而西部地区平均费用为 1053.4 元,中位数为 572.0 元,远低于东部和中部地区。

表 6-14　2017 年机械服务雇用或者机械租赁费用情况　　　　　　单位:元

地区	平均费用	费用中位数
全国	1584.3	770.0
城镇	1727.6	700.0
农村	1522.1	800.0
东部	1610.4	750.0
中部	1857.3	1000.0
西部	1053.4	572.0

6.5　农业用地

农业用地是指用于农业生产的土地,包括耕地、园地、林地、牧草地等。"拥有农地"是指拥有农用土地的承包权。承包给自家经营的土地包括有偿或无偿让给其他农户或组织耕种的土地,不包括已经被征收、用作绿化、被村委会收回的土地、转入土地和开荒地。如表 6-15 所示,与 2015 年相比,2017 年农业家庭、非农业家庭拥有农地的比例都有所降低。具体而言,2017年全国拥有农地的家庭比例为38.4%,相较于2015年下降了9个百分点;农村地区拥有农地的家庭比例为82.1%,相较于2015年下降了5.7个百分点;农村地区的农业家庭中有92%都拥有农地。

表6-15　农地拥有情况　　　　　　　　　　　　　　　　单位:%

样本类型	全国拥有比例		农村拥有比例	
	2015 年	2017 年	2015 年	2017 年
总体	47.4	38.4	87.8	82.1
非农业家庭	22.2	15.2	58.0	50.1
农业家庭	97.3	89.1	98.5	92.0

　　表6-16显示了拥有耕地承包权的农业家庭的耕地拥有面积均值及中位数统计结果。从全国来看,2017年,农业家庭承包的耕地面积呈扩大趋势,中位数及均值都有所增长,分别为9.1亩和4.8亩。就城乡来看,城镇地区承包耕地面积均值在2015年、2017年均大于农村地区,而中位数在2015年、2017年均小于农村地区。就地区而言,东北地区[①]农业家庭承包耕地面积在缩小,均值从2015年的32.9亩缩小到了2017年的24.3亩,而东、中部地区的农业家庭平均承包面积都在增大,东部地区从2015年的5.4亩增加到了2017年的5.9亩,中部地区从2015年的6.1亩增加到了2017年的8.1亩。

表6-16　耕地拥有情况　　　　　　　　　　　　　　　　单位:亩

地区	均值		中位数	
	2015 年	2017 年	2015 年	2017 年
全国	7.9	9.1	4.0	4.8
城镇	9.1	9.3	3.5	4.0
农村	7.7	9.0	4.5	5.0
东部	5.4	5.9	4.0	4.0
中部	6.1	8.1	4.5	4.4
西部	7.4	6.4	4.0	4.0
东北	32.9	24.3	20.0	15.0

　　表6-17描述了农业经营耕地细碎化情况,具体而言,2017年全国农业经营户平均拥有耕地5.1块,中位数为4.0块,而农村地区平均每户拥有耕地5.5块,城镇地区为4.5块。就地区来看,西部地区平均拥有耕地6.7块,中位为5.0块,而东部地区平均为3.7块,中

---

　　① 和《中国农村家庭发展报告(2016)》的处理方式相同,在比较区域差异时,将黑龙江、吉林、辽宁省从东、中部地区划出单列为东北地区进行分析。

位数为 3.0 块。

表 6-17　2017 年经营耕地细碎化情况　　　　　　　　　　　单位:块

地区	均值	中位数
全国	5.1	4.0
城镇	4.5	3.0
农村	5.5	4.0
东部	3.7	3.0
中部	5.2	4.0
西部	6.7	5.0
东北	4.2	3.0

　　表 6-18 描述了农业经营户的耕地撂荒情况。就撂荒比例而言,在全国拥有耕地的农业经营户中,平均有 15.0% 的经营户撂荒,其中,城镇地区为 19.3%,高于农村地区的 12.3%。分地区来看,西部地区撂荒比例最高,为 20.6%,高于中部地区的 14.9% 和东部地区的 13.7%,东北地区最低,仅为 2.9%。就撂荒面积而言,在拥有撂荒行为的农业经营户中,全国撂荒面积平均为 2.8 亩,农村地区撂荒面积为 3 亩,高于城镇地区的 2.6 亩。分地区来看,东北地区拥有撂荒行为的农户的平均撂荒面积为 4.9 亩,大于东、中、西部地区。

表 6-18　2017 年耕地撂荒比例及面积

地区	撂荒比例/%	撂荒面积/亩	
		均值	中位数
全国	15.0	2.8	1.5
城镇	19.3	2.6	1.4
农村	12.3	3.0	1.7
东部	13.7	1.7	1.0
中部	14.9	3.3	2.0
西部	20.6	3.0	1.7
东北	2.9	4.9	3.0

　　图 6-2 描述了农业经营户的农地撂荒原因,约有三分之一的农户认为自家土地无人耕种是因为身体不好或年龄太大,家中无其他劳动力,29.6% 的农业经营户认为外出打工或有其他工作,没有精力是重要原因,26.6% 的农户将原因归结为农地质量不好,产出太低,认为农地太细碎或面积太小,不易耕种的农业经营户占比为 12.0%。

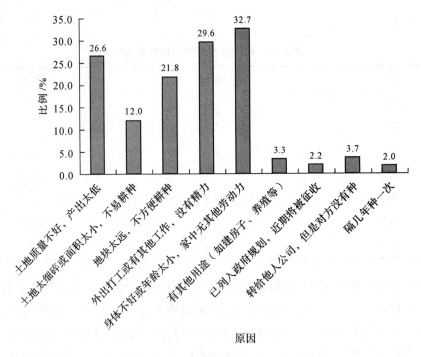

图 6-2　农业经营户的农地撂荒原因分布

6.6　农资采购

6.6.1　农资采购种类与价值

农资品包括种子、种苗、幼崽、幼苗、农药、生长剂、鱼药、除草剂、化肥、饵料、农膜、小型农机具(不含大型农业机械)等用于农业的生产资料。从表 6-19 中可以看出，广泛采购的农资为化肥、农药、种子、除草剂等。全国采购化肥的农业经营户占比为 92.5%，而采购农药、种子、除草剂的占比分别为 85.1%、83.0%、74.6%。农村地区的各项农资采购占比略高于城镇地区，其中，化肥占比高于城镇地区 6.7 个百分点，农膜占比高于城镇地区 8.1 个百分点。就东、中、西部地区而言，东部地区种苗、有机肥采购占比高于中、西部地区；中部地区种子、农药、生长剂、鱼药、除草剂、化肥采购占比高于东、西部地区；西部地区幼崽、幼苗、饵料、农膜、小型农机具的采购占比高于东、中部地区。

表 6-19　2017 年农资采购种类及占比　　　　单位：%

地区	种子	种苗	幼崽	幼苗	农药	生长剂	鱼药	除草剂	化肥	饵料	农膜	小型农机具	有机肥
全国	83.0	10.6	15.8	3.8	85.1	13.1	0.8	74.6	92.5	5.0	32.1	10.3	25.3
城镇	81.4	10.1	13.3	3.6	80.3	10.6	0.7	69.6	87.5	4.7	25.9	7.6	23.7
农村	84.4	9.7	15.8	3.7	86.5	13.9	0.7	76.0	94.2	4.9	34.0	10.8	25.4
东部	75.0	11.1	6.8	3.4	85.0	11.7	0.6	73.0	90.8	4.5	24.1	6.9	28.7
中部	91.6	7.5	15.3	3.4	87.2	17.7	0.8	80.6	93.5	3.4	25.8	10.4	21.6
西部	83.6	11.0	23.0	4.3	81.6	9.3	0.7	68.5	92.2	6.6	44.8	12.2	24.5

如图 6-3 所示，从全国来看，相对贫困家庭的亩均农资投入为 718.6 元，低于其他农户的 928.5 元。分地区来看，情况类似，在高收入省（区、市），相对贫困家庭亩均农资投入为 1278.0 元，而其他农户为 1732.2 元；中收入省（区、市）相对贫困家庭亩均农资投入为 559.6 元，其他农户为 656.5 元；低收入省（区、市）相对贫困家庭亩均农资投入为 617.9 元，其他农户为 733.6 元。

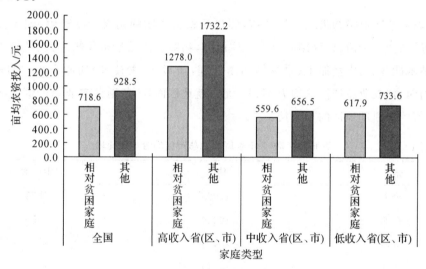

图 6-3　2017 年相对贫困家庭与其他家庭的亩均农资投入比较

6.6.2　农资采购渠道

如表 6-20 所示，整体来看，农资采购渠道主要为农资店/超市及农资市场，全国占比分别为 49.8%、38.3%，城镇地区占比分别为 52.3%、37.4%，农村地区占比分别为 49.3%、37.4%，东部地区占比分别为 56.4%、30.1%，中部地区占比分别为 53.5%、32.9%，西部地区占比分别为 40.7%、49.1%。农资网上采购比例较 2015 年有较大提升，全国平均水平从 2015 年的 0.2% 上升到 2017 年的 2.6%。

表 6-20　2017 年农资采购渠道　　　　　　　　　　单位：%

渠道	全国	城镇	农村	东部	中部	西部
农资市场	38.3	37.4	37.4	30.1	32.9	49.1
销售人员下乡推销	8.1	6.5	9.6	9.4	9.8	6.8
农资店/超市	49.8	52.3	49.3	56.4	53.5	40.7
网上	2.6	2.5	2.5	2.9	2.6	2.0
其他	1.3	1.2	1.3	1.2	1.3	1.4

6.7　家庭农业总产值与销售收入

6.7.1　家庭农业总产值

家庭农业总产值指初级农产品产值，即包括相关作物的初级产品产值，如大豆，不包括加工制作后的产品价值，如豆制品等。具体而言，初级农产品是指作物采摘、牲畜出栏、水产品捕捞、林木砍伐后，未经加工（最多做简单处理，如晒干、去枝等）的原产品。如表 6-21 所示，就全国而言，农业总产值平均为 17985 元。就地区而言，各地区农业总产值差异较大，中部地区产值约为西部地区的 1.4 倍。

表 6-21　2017 年家庭农业总产值的分地区比较　　　　　　　　单位：元

地区	均值	中位数
全国	17985	5875
东部	19389	5500
中部	20458	6800
西部	14119	5100

如表 6-22 所示，相对贫困家庭的农业产值远远低于其他农户，就中位数结果而言，从全国来看，相对贫困家庭农业产值中位数为 4400 元，低于全国其他农户 2100 元；分地区来看，在高收入省（区、市），相对贫困家庭的农业产值中位数为 3695 元，低于其他农户 1305 元；在中收入省（区、市），相对贫困家庭的农业产值中位数为 5000 元，低于其他农户 1800 元；在低收入省（区、市），相对贫困家庭的农业产值中位数为 4030 元，低于其他农户 3320 元。

表 6-22　2017 年各地区相对贫困家庭与其他家庭农业产值比较　　　单位:元

地区	家庭类型	均值	中位数
全国	相对贫困家庭	7321.8	4400
	其他	20975.8	6500
高收入省(区、市)	相对贫困家庭	7196.3	3695
	其他	22242.2	5000
中收入省(区、市)	相对贫困家庭	8136.5	5000
	其他	19098.8	6800
低收入省(区、市)	相对贫困家庭	6341.6	4030
	其他	22588.9	7350

6.7.2　农业销售渠道

如表 6-23 所示,2017 年,全国平均而言,有农产品出售行为的农业经营户占比为 67.8%,相较于 2015 年下降了 1.8 个百分点。其中,城镇地区比例为 64.1%,相较于 2015 年下降了 0.2 个百分点,农村地区比例为 69.4%,相较于 2015 年下降了 1.3 个百分点。就地区差异而言,东部地区出售比例有所增长,从 2015 年的 72.0% 上升到 2017 年的 73.9%,中、西部地区农产品出售比例皆有所降低,其中西部地区下降幅度较大,由 2015 年的 56.8% 下降到了 2017 年的 53.9%。

表 6-23　农产品出售比例　　　单位:%

地区	2015 年	2017 年
全国	69.6	67.8
城镇	64.3	64.1
农村	70.7	69.4
东部	72.0	73.9
中部	77.6	76.6
西部	56.8	53.9

如图 6-4 所示,就全国而言,相对贫困家庭的农产品出售比例为 62.0%,低于其他农户 7.5 个百分点。分地区来看,在高收入省(区、市),相对贫困家庭的出售比例为 58.4%,低于其他农户 3.8 个百分点;中收入省(区、市),相对贫困家庭出售比例为 71.3%,低于其他农户 2.4 个百分点;在低收入省(区、市),相对贫困家庭的出售比例为 55.5%,低于其他农户 13.5 个百分点。

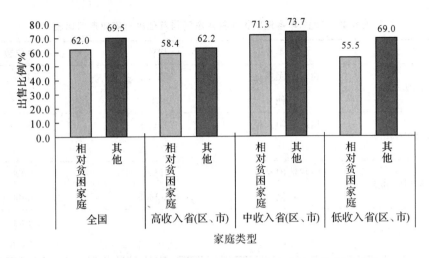

图 6-4　2017 年相对贫困家庭与其他家庭的农产品出售情况比较

农产品销售渠道分布如表 6-24 所示。对于农业家庭而言，就全国来看，外地客商上门收购、卖给本地其他销售大户、自己到市场销售、消费者上门收购依旧为主要的销售渠道，通过这些渠道销售农产品的农业家庭比例分别为 40.1％、34.6％、24.3％、18.6％。农村地区农业家庭采取外地客商上门收购、消费者上门收购、网络销售的比例高于城镇地区，城镇地区农业家庭销售采取自己到市场销售、卖给本地其他销售大户、卖给加工企业、政府收购/卖给粮库的比例高于农村地区。就地区差异而言，西部地区采取网络销售、自己到市场销售的农业家庭比例高于中部、东部地区，分别为 1.6％ 和 36.0％。

表 6-24　2017 年农产品销售渠道分布　　　　　　　　　　单位:％

渠道	全国	城镇	农村	东部	中部	西部
网络销售	0.9	0.7	1.0	0.9	0.5	1.6
外地客商上门收购	40.1	37.3	41.3	41.2	40.4	38.4
自己到市场销售	24.3	27.4	23.1	22.5	17.9	36.0
卖给本地其他销售大户	34.6	36.5	33.8	36.7	38.6	26.0
卖给加工企业	6.8	6.9	6.8	7.0	6.6	6.9
消费者上门收购	18.6	17.6	19.0	14.9	21.8	19.0
政府收购/卖给粮库	4.0	4.4	3.9	2.8	5.9	3.1
其他	3.0	3.5	2.8	2.6	2.2	4.6

如图 6-5 所示，就农产品网络销售而言，全国有农产品销售的农业家庭中，通过网络销售的农产品销售额占总销售额的百分比平均为 0.22％，其中卖给网络销售的经销商也算作网络销售。就城乡来看，农村地区平均水平为 0.24％，高于城镇地区 0.07 个百分点；西部、东部地区平均销售占比为 0.24％，高于中部地区的 0.19％。

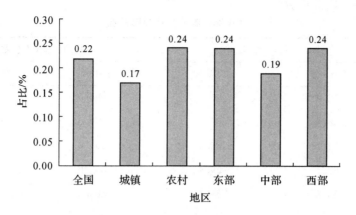

图 6-5　2017 年农产品网络销售占比

6.7.3　农产品销售收入

如表 6-25 所示,我国农产品销售毛收入地区差异明显,2017 年,东部和中部地区有农产品销售行为的农业家庭农产品毛收入明显高于西部地区,东部地区的均值和中位数分别为22356.0 元及 6000.0 元。西部地区农业家庭农产品毛收入均值及中位数分别为 15685.8 元及 4800.0 元。就全国而言,农业毛收入均值由 2015 年的 22188.0 元下降到了 2017 年的20500.8 元,中位数由 7000.0 元下降至 6000.0 元,下降原因可能与国家多种农产品的最低收购价降低有关。

表 6-25　农产品销售毛收入分地区比较　　　　　　　　　　　　　　　单位:元

地区	均值		中位数	
	2015 年	2017 年	2015 年	2017 年
全国	22188.0	20500.8	7000.0	6000.0
东部	21996.0	22356.0	6000.0	6000.0
中部	26300.0	22127.6	9000.0	7600.0
西部	16561.0	15685.8	5250.0	4800.0

6.8　农业生产补贴

农业生产补贴指从事农业生产经营获得的补贴,不含退耕还林、还草补贴。如表 6-26所示,就全国而言,2017 年补贴比例为 66.4%,农村地区为 68.3%,比城镇地区高 6.3 个百分点。全国、城乡补贴比例相较于 2015 年均有所降低。就地区而言,东、西部地区补贴比例相较于 2015 年有所降低,中部补贴比例依旧远远高于东、西部地区。就补贴金额中位数结果来看,2017 年城镇家庭农业补贴金额相较于 2015 年提高了 20 元,东部地区 2017 年相较于 2015 年提高了 17 元,西部家庭 2017 年相较于 2015 年降低了 10 元。

表 6-26　农业生产补贴概况

地区	补贴比例/%		补贴金额（中位数）/元	
	2015 年	2017 年	2015 年	2017 年
全国	72.4	66.4	400.0	400.0
城镇	68.6	62.0	360.0	380.0
农村	73.2	68.3	400.0	401.0
东部	68.1	59.4	363.0	380.0
中部	80.8	80.8	500.0	500.0
西部	67.2	58.7	350.0	340.0

　　进一步分析仅生产粮食作物、仅生产经济作物的农业家庭的农业补贴情况，结果如表 6-27 所示。对比 2015 年、2017 年的数据可以看出，仅生产粮食作物的家庭农业补贴比例小幅下降，而仅生产经济作物的农业家庭补贴比例下降了 14.2 个百分点。就补贴金额而言，在拿到农业补贴的家庭中，仅生产粮食作物的农业家庭补贴金额中位数下降了 14 元，而仅生产经济作物的农业家庭平均补贴金额没有变化。

表 6-27　农业补贴情况

家庭类型	补贴比例/%		补贴金额（中位数）/元	
	2015 年	2017 年	2015 年	2017 年
仅生产粮食作物	79.4	75.1	450.0	436.0
仅生产经济作物	47.1	32.9	300.0	300.0

　　如表 6-28 所示，农业生产补贴方式主要以金钱为主，在全国整体占比为 97.9%，在城镇占比为 98.0%，在农村地区占比为 97.9%，在东部地区占比为 98.4%，在中部地区占比为98.3%，在西部地区占比为 96.9%。而实物补贴在全国占比为 1.0%，在西部地区占比为2.0%，略高于东、中部地区。金钱和实物这两种补贴都有的在全国占比为 1.1%，在西部地区占比为 1.1%，略高于东、中部地区。

表 6-28　2017 年农业生产补贴方式占比　　　　　　　　　　　　单位：%

地区	金钱	实物	两者都有
全国	97.9	1.0	1.1
城镇	98.0	1.2	0.8
农村	97.9	1.0	1.1
东部	98.4	0.6	1.0
中部	98.3	0.7	1.0
西部	96.9	2.0	1.1

7 农村家庭土地利用与流转

　　家庭联产承包制是我国一项基本的农村土地制度,它将农地较为平均地分配给各个农村家庭。虽然家庭联产承包责任制在较大程度上保证了农地制度的公平性,但是随着社会经济的发展,农地的平均分配却开始不利于农地使用效率的提高。其中的重要原因之一是农村家庭劳动力资源配置的分化。部分农村家庭更加倾向于非农就业,这就会产生土地闲置;而致力于农业生产经营的部分农业家庭,却面临耕地不足的困境。因此,有必要进行农村家庭之间的土地再调整,以适应经济发展的需要,在确保农村土地所有制和承包制不变的前提下,农地流转成为一种重要的再调整方式。本章利用浙江大学中国农村家庭调查数据,旨在报告中国农村家庭土地利用与流转情况,主要由我国农业用地基本情况、土地流转(土地流转概况、土地流转的效果、农户流转行为的影响因素)、土地确权与土地流转、住宅用地、土地征用等内容组成。与前面章节略有不同,由于城镇和农村家庭均可能参与了土地的确权和流转,本章涉及的样本家庭将包括农村家庭样本和城镇家庭样本。但在分析农村住宅部分、土地征用部分内容时使用的样本是 12732 个农村家庭样本。此外,为了分析趋势,部分内容中使用了 2017 年前的调查数据,其中 2015 年前的相关数据来自西南财经大学的中国家庭金融调查数据库。

　　本章统计结果显示,2017 年,36.0% 的中国农业家庭参与了土地流转,比 2013 年提升了 11.9 个百分点。2015 年转出土地的租金平均为 425 元/亩,转入土地的租金平均为 443 元/亩。2017 年农业用途的土地转出租金有所上涨,转出土地的租金平均为 573 元/亩,转入土地的租金平均为 441 元/亩。对于土地转出,有村委会介入的租金平均为 757.2 元/亩,而无村委会介入的租金平均为 535.0 元/亩。对于土地转入,有村委会介入的租金平均为 523.9 元/亩,而无村委会介入的租金平均为 440.8 元/亩。家庭抚育未成年人的数量与转出土地行为呈负相关,与转入土地的行为呈现倒 U 形关系。

7.1　农业用地基本情况

7.1.1　样本概况

浙江大学中国农村家庭调查样本中有超过三分之一的家庭为农村家庭①。如表 7-1 所

---

　　①　农村家庭是指农村地区的家庭。城镇和农村的区分参考国家统计局的城乡代码。

示,2013 年调查了 28143 户家庭,其中农村家庭占比为 40.3%。2015 年调查了 37289 户家庭,其中农村家庭占比为 37.6%。2017 年,CRHPS 调查了 40011 户家庭,其中农村家庭占比为 37.1%。

表 7-1 城乡家庭样本情况

家庭类型	2013 年		2015 年		2017 年	
	户数/户	占比/%	户数/户	占比/%	户数	占比/%
农村家庭	11328	40.3	14022	37.6	14859	37.1
城镇家庭	16813	59.7	23267	62.4	25152	62.9
合计	28143	100.0	37289	100.0	40011	100.0

承包农地的家庭仍然以农村家庭为主。CRHPS 问卷询问所有样本家庭承包农地的情况。虽然少量城镇家庭也承包农地,但是农村家庭仍然是农地的主要承包方。如表 7-2 所示,2017 年的数据表明,全国家庭中有 41.6% 的家庭承包土地,而农村家庭中有 78.3% 的家庭承包土地。在全国的农业家庭中,有 85.2% 的家庭承包土地,而在农村的农业家庭中,有 87.6% 的家庭承包土地,二者相差不大。然而,农村家庭即使不务农,承包耕地的家庭也占到较大比例。在全国的非农业家庭中,有 16.1% 的家庭承包耕地,而在农村的非农业家庭中,有 46.8% 的家庭承包耕地。

表 7-2 2017 年承包农村土地的家庭的占比　　　　　　　　　单位:%

家庭类型	全国家庭占比	农村家庭占比
全部家庭	41.6	78.3
农业家庭	85.2	87.6
非农业家庭	16.1	46.8

家庭户均承包土地面积仍然较小。如表 7-3 所示,2017 年全国家庭户均承包土地的面积为 6.9 亩。然而,各个地区家庭户均承包土地面积的差异比较明显。东部地区家庭户均承包土地面积最少,只有 5.4 亩。相对于其他地区,东北地区家庭户均承包土地面积最大,达到 24.5 亩。

表 7-3 2017 年家庭户均承包土地面积　　　　　　　　　单位:亩

家庭类型	均值	中位数
全国家庭	6.9	4.0
东部地区家庭	5.4	3.6
中部地区家庭	9.5	5.0
西部地区家庭	5.5	4.0
东北地区家庭	24.5	15.0

7.1.2 土地的确权颁证

土地的确权颁证是规范农地流转的基础,图 7-1 展示了农村家庭拥有土地经营权证书的比例。全国范围内,拥有土地承包经营权证书的家庭占比为 65.5%,可见确权颁证工作仍需进一步普及和完善。相较于非农业家庭,农业家庭拥有土地经营权证书的比例更高,达到66.9%。从地域差异看,东、中部地区家庭拥有土地承包经营权证书的比例低于全国平均水平,西部地区家庭的土地确权颁证工作落实较好,拥有土地经营权证书的比例高于全国平均水平,达到 75.9%。

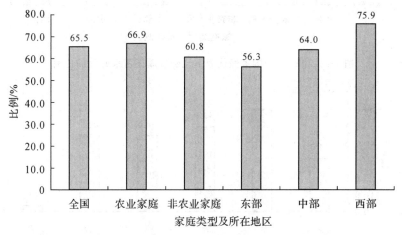

图 7-1　2017 年农村拥有土地经营权证书的家庭比例

全国家庭对土地确权颁证的看法在一定程度上反映了该举措的实施效果。如图 7-2 所示,2017 年全国认为土地确权颁证给农民带来好处的家庭所占比例较高,为 88.7%。其中,农业家庭对该举措的认可比例超过非农业家庭,达到 89.1%;中部地区家庭认为土地确权颁证带来好处的比例超过 90%,可见中部地区家庭对土地确权颁证工作更为认可。

虽然全国大多数家庭对于土地确权颁证这一举措表示认可,但对该项举措带来的具体好处评价不一。如图 7-3 所示,全国有 59.6% 的家庭认为确权颁证使土地权利更加明确,49.5% 的家庭认为确权颁证可以作为土地、农业补贴的依据;认为确权颁证可以作为土地纠纷的维权依据和作为征地补偿的依据的家庭分别占比 45.3% 和 44.4%。认为其有利于申请土地抵押贷款的家庭较少,占比仅为 31.0%。

尽管土地确权颁证工作得到了多数家庭的认可,但在土地确权、登记、颁证的实施过程中仍存在一些问题。如图 7-4 所示,37.1% 的家庭认为"生不增,死不减"规则对部分农户不公平,11.9% 的家庭认为农民没有获得实际利益,9.7% 的家庭认为政策不明确,9.1% 的农村家庭认为农民土地维权意识增强,土地流转缓慢。

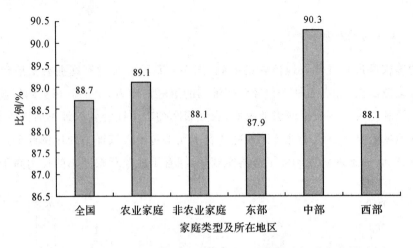

图 7-2　2017 年全国家庭认为土地确权颁证带来好处的比例

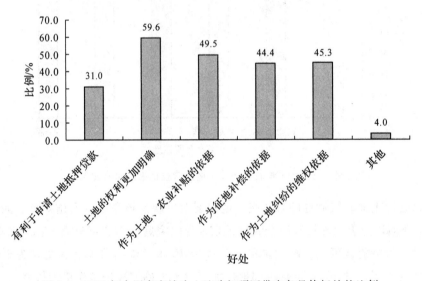

图 7-3　2017 年全国家庭认为土地确权颁证带来各具体好处的比例

7.2　土地流转

7.2.1　土地流转概况

（1）普通农户是转出土地和转入土地的参与主体

在土地流转中，家庭或转出土地或转入土地，二者兼有的情况非常少见。如表 7-4 所示，由于样本中有些不承包土地的家庭也转入土地，在 2013 年，有 24.1％的农户参与了土地流转；其中，12.7％的农户转出土地，11％的农户转入土地，二者兼有的农户只有 0.4％。在

2015年,有32.9%的农户参与土地流转;其中,18.9%的农户转出土地,13.7%的农户转入土地,二者兼有的农户只有0.4%。而到2017年,参与土地流转的农户比例上升至36.0%,比2015年增加了3.1个百分点;其中,24.2%的农户转出土地,10.9%的农户转入土地,二者兼有的农户只有0.9%。由此可见,近年来农户参与土地流转的积极性有所提高,主要体现为转出土地比例的增加。

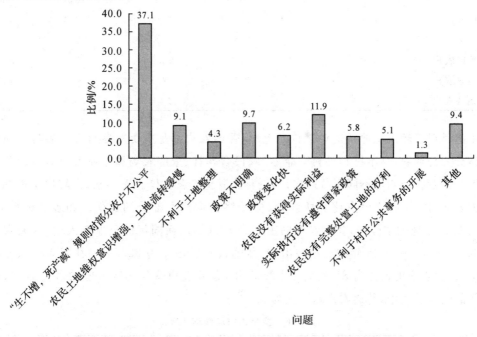

图7-4　2017年认为土地确权、登记、颁证工作中存在的问题分布

表7-4　农户参与土地流转的情况

农户类型	2013 年		2015 年		2017 年	
	样本数	比例/%	样本数	比例/%	样本数	比例/%
参与土地流转的农户	2759	24.1	5392	32.9	5307	36.0
仅转出土地的农户	1457	12.7	3088	18.9	3560	24.2
仅转入土地的农户	1257	11.0	2244	13.7	1613	10.9
二者兼有的农户	45	0.4	60	0.4	134	0.9
未参与土地流转的农户	8702	75.9	10981	67.1	9434	64.0

在土地流转中,虽然转出农户的占比大于转入农户的占比,但是转出农户的平均流转面积明显小于转入农户的平均流转面积。如表7-5所示,2017年在全国农户中,转出农户的占比为24.3%,大于转入农户的占比13.1%。但是,转出农户的平均流转面积为4.0亩,小于转入农户的平均流转面积14.1亩。不同地区的流转也具有类似的特点,尤其以东部地区较为突出,其转出农户与转入农户占比之差超过10%;而东北地区是个例外,转出农户占比略

小于转入农户。

表 7-5　2017 年农户转出、转入土地的情况

农户类型	转出农户的占比/%	转出农户的平均流转面积/亩		转入农户的占比/%	转入农户的平均流转面积/亩	
		均值	中位数		均值	中位数
全国农户	24.3	4.0	2.6	13.1	14.1	4.0
东部地区农户	28.9	3.5	2.2	9.8	8.1	3.0
中部地区农户	23.1	5.2	3.0	16.0	22.0	8.0
西部地区农户	21.0	3.3	2.0	13.1	8.2	3.0
东北地区农户	20.2	10.5	9.0	20.6	33.7	20.0

不论是对于转出土地还是对于转入土地，普通农户都是主要的参与者。参与土地流转的主体分为普通农户（本村和外村）、企业、农民合作社、家庭农场和专业大户等。后几类主体的生产经营特征明显不同于普通农户，统称为其他经营主体。近年来，在转出土地和转入土地的农户中，普通农户占比有所波动，但始终占据绝大部分的比例。如表 7-6 所示，在2013 年转出土地的主体中，普通农户的占比为 82.6%。在同年的土地转入中，普通农户的占比为 97.1%。在 2015 年的土地转出中，普通农户的占比为 82.2%。在同年转入土地的主体中，普通农户的占比为 86.8%。到 2017 年，普通农户参与土地转出的占比为 77.6%。在同年的土地转入中，普通农户的占比为 92.3%。

表 7-6　参与土地流转的主体

年份	分类	样本数与占比	普通农户	其他经营主体	总体
2013	转出	样本数	1223	257	1480
		占比/%	82.6	17.4	100.0
	转入	样本数	1259	38	1297
		占比/%	97.1	2.9	100.0
2015	转出	样本数	2510	545	3055
		占比/%	82.2	17.8	100.0
	转入	样本数	1968	300	2266
		占比/%	86.8	13.2	100.0
2017	转出	样本数	2828	817	3645
		占比/%	77.6	22.4	100.0
	转入	样本数	1608	134	1742
		占比/%	92.3	7.7	100.0

（2）土地流转以农业用途为主

土地流转的用途仍然以农业为主。在2013年,转出土地用于种植的占比为91.4%,用于养殖的占比为4.0%;转入土地用于种植的占比为95.9%,用于养殖的占比为3.1%。在2015年,转出和转入土地用于种植的比例有所提高,分别为94.8%和97.2%;用于养殖的比例有所下降,分别为2.2%和2.0%。在2017年,转入土地用于种植的比例继续提高,其中用于粮食作物种植的比例为78.3%,用于经济作物种植的比例为20.2%;转出和转入土地用于畜牧养殖的比例下降,分别为1.3%和0.2%。在非农业用途中,转出和转入土地用于服务经营的占比较大,分别为0.8%和0.4%。

表 7-7 2013 年和 2015 年流转土地的用途

用途		2013 年				2015 年			
		转出		转入		转出		转入	
		样本数	占比/%	样本数	占比/%	样本数	占比/%	样本数	占比/%
农业	种植	1332	91.4	1251	95.9	2884	94.8	2198	97.2
	养殖	58	4.0	41	3.1	66	2.2	45	2.0
非农业	服务经营	13	0.9	5	0.4	23	0.8	6	0.3
	修建厂房	35	2.4	8	0.6	36	1.2	1	0.1
	其他	20	1.3	0	0.0	34	1.1	11	0.5
总体		1458	100.0	1305	100.0	3044	100.0	2261	100.0

表 7-8 2017 年流转土地的用途

用途		转出		转入	
		样本数	占比/%	样本数	占比/%
农业	粮食作物种植	2530	69.8	1368	78.3
	经济作物种植	907	25.0	354	20.2
	畜牧养殖	47	1.3	3	0.2
非农业	服务经营	27	0.8	7	0.4
	修建厂房	16	0.4	0	0.0
	修建住宅	1	0.0	2	0.1
	用于公路、铁路、公园	4	0.1	2	0.1
	防护林	19	0.5	0	0.0
	荒废	19	0.5	0	0.0
	其他	54	1.5	11	0.6
总体		3623	100.0	1747	100.0

（3）土地有偿流转与流转租金

土地有偿流转的占比较低。如表 7-9 所示，在 2013 年，有偿流转的占比为 75％。在 2015 年，有偿流转的占比为 53.4％。到 2017 年，土地有偿流转的比例有一定上升但有偿流转程度依然不高；在土地转出中，有 59.3％为有偿流转，在土地转入中，有 60.9％为有偿流转，二者差异不大。

表 7-9　土地有偿流转的占比

流转类型	2013 年		2015 年		2017 年转出		2017 年转入	
	样本数	比例/％	样本数	比例/％	样本数	比例/％	样本数	比例/％
有偿流转	2070	75	2857	53.4	2164	59.3	1061	60.9
无偿流转	689	25	2496	46.6	1488	40.7	683	39.1
总体	2759	100	5353	100.0	3652	100.0	1744	100.0

土地流转租金可以采取不同的支付方式进行支付。如表 7-10 所示，在土地转出租金的支付上，全国范围内，选择用现金支付土地转出租金的家庭占比最大，为 52.6％，其次是免费流转，占比 40.7％，选择发放实物、现金/实物＋分红等多种方式结合的支付方式的家庭占比相对较小。在土地转入租金的收取上，全国范围内，52.4％的家庭选择收取现金，其次是免费流转，占比 39.1％，通过实物方式收取租金的家庭占比 7.5％。

表 7-10　2017 年土地流转租金使用不同支付/收取方式的家庭占比

支付方式	转出		转入	
	样本数	比例/％	样本数	比例/％
支付现金	1921	52.6	913	52.4
发放实物	142	3.9	130	7.5
股份分红	15	0.4	4	0.2
免费流转	1488	40.7	683	39.1
现金/实物＋分红	27	0.7	0	0.0
其他	59	1.6	14	0.8
总体	3652	100.0	1744	100.0

土地流转的租金水平小幅上升。在农业用途的土地流转中，2013 年转出土地的租金均值为 383 元/亩，转入土地的租金均值为 298 元/亩。2015 年农业用途的土地流转租金有所上涨，转出土地的租金为 425 元/亩，转入土地的租金为 443 元/亩。2017 年农业用途的土地流转租金持续上涨，转出土地的租金为 573 元/亩，转入土地的租金为 441 元/亩。非农业用途的土地流转租金明显高于农业用途的土地流转租金，在 2013 年、2015 年，前者是后者的 2 倍以上，但 2017 年两者差距相对缩小，主要体现在非农业用途流转租金的下降上。尽管农

业用途的土地流转租金有所上升,但幅度不大,加之非农业用途的流转租金下降,土地流转的整体租金水平仍然较低。

表 7-11 不同用途的土地流转的租金水平 单位:元/亩

年份	分类	农业用途		非农业用途	
		均值	中位数	均值	中位数
2013	转出	383	200	1693	1000
	转入	298	150	997	600
2015	转出	425	333	2927	1200
	转入	443	300	1495	12
2017	转出	573	433	978	900
	转入	441	280	939	1000

农户的转出转入租金高低与其相对贫困程度有关。如表 7-12 所示,从全国范围看,全国从事农业生产的农户以亩均 614.9 元的价格转出土地。按全国相对贫困标准划分后发现,相对贫困家庭的转出租金为 527.9 元/亩,远低于其他农户。如表 7-13 所示,按区域相对贫困标准划分后,中收入省(区、市)的相对贫困家庭亩均转出租金低于其他农户,而高、低收入省(区、市)的相对贫困家庭则拥有较高的亩均转出资金。在转入租金方面,从全国范围看,全国从事农业生产的农户以亩均 408.1 元的价格转入土地。按全国相对贫困标准划分后发现,相对贫困家庭的转出租金为 408.8 元/亩,这与其他农户相差不大。按区域相对贫困标准划分后,中、低收入省(区、市)的相对贫困家庭亩均转出租金低于其他农户,而在高收入省(区、市),相对贫困家庭的亩均转入租金高于其他农户。

表 7-12 相对贫困家庭与其他家庭的转出转入租金(全国) 单位:元/亩

租金类型	全国	按全国相对贫困标准划分	
		相对贫困家庭	其他
转出租金	674.9	527.9	708.4
转入租金	408.1	408.8	407.9

表 7-13 相对贫困家庭与其他家庭的转出转入租金(区域) 单位:元/亩

租金类型	按区域相对贫困标准划分					
	高收入省(区、市)		中收入省(区、市)		低收入省(区、市)	
	相对贫困家庭	其他	相对贫困家庭	其他	相对贫困家庭	其他
转出租金	628.4	743.8	461.2	792.3	573.1	515.7
转入租金	853.6	540.4	354.9	435.8	276.1	339.7

　　有村委会介入的土地流转的租金，一般比无村委会介入的土地流转的租金更高。如表7-14所示，2017年对于土地转出，有村委会介入的租金平均为757.2元/亩，而无村委会介入的租金平均为535.0元/亩。对于土地转入，有村委会介入的租金平均为523.9元/亩，而无村委会介入的租金平均为440.8元/亩。流转租金与村委会介入情况的这种关系，在不同地区都普遍存在。只有西部地区和东北地区的土地转入是例外。西部地区有村委会介入的土地转入租金平均为285.3元/亩，无村委会介入的租金平均为384.7元/亩；东北地区有村委会介入的土地转入租金平均为267.9元/亩，无村委会介入的租金平均为481.1元/亩。

表7-14　2017年村委会介入情况与流转租金　　　　　　　　单位：元/亩

地区	有村委会介入		无村委会介入	
	转出	转入	转出	转入
全国	757.2	523.9	535.0	440.8
东部	853.1	700.8	571.3	597.8
中部	517.4	429.6	456.3	385.8
西部	766.6	285.3	613.9	384.7
东北	695.0	267.9	486.4	481.1

　　（4）土地流转期限变化较大

　　土地流转中不定期流转的占比较高。如表7-15所示，在2013年和2015年的土地转出中，不定期转出的占比由35.3%上升到51.7%；在这两年的土地转入中，不定期转入的占比由36.3%上升到43.8%。在2017年的土地流转中，不定期转出、转入比例持续走高，不定期转出占比为74.8%，不定期转入占比达到77.1%。

表7-15　土地流转期限与流转租金

年份	分类	定期		不定期	
		样本数	比例/%	样本数	比例/%
2013	转出	972	64.7	530	35.3
	转入	830	63.7	472	36.3
2015	转出	1486	48.3	1587	51.7
	转入	1276	56.2	994	43.8
2017	转出	908	25.3	2688	74.8
	转入	397	22.9	1338	77.1

　　土地流转的期限变化较为显著。如表7-16所示，农业用途的土地转出平均期限从2013年的5.1年上升至2017年的10.4年，农业用途的土地转入平均期限由4.5年上升至7.7年。在非农业用途的土地流转中，土地转出转入期限发生了较为明显的波动变化。在2013

年,非农业用途的土地转出平均期限为13.2年,2015年下降为12.1年,在2017年上升至16.5年。在2013年,非农业用途的土地转入平均期限为18.5年,2015年有所上升,2017年又下降到8.3年。由此可见,农业用途与非农业用途的土地流转期限均发生了较为显著的变化,且两者差异较大。

表7-16　土地流转的期限　　　　　　　　　　单位:年

年份	分类	农业用途		非农业用途	
		均值	中位数	均值	中位数
2013	转出	5.1	1	13.2	11
	转入	4.5	1	18.5	15
2015	转出	6.1	3	12.1	10
	转入	5.5	2	21.9	20
2017	转出	10.4	5	16.5	10
	转入	7.7	3	8.3	5

各地土地流转年限存在较大差异。如表7-17所示,2017年东北地区的土地流转期限最短:土地转出的平均期限只有4.4年,土地转入的平均期限只有5.7年。西部地区转出、转入土地的平均期限最长,分别达到14.9年和9.7年。

表7-17　2017年农业用途的土地流转期限　　　　　　单位:年

地区	转出		转入	
	均值	中位数	均值	中位数
全国	10.4	5	7.7	3
东部	10.1	6	8.7	5
中部	6.9	3	6.6	2
西部	14.9	10	9.7	5
东北	4.4	1	5.7	1

有村委会介入的土地流转期限比无村委会介入的土地流转期限长。如表7-18所示,2017年有村委会介入的土地转出期限平均为13.8年,而无村委会介入的土地转出期限平均只有8.7年。有村委会介入的土地转入期限平均为18.3年,而无村委会介入的土地转入期限平均为5.7年。流转期限和村委会介入情况的这种关系在不同地区都普遍存在,在中、西部地区表现得尤为明显。

表 7-18　2017 年村委会介入情况与土地流转期限　　　　　　　　　　　　单位：年

地区	有村委会介入		无村委会介入	
	转出	转入	转出	转入
全国	13.8	18.3	8.7	5.7
东部	10.2	12.5	9.8	7.4
中部	10.3	21.9	5.5	4.8
西部	20.4	21.5	12.1	6.5
东北	11.0	19.5	4.1	4.5

（5）土地流转纠纷

土地流转牵涉到转入转出方的诸多利益，流转纠纷也因此产生。如图 7-5 所示，2017 年全国有 3.2% 的家庭遇到过土地纠纷，农业家庭遇到纠纷的比例高于非农业家庭。土地纠纷的发生比例在地区间存在显著差异，其中中部地区最高（3.8%），其次为东部地区（3.2%），西部地区最低，仅为 2.4%。

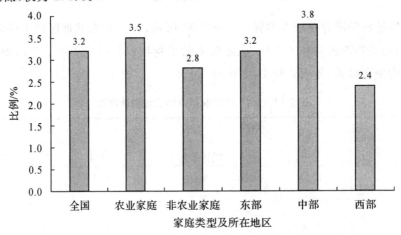

图 7-5　2017 年遇到过土地纠纷的家庭占比

如图 7-6 所示，由于土地边界、面积、质量及配套设施而产生的纠纷比例达到 45.2%，没有按时全额支付租金或一方希望租金调整是第二大纠纷产生原因，占比为 23.4%。在合同以外的流转原因中，流转中与村集体有矛盾的家庭占比达到 13.5%。由此可见，不论是在合同以内的条款制定中还是合同以外的操作实施中，都存在着亟待解决的问题。因此，制定科学合理的补贴标准并严格实施，规范合同以外的流转相关事宜，充分发挥村委会协调、推动的作用，是减少土地流转纠纷的有效措施。

（6）土地流转中的服务

如图 7-7 所示，2017 年不同类型的服务为家庭进行土地流转提供了诸多便利，但全国有 71.5% 的家庭认为不需要任何服务。需要获取土地流转服务的家庭所需的服务类型不同，其中迫切需要协调和规范合同签订的家庭最多,占比为14.9%;其次,有12.6%的家庭需要土地流转政策宣传与解读服务和土地流转租金价格评估服务;12.3%的家庭需要更多地了解土地流转信息,另有一定比例的家庭对法律咨询、调节土地纠纷以及监督流转行为等服务存在需求。

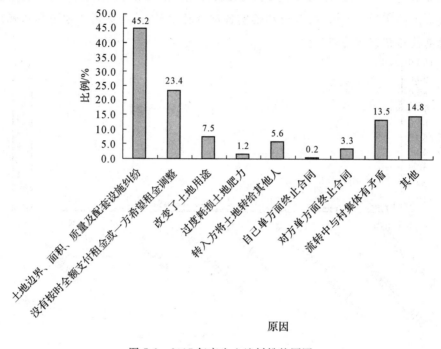

图 7-6　2017 年产生土地纠纷的原因

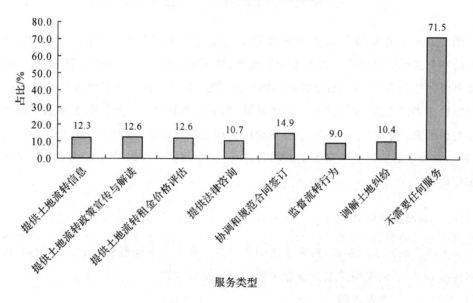

图 7-7　2017 年土地流转中需要不同类型服务的家庭占比

如图 7-8 所示,尽管有不同类型的服务需求,参与流转的家庭在土地流转过程中获得过各类服务的比例极少,仅有11.9％的家庭获得过流转服务。全国范围内,仅有5.6％的家庭获得过协调和规范合同签订的服务,有4.0％的家庭获得过土地流转信息的服务,其余多种类型的服务的获得比例均在3％以下。对比土地流转中所需服务的需求,获得过土地流转相关服务的家庭远远不及需要服务的家庭,可见目前亟须加强相关服务组织和机构的建设,从参与流转家庭的实际需求出发,普及和落实各项流转服务,从而促进土地更为顺畅地流转,切实保障参与流转家庭的利益。

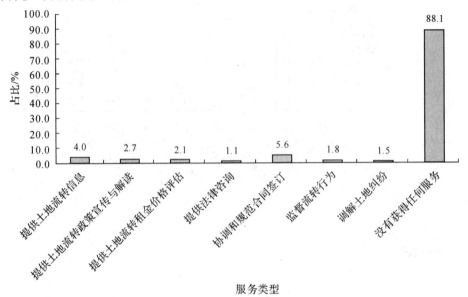

图7-8　2017年土地流转中获得过不同类型服务的家庭占比

　　如图7-9所示,提供服务的各组织机构在土地流转过程中发挥了巨大的作用,全国有55.5％的参与流转的家庭获得过村委会的服务,村民间的相互帮忙占比达到23.3％,政府主导的交易服务中心为11.9％的流转家庭提供过服务,受到农村合作社和土地流转中介服务的农村家庭分别占6.5％和3.0％。由此可见,为了完善和提升土地流转服务水平以更好地服务参与土地流转的家庭,一方面需要继续提高和完善村委会、政府主导的交易中心的服务水平,另一方面也需要加大力度发展农村合作社、土地流转中介以及互联网平台等多种类型的组织机构。

7.2.2　土地流转的效果

　　与不流转土地的农户相比,转入土地的农户具有更大的土地经营面积。按全国、区域相对贫困标准划分,不同类型的农户农业生产产值差别较大。

　　（1）土地流转与农业规模

　　转入土地的农户的土地经营规模明显更大。土地经营面积,即家庭承包土地面积减去转出面积,再加上转入面积。根据是否承包土地和是否流转土地,可以将农户分为五类。如

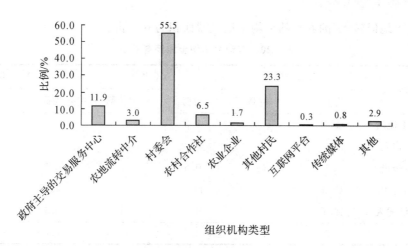

图 7-9　2017 年农地流转中获得过各类组织机构服务的家庭占比

表 7-19 所示,在 2013 年,"承包土地但不流转"的农户平均经营 6.3 亩土地,而"承包土地并转入"的农户平均经营 26.5 亩土地,"无承包土地但转入"的农户平均经营 40.7 亩土地。这种差异在 2015 年、2017 年依然存在但有所缩小。2015 年"承包土地但不流转"的农户平均经营 6.7 亩土地,而"承包土地并转入"的农户平均经营 24.0 亩土地,"无承包土地但转入"的农户平均经营 17.0 亩土地。2017 年"承包土地但不流转"的农户平均经营 7.2 亩土地,而"承包土地并转入"的农户平均经营 19.8 亩土地,"无承包农地但转入"的农户平均经营 21.5 亩土地。

表 7-19　户均土地经营面积　　　　　　　　　　　　　　　　　　单位:亩

农户类别	2013 年		2015 年		2017 年	
	均值	中位数	均值	中位数	均值	中位数
承包土地但不流转	6.3	3.5	6.7	4.0	7.2	4.0
承包土地并转入	26.5	11.0	24.0	9.0	19.8	10.0
承包土地并转出	1.6	0.0	1.2	0.0	1.4	0.0
兼有转入和转出	42.5	10.0	51.1	5.0	11.0	5.0
无承包土地但转入	40.7	5.0	17.0	2.0	21.5	12.0
总样本	8.3	3.0	8.1	3.1	8.1	4.0

　　转入土地的农户的劳动力平均土地经营面积也明显更大。如表 7-20 所示,在 2013 年,"承包土地但不流转"的农户的劳均土地经营面积为 2.6 亩,而"承包土地并转入"的农户的劳均土地经营面积为 10.2 亩,"无承包土地但转入"的农户的劳均土地经营面积为 12.1 亩。在 2015 年,"承包土地但不流转"的农户的劳均土地经营面积 2.8 亩,而"承包土地并转入"的农户的劳均土地面积为 10.2 亩,"无承包土地但转入"农户的劳均土地经营面积为 6.7 亩。到 2017 年,"承包土地但不流转"的农户的劳均土地经营面积为 2.4 亩,而"承包土地并转入"以及"兼有转入和转出"的农户的劳均土地经营面积明显下降,分别为 5.3 亩和 4.0

亩，"无承包土地但转入"的农户的劳均土地经营面积为 6.1 亩。

表 7-20　劳动力平均土地经营面积　　　　　　　　　　　　　　单位：亩

农户类别	2013 年		2015 年		2017 年	
	均值	中位数	均值	中位数	均值	中位数
承包土地但不流转	2.6	1.3	2.8	1.5	2.4	1.5
承包土地并转入	10.2	4	10.2	3.5	5.3	3.3
承包土地并转出	0.6	0	0.5	0	0.5	0.0
兼有转入和转出	15.3	2.6	17.8	2	4.0	2.0
无承包土地但转入	12.1	2	6.7	1	6.1	3.7
总样本	3.3	1.3	3.5	1.3	2.6	1.4

（2）土地流转与农业产值

按全国、区域相对贫困标准划分，如表 7-21 和表 7-22 所示，不同类型的农户在农业产值上差别较大。按全国相对贫困标准划分，相对贫困家庭中"承包农地并转出"的农户的每亩农业产值最高，达到 3511.2 元，这与相对贫困线以上的农户的情况差距不大，甚至稍高于贫困线以上农户；"承包土地并转入"的相对贫困家庭则表现出相反的状况，拥有最低的亩均农业产值 1467.1 元，且与贫困线以上的农户差距明显。按区域相对贫困标准划分，在高收入省（区、市）中，"承包土地并转出"的农户每亩农业产值最高，但与相对贫困线以上的农户差距拉大，同时不难发现，"兼有转入和转出"以及"无承包土地但转入"的相对贫困家庭的亩均产值均高于贫困线以上的农户。中收入省（区、市）中，"兼有转入和转出"的相对贫困家庭的亩均农业产值明显高于其他农户，可见充分利用土地流转的优势，提高土地利用效率，一定程度上可以提高农户农业收入；低收入省（区、市）中，"承包农地并转出"的相对贫困家庭的亩均农业产值高于贫困线以上的农户，"兼有转入和转出"的相对贫困家庭则产值较低，这可能是资金投入制约、缺乏农业技术等多方面原因导致的。

总体而言，各类农户在农业产值上差异明显。"承包土地但不流转"和"承包土地并转入"这两类农户的相对贫困家庭的亩均农业产值都小于贫困线以上的农户，而其他三类农户由于相对贫困的划分标准以及贫困的程度不同需要具体分析。

表 7-21　2017 年相对贫困家庭与其他家庭的土地流转与农业产值（全国）　　单位：元/亩

农户类别	按全国相对贫困标准划分	
	相对贫困家庭	其他
承包土地但不流转	2068.8	2857.0
承包土地并转入	1467.1	2092.3
承包土地并转出	3511.2	3403.4
兼有转入和转出	2338.3	2183.7
无承包土地但转入	1675.5	1646.7

表 7-22 2017 年相对贫困家庭与其他家庭的土地流转与农业产值(区域)   单位:元/亩

| 农户类别 | 按区域相对贫困标准划分 | | | | | |
| | 高收入省(区、市) | | 中收入省(区、市) | | 低收入省(区、市) | |
	相对贫困家庭	其他	相对贫困家庭	其他	相对贫困家庭	其他
承包土地但不流转	3607.8	3608.0	1804.7	2555.4	1802.0	2711.6
承包土地并转入	2055.4	2598.2	1311.5	1823.1	1283.5	2135.2
承包土地并转出	5622.6	4350.2	2217.6	2591.9	4417.4	3045.8
兼有转入和转出	3307.9	1910.3	4248.2	1119.1	527.1	3846.0
无承包土地但转入	4958.9	1990.6	942.9	1461.0	1290.2	1675.2

7.2.3 农户流转行为的影响因素

农户流转土地的行为受到诸多因素的影响。家庭劳动力的特征、家庭负担结构、家庭经济状况以及土地质量和数量等因素,都跟农户的流转行为紧密相关。

(1)家庭劳动力特征与土地流转

家庭劳动力的特征与农户流转土地的行为密切相关。家庭劳动力特征包括数量及质量特征。

首先是家庭规模方面。家庭人口规模与土地转出行为负相关,而与土地转入行为正相关。家庭人数越多,转出土地家庭的比例越小,而转入土地家庭的比例越大。如图 7-10 所示,对于成员只有 1~2 人的家庭,有 30.2%的家庭转出土地,而 10.5%的家庭转入土地。对于成员超过 5 人的家庭,有 17.4%的家庭转出土地,而 15.0%的家庭转入土地。

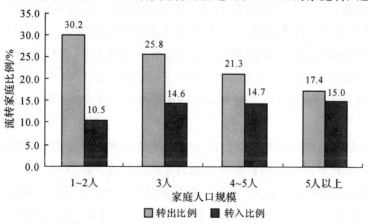

图 7-10 家庭人口规模与土地流转

家庭劳动力数量也与农户流转土地的行为密切相关。一方面,家庭劳动力数量与农户转出土地的意愿呈负相关;另一方面,家庭劳动力数量与农户转入土地的意愿呈倒 U 形关

系。如图 7-11 所示，对于没有劳动力的家庭，37.1％的家庭转出土地，而 5.1％的家庭转入土地。随着家庭劳动力数量增加，转出土地家庭的比例逐渐下降，而转入土地家庭的比例呈现先上升后下降的趋势。对于拥有 3 个劳动力的家庭，21.6％的家庭转出土地，而 14.6％的家庭转入土地。对于拥有 6 个及以上劳动力的家庭，17.6％的家庭转出土地，而 8.3％的家庭转入土地。

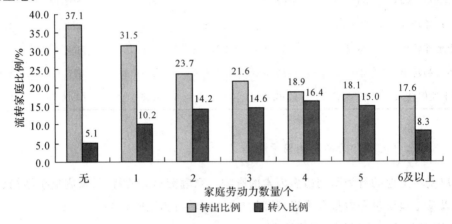

图 7-11 2017 年家庭劳动力数量与土地流转

家庭劳动力的质量与农户流转土地的意愿关系密切。首先，男性劳动力的占比跟转出土地呈现“W”形关系，与转入土地呈现倒 U 形关系。如图 7-12 所示，2017 年转出土地意愿方面，随着男性劳动力占比的增加，农户的转出意愿呈现出两次先下降再提升的过程，对于男性劳动力占比不到 20％的家庭，转出土地家庭的比例高达 29.2％，对于男性劳动力占比在 20％～40％的家庭，转出土地家庭的比例下降到 20.2％，而占比 40％～60％的家庭，转出土地的意愿回升至 21.4％；当男性劳动力占比到达 60％～80％时，转出土地意愿下降到 21.0％，而当男性劳动力占比超过 80％时，转出土地的意愿提升至 27.2％。转入意愿方面，男性劳动力占比与农户的转入意愿呈现出先提升后下降的关系，男性劳动力占比不到 20％的家庭，转入土地家庭比例为 10.8％，对于男性劳动力占比在 20％～40％的家庭，转入土地家庭的比例上升到 15.3％，对于男性劳动力占比超过 80％的家庭，转入土地家庭的比例下降到 11.5％。

另外，家庭劳动力的平均受教育年限与农户流转土地的意愿有较为明显的相关关系。如图 7-13 所示，农户转出土地的意愿随劳动力平均受教育年限递增，家庭劳动力受教育水平越高，农户转出土地的比例越大，对于劳动力平均教育年限少于 6 年的家庭，20.7％的家庭转出土地，对于劳动力平均教育年限超过 12 年的家庭，高达 31.4％的家庭转出土地。而农户转入土地的意愿与劳动力平均受教育年限基本呈现一定的负相关。对于劳动力平均教育年限少于 9 年的家庭，超过 14％的家庭转入土地。对于劳动力平均教育年限超过 9 年的家庭，转入土地的家庭比例不到 13％。

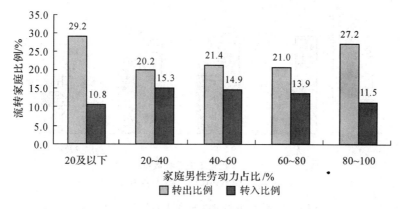

图 7-12　2017 年家庭男性劳动力占比与土地流转

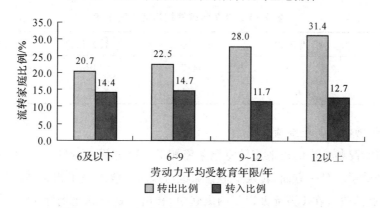

图 7-13　2017 年劳动力平均受教育年限与土地流转

（2）家庭负担结构与土地流转

家庭抚育未成年人的数量与农户流转土地的意愿呈现出较为明显的相关关系。如图 7-14 所示，一方面，家庭抚育未成年人的数量越多，越不倾向于转出土地；另一方面，家庭抚育未成年人的数量与转入土地的意愿呈现倒 U 形关系。对于无未成年人需要抚育的家庭，转出土地家庭的占比为 24.6%，而转入土地家庭的占比为 13.2%。对于抚育 2 个未成年人的家庭，转出土地家庭的占比下降至 20.5%，而转入土地家庭的占比上升至 16.0%。对于抚育 3 个及以上未成年人的家庭，转出土地家庭的占比继续下降至 14.3%，而转入土地家庭的占比则下降至 10.6%。

是否为空心家庭跟农户的土地流转意愿也紧密相关。此处将空心家庭定义为没有 16~65 周岁的男性家庭成员居住在一起的家庭。空心家庭比非空心家庭更倾向于转出土地，而更不倾向于转入土地。如表 7-23 所示，空心家庭转出土地的比例为 27.9%，明显高于非空心家庭的 19.4%。与此相反，空心家庭转入土地的比例为 10.7%，明显低于非空心家庭的 15.8%。此外，空心家庭有偿转出的比例为 54.7%，低于非空心家庭的 61.1%，有偿转入的比例为 56.0%，低于非空心家庭的 62.5%。

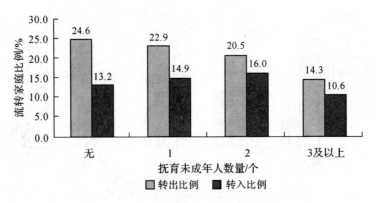

图 7-14　2017 年抚育未成年人数量与土地流转

表 7-23　2017 年家庭结构与土地流转　　　　　　　　　　　　单位：%

家庭结构	转出比例	有偿转出	转入比例	有偿转入
空心家庭	27.9	54.7	10.7	56.0
非空心家庭	19.4	61.1	15.8	62.5

（3）家庭经济状况与土地流转

家庭经济状况与农户的土地流转意愿紧密相关。一方面，家庭收入与转出土地呈现明显的单调递增关系。另一方面，转入土地意愿也与家庭总收入呈正相关，但波动不大。如图 7-15 所示，家庭总收入在 1 万元及以下的家庭中，转出土地家庭比例为 14.9%，转入土地家庭比例为 12.2%。随后，收入越高，转出土地家庭的比例越大，转入土地家庭的比例也随之上升但幅度不大。家庭总收入在 1 万~3 万元的家庭中，转出土地家庭比例上升至 17.3%，转入土地家庭占比达 13.9%。在收入超过 6 万元的家庭中，29.6% 的家庭转出土地，转入土地家庭的比例为 15.4%，随收入增加的幅度相对平缓。

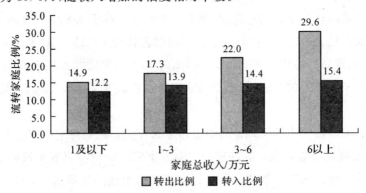

图 7-15　2017 年家庭总收入与土地流转

如图 7-16 所示，家庭净资产越高，家庭越倾向于转出土地，对于家庭净资产不超过 5 万元的家庭，有 17.4% 的家庭转出土地，对于家庭净资产超过 90 万元的家庭，有 35.5% 的家庭转出土地。农户的转入土地意愿在家庭净资产低于 45 万元时,随净资产的增加而上升,对于家庭净资产不超过 5 万元的家庭,有 13.1％的家庭转入土地。对于家庭净资产为 15 万～45 万元的家庭,有 16.2％的家庭转入土地。相比之下,家庭净资产超过 45 万元的家庭,转入土地的意愿较低,当家庭净资产超过 90 万元时,转入土地的家庭占比为 12.3％。

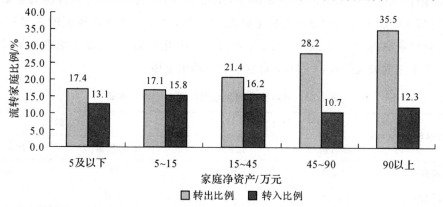

图 7-16　2017 年家庭净资产与土地流转

（4）土地特征与土地流转

土地越丰裕,家庭越倾向于转入土地。如图 7-17 所示,对于人均土地面积不超过 0.5 亩的家庭,仅有 10.6％的家庭转入土地。然而,对于人均土地面积超过 5 亩的家庭,有高达 26.4％的家庭转入土地。当家庭人均承包土地面积大于 0.5 亩时,家庭转出土地的倾向与转出比例呈负相关,但下降比例相对较小。对于人均土地面积为 0.5～1 亩的家庭,有 24.4％的家庭转出土地。然而,对于人均土地面积超过 5 亩的家庭,仅有 17.6％的家庭转出土地。

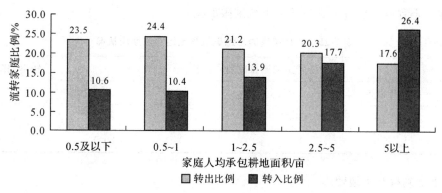

图 7-17　2017 年家庭人均承包土地面积与土地流转

7.3　土地确权与土地流转

近年来农村土地确权颁证工作在全国各地开展,对农村土地的流转产生了诸多影响,以

下针对土地确权与土地流转的关系进行分析。

（1）土地确权与土地转出

农村土地的确权颁证是对农民的土地经营权进行确认。如表7-24所示，从土地确权的情况看，全国已完成确权颁证的农村家庭中，土地经营权有转给他人或机构的家庭比例占23.8%，目前未转出土地经营权的农村家庭占76.2%；而未完成确权颁证的农村家庭中，转出土地的农户家庭占25.4%，未转出的占74.6%。由此可见，已完成土地确权颁证的农村家庭相比于未完成确权的农村家庭反而更不愿意转出土地。

表7-24　农村家庭的土地确权与土地转出情况

是否确权	转出		未转出	
	家庭数量/户	比例/%	家庭数量/户	比例/%
已确权	2221	23.8	7104	76.2
未确权	1249	25.4	3674	74.6

（2）土地确权与土地转出期限

农村土地的确权颁证不仅对农户土地转出的行为产生影响，还与土地转出期限相关。表7-25反映了农村家庭的土地确权与土地转出期限的情况，由表可知，已完成确权颁证的农村家庭中，土地转出期限均值为11.6年，其中转出期限在5年以下的比例为32.1%，而5年以上的比例则超过50%；相比之下，未完成确权颁证的农村家庭中，土地转出期限均值仅为9.6年，其中转出期限在5年以下的比例为37.4%，比已确权的农村家庭高出5.3个百分点。可见，未确权的农户基于风险因素的考虑，其土地转出期限往往较短，而农村土地的确权颁证在一定程度上促进了农户转出土地期限的延长。

表7-25　农村家庭的土地确权与土地转出期限情况

是否确权	各转出期限家庭所占比例/%				转出期限均值/年
	3年以下	3～5	5～15	15及以上	
已确权	21.4	10.7	36.2	31.8	11.6
未确权	22.9	14.5	42.5	20.1	9.6

（3）土地确权与土地转入

农村土地的确权颁证使得农户转出土地的行为有所增加，对农户转入土地的行为也产生了一定影响。由表7-26可知，目前全国已完成确权颁证的农村家庭中，有转入土地经营权的家庭比例占13.4%，目前尚未转入土地的农村家庭占86.6%；而未完成确权颁证的农村家庭中，转入土地的农户家庭仅占11.3%，比已确权的农村家庭低2.1个百分点。由此可见，已完成土地确权颁证的农村家庭相比于未完成确权的农村家庭，更愿意转入土地。

表 7-26　农村家庭的土地确权与土地转入情况

是否确权	转入		未转入	
	家庭数量/户	比例/%	家庭数量/户	比例/%
已确权	1251	13.4	8076	86.6
未确权	556	11.3	4366	88.7

7.4　住宅用地

　　宅基地是农村的农户或个人用作住宅基地而占有、利用的本集体所有的土地。如图 7-18所示,从农村家庭宅基地拥有情况来看,2017 年全国农村家庭拥有宅基地 1.00 块(均值),其中农业家庭拥有的宅基地块数为 1.03 块,高于非农业家庭的 0.89 块。从地域角度看,东、中部地区的农村家庭拥有宅基地的块数较多,超过全国平均水平,分别为 1.05 块和 1.02 块,西部地区农村家庭拥有宅基地的块数不多,宅基地相对集中,为 0.92 块。

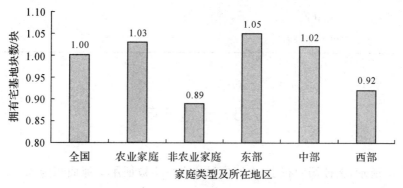

图 7-18　2017 年农村家庭拥有宅基地块数

　　如表 7-27 所示,2017 年全国农村家庭宅基地面积的均值为 0.55 亩,其中农业家庭的宅基地面积均值为 0.57 亩,非农业家庭宅基地面积均值为 0.48 亩。在地域差异上,东部地区农村家庭拥有宅基地面积较小,平均为 0.50 亩;中、西部地区的农村家庭宅基地面积较大,均值分别为 0.56 亩和 0.59 亩。

表 7-27　2017 年农村家庭宅基地面积　　　　　　　　　　　　　　单位:亩

参数值	全国	农业家庭	非农业家庭	东部	中部	西部
均值	0.55	0.57	0.48	0.50	0.56	0.59
中位数	0.40	0.40	0.30	0.35	0.40	0.40

　　95% 以上的农村家庭并未有过出租、出售、交换宅基地的经历。但仍有极小部分拥有宅

基地的农村家庭通过上述几种方式流转宅基地,表 7-28 反映了有过不同宅基地流转经历的农村家庭比例。从全国范围看,2015 年,和同村村民互换宅基地的农村家庭占比较高,达到 1.6%,但 2017 年此种情况发生较少。除互换宅基地外,有部分农村家庭选择出租宅基地或买入/申请/重新分配宅基地,2017 年这两类变化所占比例均达到 0.3%。2017 年的调研还发现,农村有一定比例(1.4%)的家庭存在在宅基地上建房但房屋空置的现象。

表 7-28　宅基地发生变化的家庭比例　　　　　　单位:%

变化	2015 年	2017 年
出租宅基地	0.3	0.3
出售宅基地	0.1	0.0
和同村村民互换宅基地	1.6	0.3
宅基地上交给村集体	0.2	0.1
集中居住,被收回	—	0.0
买入/申请/重新分配	—	0.3
宅基地上建房,但房屋空置(指 6 个月及以上无人居住)	—	1.4
其他	0.7	1.0
以上都没有	97.1	95.6

7.5　土地征用

如图 7-19 所示,在征用面积上,全国农村家庭平均被征用土地面积为 4.4 亩,其中农业家庭平均被征用 3.0 亩,非农业家庭平均被征用 7.7 亩,但中位数仅为 2.0 亩,可见非农业家庭间被征用面积的差距较大。从地域上看,东部地区农村家庭平均被征用面积最大,达到 5.8 亩,中部次之(4.8 亩),西部地区最小,为 3.1 亩,可见不同地区农村家庭的土地被征用面积差距较大,东部地区的农村家庭可能由于城市开发利用等原因而更多地被征收土地。

土地征用一般有货币补偿和非货币补偿两种补偿方式,如表 7-29 所示,2017 年有 26.3% 的被征用土地的农村家庭没有获得补偿,比 2015 年上升 9.0 个百分点。在获得补偿的农村家庭中,2015 年全国有 76.8% 的农村家庭获得了货币补偿,2017 年该比例下降至 69.6%;同时,2017 年获得非货币补偿的农村家庭占比也下降至 2.7%,但同时获得货币和非货币补偿的农村家庭占比上升至 1.3%。可见,落实土地征用补偿,完善补偿方式,在开发利用的同时保护农户的基本利益仍是我国土地征用今后需要努力的方向。

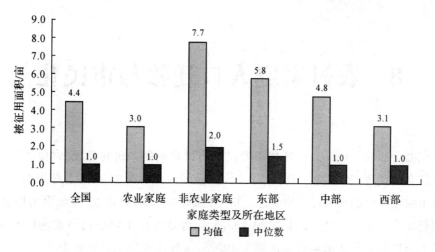

图 7-19 2017 年农村家庭土地被征用面积

表 7-29 土地征用通过不同方式获得补偿的家庭占比   单位:%

补偿方式	2015 年	2017 年
货币补偿	76.8	69.6
非货币补偿	3.9	2.7
二者都有	1.0	1.3
没有补偿	17.3	26.3
其他	0.9	0.3

非货币补偿是另一种有效的补偿方式,表 7-30 选取了 2017 年被征用土地的农村家庭获得的各类主要的非货币补偿方式及其占比。土地补偿和提供养老保险是主要的非货币补偿方式,其中土地补偿占比最高,有 26.3% 的农村家庭获得土地补偿,以提供养老保险为补偿方式的农村家庭占比达 18.2%。获得粮食补偿的农村家庭占比达 12.9%,其他补偿方式占比 16.0%。而提供医疗保险作为一种新兴的非货币补偿方式开始被采用,占比达到 1.6%。

表 7-30 2017 年获得不同方式非货币补偿的家庭占比   单位:%

非货币补偿方式	占比
提供养老保险	18.2
提供医疗保险	1.6
粮食补偿	12.9
土地补偿	26.3
其他	16.0

8　农村家庭人口迁移与市民化

　　本章主要分析农村居民人口迁移和农民工市民化问题。研究发现，农民工就地就近迁移的趋势已有所显现：2015年本地农民占比达到了56.1％，而2017年上升为63.2％。农民工家庭退出农业生产的现象已非常普遍，其中外地农民工家庭"离农"现象更为明显：本地农民工家庭仍从事农业生产经营的比例为40.25％，外地农民工家庭的该比例仅有17.43％；本地农民工家庭拥有农地承包权的比例为49.25％，外地农民工家庭则为44.28％。农民工家庭子女就读民办学校比例上升，相对贫困问题限制了子女教育选择：农民工家庭子女就读公办学校的比例下降幅度达到了13.5个百分点，同时，就读民办学校的比例在三类家庭（城镇、农村、农民工）中上升的最多，为12.4％；打工子弟学校这一特殊时期出现的正规教育形式正在逐渐消失，农民工家庭子女就读打工子弟学校的比例由2015年的2.8％降至2017年的0.2％，但相对贫困的农民工家庭，其子女就读公办非打工子弟学校的比例要高于全国平均水平2.9个百分点，而就读民办非打工子弟学校的比例要低于全国平均水平2.6个百分点，且差异的幅度要明显大于另外两类家庭，这说明有更多相对贫困的农民工家庭选择将子女送入公办学校，而非民办学校就读。相对贫困的农民工家庭与农业联系更为密切：相对贫困的农民工家庭参与农业生产经营比例为45.88％，相比平均水平32.10％高13.78个百分点，非贫困农民工家庭参与农业生产经营比例仅为23.00％；相对贫困的农民工家庭拥有农地承包权的比例为56.05％，高于其他家庭的41.80％；相对贫困的农民工家庭相比其他农民工家庭，农业生产经营中来自家庭成员的劳动投入更多，全国相对贫困的农民工家庭在农忙和非农忙季节务农的家庭成员平均人数分别为2.09人和1.54人，多于其他家庭的1.93人和1.35人。少部分农民工家庭转入土地扩大农业经营，相对贫困的农民工家庭转入农地的比例更高，具体为6.08％，而其他家庭则为3.46％。相对贫困家庭参与新型农村社会养老保险的比例高于其他家庭，达到了84.27％，高于全国67.43％的平均水平，而相对贫困线以上的农民工家庭更多地拥有城镇职工（30.03％）或城镇居民基本医疗保险（9.42％）。相对贫困家庭参与新型农村合作医疗保险的比例高于其他家庭，达到了79.73％，高于全国69.74％的平均水平，而相对贫困线以上的农民工家庭更多拥有城镇职工（14.3％）或城镇居民基本医疗保险（8.12％）。

8.1 农村居民人口迁移

本节以"居住在农村的农村家庭"为对象,对人口迁移情况进行统计分析。

8.1.1 人口迁移情况

图 8-1 给出了 2017 年我国农村居民离开户籍所在地去其他地方务工的比率,整体上来看,中部地区农村居民外出务工比率最高,达到了 16.5%,西部地区次之,为 15.3%,东部地区则低于全国平均值。

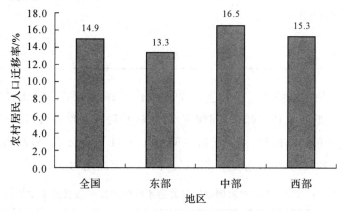

图 8-1 2017 年农村居民人口迁移率

表 8-1 给出了农村地区相对贫困家庭与其他家庭人口迁移率的比较。以贫困视角来看,农村地区相对贫困家庭的迁移率与其他家庭有着明显的差异。从全国看,相对贫困家庭中仅有 10.9% 离开户籍所在地去其他地方务工,而其他家庭的人口迁移率则明显高于相对贫困家庭,达到了 17.1%,不同区域间有着同样的差异。

表 8-1 2017 年相对贫困家庭与其他家庭的人口迁移率　　　　　　　　单位:%

指标	全国	按全国相对贫困标准划分		按区域相对贫困标准划分					
				高收入省(区、市)		中收入省(区、市)		低收入省(区、市)	
		相对贫困家庭	其他	相对贫困家庭	其他	相对贫困家庭	其他	相对贫困家庭	其他
迁移率	14.9	10.9	17.1	10.5	15.7	10.3	16.7	12.0	19.2

8.1.2 外出务工工作性质

从表 8-2 中可以看出,农村居民外出务工的工作层次有了明显的提高,务工结构也更加多元化。从全国来看,外出务工者从事临时性工作的比例下降了 8 个百分点,这也反映在受

雇于他人或单位以及经营个体或私营企业、自主创业、开网店比例的提高上。而分地区来看,中、西部地区受雇于他人或单位的比例都有上升,但东部地区有所下降,与此同时,东部地区从事临时性工作的比例有小幅增长,这可能跟东部地区大量的用人单位进行产业转型升级有一定的关系。

表 8-2　外出务工工作性质　　　　　　　　　　　　　　　　单位:%

工作性质	全国		东部		中部		西部	
	2015 年	2017 年	2015 年	2017 年	2015 年	2017 年	2015 年	2017 年
受雇于他人或单位	15.6	18.6	20.0	17.7	16.6	20.0	12.5	17.9
临时性工作	78.4	70.4	65.8	67.6	78.1	69.2	83.9	74.1
经营个体或私营企业、自主创业、开网店	4.1	5.3	9.2	6.8	3.8	5.6	2.4	3.5
其他	1.9	5.7	5.0	7.8	1.5	5.2	1.2	4.4

表 8-3 显示,其他家庭的成员外出务工的工作性质和务工结构明显要优于相对贫困家庭,这一点在高、中、低收入省(区、市)同样有所体现,并且在高收入省(区、市)这一差异更加显著,受雇于他人或单位的比例,两类家庭之间相差近 11 个百分点,与此相对应的是相对贫困家庭的务工性质多为临时工,占到了 76.1%,而其他家庭则为 65.2%。

表 8-3　2017 年相对贫困家庭与其他家庭的成员外出务工工作性质　　　单位:%

工作性质	全国	按全国相对贫困标准划分		按区域相对贫困标准划分					
				高收入省(区、市)		中收入省(区、市)		低收入省(区、市)	
		相对贫困家庭	其他	相对贫困家庭	其他	相对贫困家庭	其他	相对贫困家庭	其他
受雇于他人或单位	18.6	14.6	19.9	10.5	21.3	20.4	22.3	13.9	16.1
临时性工作	70.4	75.4	69.1	76.1	65.2	70.2	65.7	78.4	75.4
经营个体或私营企业、自主创业、开网店	5.3	5.1	5.3	9.6	6.2	3.5	5.6	2.8	4.6
其他	5.7	4.9	5.7	3.8	7.3	5.9	6.4	4.9	3.9

8.1.3　获得城镇户口意愿

如表 8-4 所示,从全国层面来看,农村居民获得城镇户口的意愿总体不高,但呈现小幅增长趋势,由 2015 年的 21.0% 增长为 2017 年的 23.6%。分地区来看,东部地区涨幅最大,增长了 3.7 个百分点。

表 8-4　获得城镇户口意愿　　　　　　　　　　　　　　　　　　单位：%

年份	全国	东部	中部	西部
2015	21.0	21.0	21.1	20.9
2017	23.6	24.7	24.0	22.2

　　如表 8-5 所示，分贫困情况来看，不论是全国还是各区域，2017 年相对贫困家庭获得城镇户口的意愿要稍高于其他家庭，可能的原因是前者认为获得城镇户口能够对自己的生活有所改善。值得一提的是，高收入省（区、市）的相对贫困家庭和其他家庭，获得城镇户口的意愿都低于全国平均水平，可能是高收入省（区、市）的农民增加收入的渠道较中低收入区域要更为丰富。

表 8-5　2017 年相对贫困家庭与其他家庭成员获得城镇户口意愿　　　　单位：%

指标	全国	按全国相对贫困标准划分		按区域相对贫困标准划分					
				高收入省（区、市）		中收入省（区、市）		低收入省（区、市）	
		相对贫困家庭	其他	相对贫困家庭	其他	相对贫困家庭	其他	相对贫困家庭	其他
获得非农户口意愿	23.6	25.0	23.0	23.3	21.8	27.4	23.3	24.4	23.2

8.2　农民工市民化

8.2.1　样本特点

　　本节所用的样本与本书其他章节不同，在此对样本特点做一个简要说明。本节利用 CRHPS 中的"居住在城镇的农村家庭"（农民工家庭）样本进行统计分析。与国内其他农民工相关数据库相比，该样本具有以下特点。

　　（1）从农民工居住的城镇抽样

　　对农民工的调查可以以农村住户为对象，通过访问农村住户中的户主或了解情况的家庭成员获得农民工的有关情况，比如本章 8.1 节中的调查和分析资料就属于这一类，也能较准确地反映农民工的总量、迁移率及相关情况。但这类调查存在两个问题：一是访问对象不是农民本人，对于外出农民工在外工作及生活的各种情况的反映，可能会存在一定程度的误差；二是举家外迁的农民工难以被包含在样本中，因此难以获得准确的信息。CRHPS 中的"农民工家庭"样本，在城镇按照分层抽样的办法获得，对农民工的定义是：居住在城镇且为农业户口的人，或者是居住在城市、拥有统一居民户口①且获得统一居民户口前是农业户口的人。

（2）只调查居住在城镇的居民住宅中的农民工

CRHPS的整体抽样方案总体而言采用的是分层、三阶段、与人口规模成比例（PPS）的抽样设计方法。在末端抽样时，采用地图地址进行实地抽样。在绘制住宅分布图以及制作住户清单列表的基础上，借助"住宅分布地理信息"作为抽样框来进行末端抽样。而在入户调查时，首先用下面的题目对访问对象进行过滤："该住宅属于居民住宅（包括商住两用住宅）吗？"若对方回答"是"，则继续问卷调查，若回答"否"，则令其退出问卷，更换受访家庭。

（3）只调查在该城镇居住6个月以上的"常住居民"

在实际调查中，我们还利用下面的题项进行了过滤："去年，您家是否有人在本市/县居住6个月以上？"若对方回答"是"，则继续问卷调查，若回答"否"，则令其退出问卷，更换受访家庭。这样，保证了样本中的农民工是该城镇的常住居民，而不包括流动人口。

（4）只调查主要活动（消费）在该城镇的农民工家庭

在实际调查中，我们继续用下面的题项对访问对象进行过滤，"您家的主要经济活动（消费）是在这里吗？"若对方回答"是"，则继续问卷调查，若回答"否"，则令其退出问卷，更换受访家庭。

通过上述抽样和过滤，可以认为，CRHPS的"农民工家庭样本"是一个相对稳定的在城镇工作、生活的农民工群体，甚至可以说他们在一定程度上已经是"城市居民"，只是户口还不是城镇户口。

另外，需要说明的是，本节中的东、中、西部地区是按照农民工居住城镇的所在地来划分的，而不是按照农民工来源地划分的。

与前面各章的研究一样，我们的研究也特别关注了农民工的相对贫困问题。样本中的农民工居住在城镇，且基本的经济活动和行为也发生在城镇，与城镇居民相比呈现出"被边缘化"态势，不仅收入水平较低，而且在社会地位等方面也相对较低，这种情况已经影响了社会的和谐稳定。

本章对农民工相对贫困线的划分方法和标准如下：将区域城镇居民收入中位数的50%作为农民工的相对贫困线，以此来探究处于相对贫困线以下的农民工在人力资本、家庭结构、社会保障、农业生产等方面的具体表现。与1.4.2节类似，一是按照全国视角，将全国城镇居民人均收入中位数的50%作为我们的相对贫困线。二是考虑到不同省份的收入差距，按照2016年人均GDP排名，把29个样本省（区、市）划分为三组（具体见表1-3），分别命名为"高收入省（区、市）""中收入省（区、市）""低收入省（区、市）"，将每组内城镇居民人均收入中位数的50%作为该组的相对贫困线，并考察组内贫困异质性和组间差异。

---

① 统一居民户口指的是有些地方实行户口制度改革后，不再区分农业与非农业户口，而是统一为"居民户口"。

基于上述分类方法,本章的农民工样本情况如表 8-6 所示。全国农民工相对贫困发生率为 37.86％,高收入省(区、市)、中收入省(区、市)、低收入省(区、市)的相对贫困发生率分别为 35.57％、42.89％、39.43％,可以看到,中收入省(区、市)农民工相对贫困问题最为严峻。

表 8-6　2017 年农民工样本总体情况

组别	样本总人数/人	样本总户数/户	人均年收入中位数/元	相对贫困发生率/%
全国	34372	10171	21135	37.86
高收入省(区、市)	16038	4990	27254	35.57
中收入省(区、市)	11224	3178	18617	42.89
低收入省(区、市)	7110	2003	17572	39.43

8.2.2　农民工的主要构成

(1)来源结构

这里主要区分本地农民工和外地农民工。本地农民工是指在户籍所在乡镇地域以内从业的农民工,外地农民工是指在户籍所在乡镇地域以外从业的农民工。农民工实际构成情况如表 8-7 所示。

表 8-7　农民工来源结构

农民工类型	指标	全国		东部		中部		西部	
		2015 年	2017 年	2015 年	2017 年	2015 年	2017 年	2015 年	2017 年
本地农民工	数量/个	18367	21727	10818	12002	3507	4495	4153	5365
	百分比/%	56.1	63.2	61	65.7	50.8	61.5	51.3	61
外地农民工	数量/个	14356	12645	6901	6259	3395	2815	3949	3436
	百分比/%	43.9	36.8	39	34.3	49.2	38.5	48.7	39
合计	数量/个	32723	34372	17719	18261	6902	7310	8102	8801
	百分比/%	100	100	100	100	100	100	100	100

从表 8-7 可知,从整体来看,农民工样本中本地农民工占比较高,这与 CRHPS 的样本特点有关,即本地农民工大多符合 9.2.1 中所述的(2)、(3)、(4)三个条件,而外地农民工有较高比例不符合上述条件而被排除在 CRHPS 的样本以外。分析年份变化可知,农民工就地就近迁移的趋势已经有所显现。2015 年本地农民占比达到了 56.1％,而 2017 年上升为 63.2％,与之相对应的,外地农民工占比则呈现下降的趋势。

(2)性别结构

如表 8-8 所示,农民工的男女性别比基本相当,全国平均的男女比例为 0.976∶1。性别比例地区分布差异不大,只有东部地区男女比例较低,为 0.965∶1,其他地区都在 0.98∶1

左右。值得注意的是,本报告调查结果与国家统计局公布的《2017 年农民工监测调查报告》有所不同,后者显示,在全部农民工中,男性占 65.6％,女性占 34.4％,男性农民工总体上多于女性农民工,这种区别可能是入户调查与定点监测两种调研方式的不同带来的。

表 8-8　2017 年农民工的性别结构　　　　　　　　单位:％

项目	全国	东部	中部	西部
男性占比	49.4	49.1	49.7	49.6
女性占比	50.6	50.9	50.3	50.4
男女性别比	97.6	96.5	98.8	98.4

（3）受教育年限与学历结构

表 8-9 显示,2017 年农民工的平均受教育年限均较低,全国男性的平均受教育年限为 9.4 年,东部地区略高于中、西部地区,各地区男性平均受教育年限均高于女性。比较 2013 年到 2017 年的数据可以发现,无论是男性农民工还是女性农民工,其受教育年限都有逐年增长的趋势。

表 8-9　农民工的性别与平均受教育年限　　　　　　　　单位:年

地区	性别	2011 年	2013 年	2015 年	2017 年
全国	男	9.0	8.6	9.3	9.4
	女	7.7	7.2	8.1	8.2
东部	男	9.1	8.8	9.4	9.7
	女	7.6	7.3	8.2	8.4
中部	男	9.1	8.5	9.3	9.3
	女	8.4	7.2	8.2	8.3
西部	男	7.9	8.2	8.9	9.0
	女	7.1	7.0	7.8	7.8

表 8-10 显示了 2017 年农民工的学历结构。从中可知,在调查样本中有文盲 2943 人,所占比例为 10.1％;小学学历者 6844 人,所占比例为 23.5％;初中学历者 10173 人,所占比例为 34.9％;高中学历者 4061 人,所占比例为 13.9％;中专或职高学历者 1413 人,所占比例为 4.9％;大专或高职学历者 1825 人,所占比例为 6.3％;本科学历者 1767 人,所占比例为 6.1％;硕士及以上学历者 96 人,所占比例为 0.3％。

表 8-10　2017 年农民工的学历结构　　　　　　单位:%

学历	全国	东部	中部	西部
文盲	10.1	9.0	8.9	12.9
小学	23.5	22.4	23.7	25.2
初中	34.9	35.0	37.0	33.1
高中	13.9	13.9	15.1	13.1
中专或职高	4.9	5.2	4.8	4.4
大专或高职	6.3	7.0	5.2	6.0
本科	6.1	7.3	4.9	5.1
硕士	0.3	0.3	0.4	0.3
博士	0.0	0.0	0.0	0.0

下面我们进一步分析"80 后""90 后"(新生代农民工)与老一代[①]农民工的学历变化情况。

从表 8-11 可知,从老一代到"80 后"再到"90 后"的农民工,学历有非常明显的提高趋势。小学及以下学历者比例明显下降,从老一代的 48.1% 下降到"80 后"的 11.7% 再下降到"90 后"的 9.6%;高中及以上学历者比例则明显提高,从老一代的 15.5%,到"80 后"的 46.5%,再到"90 后"的 66.9%,且拥有高中、中专或职高、本科、硕士等学历者比例都呈上升趋势。

表 8-11　新生代与老一代农民工的学历结构比较　　　　单位:%

学历	全国			东部			中部			西部		
	老一代	"80 后"	"90 后"	老一代	"80 后"	"90 后"	老一代	"80 后"	"90 后"	老一代	"80 后"	"90 后"
文盲	14.5	2.0	4.3	13.4	0.7	3.7	12.2	1.1	5.1	18.4	4.9	4.6
小学	33.6	9.7	5.3	32.7	7.0	5.0	33.2	11.5	3.5	35.7	12.9	7.0
初中	36.4	41.9	23.6	37.1	41.5	20.5	38.6	43.6	27.0	33.2	41.2	25.3
高中	10.7	15.4	22.6	10.7	14.5	23.5	12.5	17.1	21.9	9.1	15.8	21.9
中专或职高	1.9	9.3	9.9	2.2	10.0	9.8	1.6	10.8	10.0	1.5	7.2	9.9
大专或高职	1.7	11.5	15.4	2.1	13.3	16.2	1.4	8.2	14.7	1.4	10.7	14.7
本科	1.1	9.4	18.3	1.6	12.1	20.7	0.6	6.8	16.7	0.7	6.5	16.1
硕士	0.1	0.8	0.7	0.1	0.8	0.6	0.0	0.9	1.1	0.0	0.8	0.6
博士	0.0	0.1	0.0	0.0	0.1	0.0	0.0	0.0	0.0	0.0	0.0	0.0

从表 8-12 的学历比较来看,无论是按全国相对贫困标准划分,还是按照区域相对贫困

①　指在 1980 年前出生的农民工。

标准划分,相对贫困家庭的农民工低学历的情况比较普遍,而其他家庭的农民工学历相对较高,比如相对贫困家庭中的农民工拥有小学及以下学历的占40%左右,而其他家庭农民工拥有高职及以上学历的占16%左右。此外,国家统计局公布的《2017年农民工监测调查报告》显示,拥有小学及以下学历的农民工只占14%,而本报告显示有33.3%的农民工只受过小学及以下教育。

表 8-12　2017 年相对贫困家庭与其他家庭农民工的学历结构比较　　　　单位:%

| 学历 | 全国 | 按全国相对贫困标准划分 | | 按区域相对贫困标准划分 | | | | | |
| | | | | 高收入省(区、市) | | 中收入省(区、市) | | 低收入省(区、市) | |
		相对贫困家庭	其他	相对贫困家庭	其他	相对贫困家庭	其他	相对贫困家庭	其他
小学及以下	33.3	43.0	27.6	42.1	27.3	45.6	27.7	41.5	27.8
初中	35.0	35.2	34.8	33.0	32.7	35.2	37.8	36.2	36.2
高中/中专/职高	18.9	14.4	21.5	16.5	21.6	13.4	20.3	14.4	21.9
高职/大专/本科及以上	14.8	7.3	16.0	8.5	18.4	5.9	14.2	7.9	14.1

(4)户口情况

如表 8-13 所示,从被调查的农民工来看,2017 年绝大部分农民工依然是农业户口,比例高达 92.0%,统一居民户口的只占 8.0%。分东、中、西部地区来看,东部地区统一居民户口比例最高,达到 9.3%,这与东部地区城镇化率最高也十分符合。西部地区次之,为 8.5%,而中部地区的农民工拥有统一居民户口者的比例最低,仅为 5.0%。从 2015 年和 2017 年的数据对比来看,无论是就全国而言,还是基于地区比较,可以发现的非常明显的特点是,农民工拥有农业户口比例的相对下降以及获得统一居民户口比例的相对上升。

表 8-13　农民工户口情况　　　　单位:%

| 户口类型 | 全国 | | 东部 | | 中部 | | 西部 | |
	2015 年	2017 年	2015 年	2017 年	2015 年	2017 年	2015 年	2017 年
农业	97.7	92.0	96.9	90.7	98.9	95.0	98.0	91.5
统一居民户口	2.3	8.0	3.1	9.3	1.1	5.0	2.0	8.5
合计	100.0	100.0	100.0	100.0	100.0	100.0	100.0	100.0

进一步对比 2015 年和 2017 年的农村样本可以发现(见表 8-14),东、中、西部地区农民拥有统一居民户口的样本比例均有提高,而除西部地区外,其他地区的农业户口比例也均有下降。

表 8-14　2015 年和 2017 年的农村样本户口情况　　　　单位:%

表 8-14　2015 年和 2017 年的农村样本户口情况　　　　单位:%

户口类型	全国		东部		中部		西部	
	2015 年	2017 年	2015 年	2017 年	2015 年	2017 年	2015 年	2017 年
农业	94.7	94.0	94.1	92.5	96.8	94.1	93.0	95.2
非农业	4.3	4.2	4.6	4.9	2.7	4.5	5.8	3.2
统一居民户口	1.0	1.8	1.3	2.6	0.5	1.4	1.2	1.6
合计	100.0	100.0	100.0	100.0	100.0	100.0	100.0	100.0

从表 8-15 的地区划分来看,对比 2017 年本地农民工和外地农民工数据,可以发现本地农民工获得统一居民户口的比例均高于外地农民工,外地农民工拥有农业户口的比例均高于本地农民工,这表明本地农民工相比外地农民工在获得统一户口上可能具有相对优势。

表 8-15　2017 年农民工分地区户口情况　　　　单位:%

户口类型	全国		东部		中部		西部	
	本地	外地	本地	外地	本地	外地	本地	外地
农业	89.7	95.6	88.3	93.5	93.3	98.9	89.1	94.8
统一居民户口	10.3	4.4	11.7	6.5	6.7	1.1	10.9	5.2
合计	100.0	100.0	100.0	100.0	100.0	100.0	100.0	100.0

从表 8-16 可以看出,相对贫困家庭农民工拥有农业户口的比例均高于全国农民工拥有农业户口的平均水平,拥有统一居民户口的相对贫困家庭农民工与其他家庭农民工的比例相差 2~5 个百分点。

表 8-16　2017 年相对贫困家庭与其他农民工家庭的户口类型比较　　　　单位:%

户口类型	全国	按全国相对贫困标准划分		按区域相对贫困标准划分					
				高收入省(区、市)		中收入省(区、市)		低收入省(区、市)	
		相对贫困家庭	其他	相对贫困家庭	其他	相对贫困家庭	其他	相对贫困家庭	其他
农业	91.8	94.8	89.9	92.5	87.9	96.7	94.3	93.1	89.6
统一居民户口	8.2	5.2	10.1	7.5	12.1	3.3	5.7	6.9	10.4
合计	100.0	100.0	100.0	100.0	100.0	100.0	100.0	100.0	100.0

(5)家庭迁移率

表 8-17 显示了农民工的家庭迁移情况。这里的"家庭迁移率"是指迁移后居住在一起的家庭人员占家庭总人口的百分比。居住在一起指的是在家住了至少 6 个月,并且现在仍住在一起,上班、上学在外,但周末回家的也计算在内,不满 6 个月的婴儿以及结婚还不到 6 个月的都计算在内。

从表 8-17 可知,家庭成员单个外出打工的总体比较少见,个体迁移的比例平均只有 6.81%,本地农民工更是只有 4.72%。

表 8-17　2017 年与受访者居住在一起的农民工家庭成员数量　　　　　　　单位：%

与受访者居住在一起的家庭成员数/人	全国			东部			中部			西部		
	平均	本地	外地	平均	本地	外地	平均	本地	外地	平均	本地	外地
0	6.81	4.72	3.90	7.05	4.65	3.84	6.27	5.00	3.92	6.81	4.62	3.94
1	19.61	19.11	19.23	20.78	20.85	24.57	18.58	17.92	19.28	18.44	17.12	14.04
2	25.33	23.34	25.37	25.47	22.80	28.84	29.76	27.95	22.72	21.91	20.96	24.47
3	23.63	22.07	25.35	25.06	23.37	23.95	23.32	23.69	23.79	21.53	18.81	28.11
4	12.83	14.11	15.23	11.19	11.88	9.70	12.67	12.00	21.17	15.62	19.22	15.13
5	8.05	10.87	9.42	6.94	11.09	7.17	6.51	7.93	9.12	10.96	12.60	11.84
6	2.68	4.01	1.00	1.93	2.87	0.42	1.97	3.60	0.00	4.42	6.15	2.46
7	0.53	0.77	0.51	0.66	0.69	1.51	0.93	1.91	0.00	0.03	0.06	0.00
8	0.16	0.29	0.00	0.15	0.32	0.00	0.00	0.00	0.00	0.27	0.46	0.00
9	0.34	0.67	0.00	0.69	1.37	0.00	0.00	0.00	0.00	0.00	0.00	0.00
11	0.03	0.06	0.00	0.07	0.12	0.00	0.00	0.00	0.00	0.00	0.00	0.00

　　下面我们再来看一下，不住在一起的农民工家庭人员数量情况。从表 8-18 可以发现，全家都随农民工外出务工的比例较高，举家迁移的比例达到了 80.96%。

表 8-18　2017 年不与受访者住在一起的农民工家庭成员数量　　　　　　　单位：%

不与受访者住在一起的家庭成员/人	全国			东部			中部			西部		
	平均	本地	外地	平均	本地	外地	平均	本地	外地	平均	本地	外地
0	80.96	81.38	80.83	86.78	87.05	87.25	75.68	74.79	77.07	75.31	76.88	78.11
1	9.61	8.46	14.17	7.24	6.36	8.07	15.05	14.56	19.56	9.54	7.52	14.34
2	5.03	5.39	3.82	2.89	3.10	1.83	4.63	6.08	2.10	8.78	8.59	7.30
3	2.47	2.53	1.10	2.55	2.83	2.04	2.55	2.70	1.27	2.28	1.93	0.03
4	1.55	1.78	0.08	0.05	0.06	0.00	1.39	1.04	0.00	4.09	5.08	0.22
5	0.27	0.36	0.00	0.31	0.42	0.00	0.56	0.73	0.00	0.00	0.00	0.00
6	0.08	0.09	0.00	0.12	0.14	0.00	0.13	0.10	0.00	0.00	0.00	0.00
7	0.03	0.02	0.00	0.05	0.04	0.00	0.00	0.00	0.00	0.00	0.00	0.00
12	0.00	0.00	0.00	0.00	0.00	0.00	0.00	0.00	0.00	0.00	0.00	0.00

　　（6）获得城镇户口意愿

　　表 8-19 显示的是 2015 年和 2017 年农民工获得城镇户口意愿的变化情况，从中可以发现，农民工愿意获得城镇户口的比例均大大提升，除西部地区之外，其他地区均高于 20%。

表 8-19　农民工获得城镇户口意愿的结构比较　　　　　　　单位:%

是否愿意	全国		东部		中部		西部	
获得城镇户口	2015 年	2017 年	2015 年	2017 年	2015 年	2017 年	2015 年	2017 年
是	17.0	22.1	16.5	23.3	16.9	22.5	18.3	19.6
否	83.0	77.9	83.5	76.7	83.1	77.5	81.7	80.4

表 8-20 进一步分析了本地农民工和外地农民工获得城镇户口意愿的情况,我们可以发现,2017 年本地农民工中愿意获得城镇户口的比例高出外地农民工 2.1~4.5 个百分点。同时,对比 2015 年数据,2017 年外地农民工愿意获得城镇户口的比例也均高于 2015 年的农民工样本 1 个百分点左右,这表明在这两年之间,无论是本地农民工还是外地农民工,其"农转非"意愿都有一定的提高。

表 8-20　2017 年分地区农民工获得城镇户口意愿的结构比较　　　　　单位:%

是否愿意	全国		东部		中部		西部	
获得城镇户口	本地	外地	本地	外地	本地	外地	本地	外地
是	21.5	18.5	20.5	18.4	22.6	19.6	22.0	17.5
否	78.5	81.5	79.5	81.6	77.4	80.4	78.0	82.5

无论是以全国相对贫困标准划分还是以区域相对贫困标准划分,相对贫困家庭农民工拥有农业户口的比例均高于全国平均水平(见表 8-16),结合表 8-21 可以得知,相对贫困家庭中愿意持有城镇户口的农民工比例在 22% 左右,不愿意获得城镇户口的农民工的比例大约是愿意持有城镇户口的 4 倍。

表 8-21　2017 年相对贫困家庭与其他农民工家庭的获得城镇户口意愿的结构比较　　单位:%

是否愿意 获得城镇户口	全国	按全国相对贫困 标准划分		按区域相对贫困标准划分					
				高收入省(区、市)		中收入省(区、市)		低收入省(区、市)	
		相对贫困 家庭	其他	相对贫困 家庭	其他	相对贫困 家庭	其他	相对贫困 家庭	其他
是	22.1	23.5	21.3	26.0	24.0	23.3	19.8	22.6	16.6
否	77.9	76.5	78.7	74.0	76.0	76.7	80.2	77.4	83.4

通过上述统计分析,我们可以得到如下结论:第一,农民工受教育程度总体较低,小学及以下学历的农民工群体占比在 33% 左右,不过受教育年限有着逐年提升的趋势。第二,大部分农民工仍拥有农业户口,非农户口的比例逐年上升,农民市民化进程缓慢。第三,家庭成员单个外出打工的总体比较少见,个体迁移的比例平均只有 6.81%;全家都外出务工的比例较高,举家迁移的农民工比例达到了 80.96%。第四,相对贫困家庭相较于其他家庭,拥有农业户口的比例更高,获取城镇户口的意愿也相对更低。

8.2.3 农民工家庭收入与支出

从表 8-22 中可以看到,农民工家庭收入呈现增长趋势。值得一提的是,在农民工家庭中,农业纯收入占总收入的比例较低,2014 年为 4.3％,2016 年下降为 2.5％,农民工"离农"趋势进一步显现。与之对应的是非农收入的增长,尤其是工资性收入占比较 2014 年有 7.3 个百分点的提高。

表 8-22　农民工家庭的收入结构

收入类型	2014 年		2016 年	
	户均收入/元	占比/%	户均收入/元	占比/%
总收入	54312	100	56892	100
农业纯收入	2360	4.3	1405	2.5
农业收入	3230	5.9	2638	4.6
非农业收入	51952	95.7	55487	97.5
工资性收入	33760	62.2	39529	69.5
工商业收入	10941	20.1	9079	16.0
财产性收入	1294	2.4	265	0.5
转移性收入	5957	11.0	6593	11.6

表 8-23 给出了农民工家庭的支出及消费性支出结构。总体来看,农民工家庭的消费有所增长。但在消费性支出中,食品支出占比由 2014 年的 39.8％下降到 2016 年的 35.6％,医疗保健、交通通信、教育娱乐支出占比都有了一定幅度的提高,说明农民工在更加关注自身健康的同时,也能逐渐适应并融入城市的文化娱乐活动。

表 8-23　农民工家庭的支出结构

支出类型	2014 年	2016 年
总支出/元	51183	52740
消费性支出/元	47239	47925
食品支出/%	39.8	35.6
衣着支出/%	5.4	4.9
生活居住支出/%	17.7	15.4
日用品与耐用品支出/%	6.5	4.9
医疗保健支出/%	13.5	14.4
交通通信支出/%	7.0	11.8
教育娱乐支出/%	9.8	11.5
其他支出/%	0.3	1.5
转移性支出/元	3196	3229
农业生产支出/元	748	1329

图 8-2 显示了农民工月均文化娱乐支出情况。这里的文化娱乐支出,是指除了打牌、打麻将等支出外的文化娱乐支出,包括有线电视费,上网费,花在书报、杂志、光盘、影剧票、歌舞厅、网吧等上面的费用。总体来看,新生代农民工相较于老一代,有着更丰富的精神文化生活,正逐渐了解并适应一些城市的文化观念和娱乐习惯。

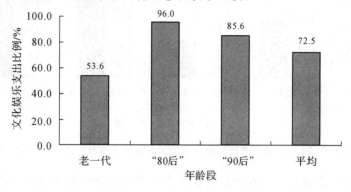

图 8-2　农民工月均文化娱乐支出代际差异

8.2.4　农民工与农业的联系

(1)农民工与农业的联系程度

从表 8-24 中可以看到,全国有 32.10％的农民工家庭在 2017 年从事过农业生产经营,其中东部有 25.65％,中部有 39.85％,西部有 35.89％。分地区看,东部地区农民工家庭参与农业生产经营的比例低于中、西部地区。进一步区分本地农民工家庭和外地农民工家庭,可以发现本地农民工家庭从事农业生产经营的比例均大于外地农民工家庭,全国范围内的本地农民工家庭从事过农业生产经营的比例为 40.25％,而外地农民工家庭的这一比例仅为 17.43％,说明本地农民工家庭相比外地农民工家庭与农业的联系更密切。

表 8-24　2017 年参与农业生产经营的农民工家庭比例　　　　　　　　单位:％

农民工来源结构	全国	东部	中部	西部
全部农民工家庭	32.10	25.65	39.85	35.89
本地农民工家庭	40.25	33.38	48.37	44.72
外地农民工家庭	17.43	10.98	24.03	21.63

图 8-3 反映了按相对贫困标准划分的农民工家庭参与农业生产经营比例的差异。从全国来看,相对贫困家庭的农民工 2017 年从事过农业生产经营的比例为 45.88％,这一比例远高于其他家庭的 23.00％。并且高、中和低收入省(区、市)的相对贫困家庭参与农业生产经营的比例也均高于其他家庭。同时,中、低收入省(区、市)相比于高收入省(区、市)的农民工家庭,参与农业生产经营的比例更高。总体来看,相对贫困家庭从事农业生产经营的比例更高。

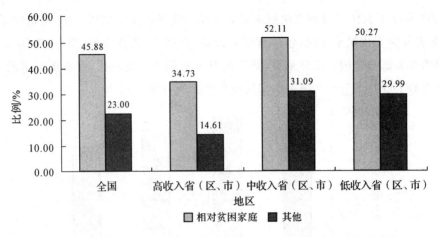

图 8-3　2017 年相对贫困家庭与其他家庭农民工参与农业生产经营比例

表 8-25 反映的是农民工所在家庭的农业生产经营活动的劳动投入。可以看出,全国农忙平均持续 43.67 天,农业用工具有季节性,农忙季节务农的家庭成员人数多于非农忙季节,农忙季节相比非农忙季节平均多家庭务农人员 0.56 人。农忙期间亲戚和邻居的帮助可以缓解家庭务农人员的紧张,农忙期间平均有帮助农活的亲戚、邻居 0.86 人,因农业经营雇工的比例为 12.15%。可以看出,在农忙季节,无论是家庭务农人数还是帮助干农活的亲戚、邻居的人数,东部地区均少于中、西部地区。但是因农业经营雇工的比例,东部地区却大于中、西部地区。

表 8-25　2017 年按地区划分的农民工家庭的农业生产经营活动的劳动投入

劳动投入情况	全国	东部	中部	西部
农忙持续时间/天	43.67	44.10	39.83	46.77
农忙季节务农的家庭成员数/人	2.02	1.94	2.04	2.08
农忙期间帮助干农活的亲戚、邻居数/人	0.86	0.67	1.02	0.92
非农忙季节务农的家庭成员数/人	1.46	1.40	1.31	1.66
因农业经营雇工比例/%	12.15	15.78	11.13	8.99

表 8-26 进一步以相对贫困标准进行分类,对不同农民工家庭的农业生产经营活动的劳动投入进行比较。从务农的家庭人数来看,无论是农忙季节还是非农忙季节,相对贫困的农民工家庭的务农家庭成员数均多于其他家庭。全国相对贫困的农民工家庭农忙季节平均的务农家庭成员数为 2.09 人,非农忙季节为 1.54 人,而其他农民工家庭则分别为 1.93 人和 1.35 人。但是相对贫困的农民工家庭农忙期间帮助干农活的亲戚、邻居人数较少,因农业经营雇工比例较低。可以看出,相对贫困的农民工家庭相比其他农民工家庭,农业生产经营中来自家庭成员的劳动投入更多,来自非家庭成员的劳动投入更少。

表 8-26 2017 年相对贫困家庭与其他农民工家庭的农业生产经营活动劳动投入

劳动投入情况	按全国相对贫困标准划分		按区域相对贫困标准划分					
			高收入省（区、市）		中收入省（区、市）		低收入省（区、市）	
	相对贫困家庭	其他	相对贫困家庭	其他	相对贫困家庭	其他	相对贫困家庭	其他
农忙持续时间/天	45.66	41.06	45.92	43.56	44.89	35.25	45.76	47.87
农忙季节务农的家庭成员数/人	2.09	1.93	1.95	1.77	2.14	2.04	2.10	1.99
农忙期间帮助干农活的亲戚、邻居数/人	0.77	0.97	0.61	0.62	0.70	1.28	0.88	1.03
非农忙季节务农的家庭成员数/人	1.54	1.35	1.48	1.40	1.51	1.31	1.67	1.33
因农业经营雇工比例/%	11.12	13.49	14.05	14.28	12.67	12.94	6.32	12.67

（2）农地拥有情况[①]

由图 8-4 可知，农民工家庭拥有农地的比例为 47.48%，其中东部地区该比例为 39.72%，西部地区为 51.19%，中部地区最高，为 57.87%。从图中我们还可以看到，农民工家庭拥有农地的比例远低于农村家庭，说明有较多的农民工家庭属于失地农民。

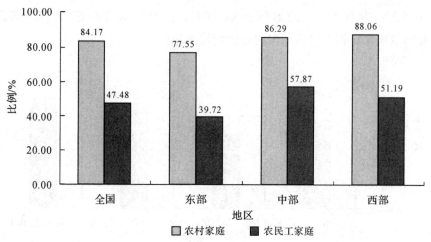

图 8-4 2017 年农民工家庭与农村家庭拥有农地承包权的比例比较

如图 8-5 所示，区分本地农民工家庭和外地农民工家庭之后，发现在各地区本地农民工

---

① 这里的农用土地是指用于农业生产的土地，包括耕地、园地、林地、牧草地等。"拥有"是指拥有农用土地的承包权。拥有的承包地包括：分配给自家承包的土地，有偿或无偿让亲朋好友、大户、合作社、公司或村委会耕种的土地，自家开荒的地；以下土地不属于"拥有"：已经被征收、用作绿化、被村委会收回、转入的土地。

家庭拥有农地承包权的比例均高于外地农民工家庭，全国范围内本地农民工家庭拥有农地承包权的比例为49.25%，外地农民工家庭则为44.28%，这说明外地农民工家庭的失地现象更突出。

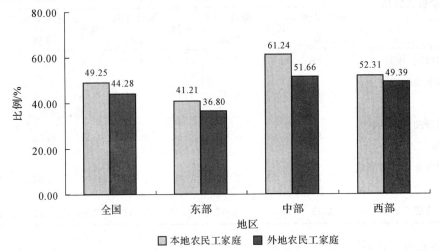

图 8-5　2017年本地与外地农民工家庭拥有农地承包权的比例

　　进一步按相对贫困标准进行划分（见图8-6），发现在各省（区、市）相对贫困家庭拥有农地承包权的比例均高于其他农民工家庭。从全国平均来看，相对贫困家庭拥有农地承包权的比例为56.05%，其他农民工家庭则为41.80%。并且从低收入省（区、市）到高收入省（区、市），相对贫困家庭拥有农地承包权的比例依次递减。

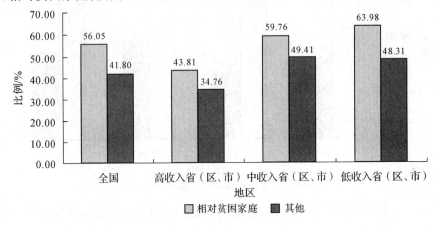

图 8-6　2017年相对贫困家庭与其他农民工家庭拥有农地承包权的比例

　　表8-27反映了农民工家庭与农村家庭对于土地调整的期望。可以看出，无论是农村家庭还是农民工家庭，希望土地不要调整的占比均超过三成，其中农村家庭为37.36%，农民工家庭为39.83%。对比全国范围内的农村家庭和农民工家庭，可以发现，在各地区农民工家庭期望土地调整的时间间隔在30年以下的比例均低于农村家庭，而在间隔长于30年和不

要调整的比例上,农民工家庭高于农村家庭。这说明农民工家庭相比农村家庭,更加希望土地相对稳定。

表 8-27　2017 年农民工家庭与农村家庭期望土地调整的时间间隔　　　　单位:%

调整土地 时间间隔	全国		东部		中部		西部	
	农村家庭	农民工家庭	农村家庭	农民工家庭	农村家庭	农民工家庭	农村家庭	农民工家庭
1~5 年	20.21	18.14	21.71	20.92	22.82	19.39	16.25	13.61
6~10 年	13.47	11.72	14.46	12.52	15.41	12.82	10.64	9.71
11~20 年	5.98	5.28	6.20	6.41	6.27	5.94	5.50	3.30
21~30 年	3.88	3.25	3.68	3.35	3.51	3.21	4.43	3.16
长于 30 年	3.48	4.39	3.48	4.46	3.04	4.02	3.95	4.64
不要调整	37.36	39.83	33.94	35.99	34.16	35.81	43.50	48.25
不定期	8.26	10.84	8.55	9.27	7.40	10.90	9.40	12.68
其他	7.36	6.55	7.98	7.08	7.39	7.91	6.33	4.65

表 8-28 反映的是农民工家庭与农村家庭农地耕种与撂荒的比例。农民工家庭所承包土地全部有人耕种的比例为 80.91%[①],略低于农村家庭的 89.28%。分地区来看,农民工家庭所承包土地全部有人耕种的比例均低于农村家庭,特别是西部地区只有 72.22%,比农村家庭的 87.06% 低了 14.84 个百分点。并且农民工家庭的农地部分撂荒比例和农地全部撂荒比例也均高于农村家庭,说明农民工家庭经营农业生产的积极性已明显下降。

表 8-28　2017 年农民工家庭与农村家庭农地耕种与撂荒比例　　　　单位:%

地区	农地全部耕种比例		农地部分撂荒比例		农地全部撂荒比例	
	农村家庭	农民工家庭	农村家庭	农民工家庭	农村家庭	农民工家庭
全国	89.28	80.91	7.97	10.73	2.75	8.36
东部	90.38	83.45	5.42	6.85	4.20	9.70
中部	90.54	87.04	7.14	7.46	2.32	5.50
西部	87.06	72.22	10.88	18.27	2.06	9.51

为了考察本地农民工家庭和外地农民工家庭的农地撂荒情况的差异,图 8-7 刻画了两类农民工家庭所承包耕地存在撂荒情况(全部撂荒或部分撂荒)的比例。可以看出,外地农民工家庭的农地撂荒比例均高于本地农民工家庭。特别对于西部地区,不仅农民工家庭的农地撂荒情况更严重,而且外地农民工家庭和本地农民工家庭的差异也更为明显。

表 8-29 反映的是按相对贫困标准划分的农民工家庭的农地耕种与撂荒比例。从全国来看,相对贫困家庭的农地全部耕种比例为 82.03%,略高于其他农民工家庭的 79.91%。相对贫困家庭的农地全部撂荒比例为 6.73%,略低于其他农民工家庭的 9.81%。

---

① 承包土地有人耕种包括自家种或转给父母子女、亲朋好友、邻居等耕种。

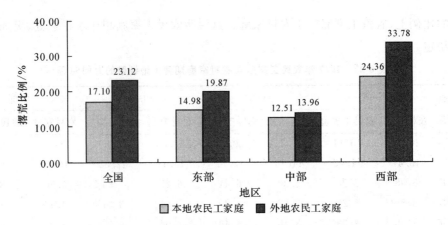

图 8-7　2017 年本地农民工家庭与外地农民工家庭撂荒情况比较

表 8-29　2017 年相对贫困家庭与其他农民工家庭的农地耕种与撂荒比例　　　　单位：%

耕种与撂荒比例	按全国相对贫困标准划分		按区域相对贫困标准划分					
			高收入省（区、市）		中收入省（区、市）		低收入省（区、市）	
	相对贫困家庭	其他	相对贫困家庭	其他	相对贫困家庭	其他	相对贫困家庭	其他
农地全部耕种比例	82.03	79.91	78.10	78.57	86.29	81.25	78.83	81.09
农地部分撂荒比例	11.23	10.28	11.86	8.67	8.81	9.59	14.89	12.40
农地全部撂荒比例	6.73	9.81	10.04	12.77	4.90	9.10	6.28	6.51

（3）农地转出情况

农地转出是指把拥有承包权的农地转给别人经营，包括转包、土地入股、互换、合作、托管和免费给别人种。转出比例定义为转出农地农民工家庭占农民工家庭的比重或转出农地农村家庭占农村家庭的比重。转出面积则针对有土地转出的家庭来计算。以下我们以 2011 年、2013 年、2015 年和 2017 年的调查数据，分析农民工家庭农地转出的变化趋势，并与居住在农村的家庭做一比较（见表 8-30、见表 8-31、表 8-32、表 8-33）。

由表 8-30、表 8-31、表 8-32、表 8-33 可知，2011 年以来，农民工家庭转出土地比例的增速较慢，从 2011 年到 2017 年，平均每年增长 17.76%；而农村家庭转出土地比例的增速则相对较快，平均每年增长 18.36%。2011 年调查时，农民工家庭中有转出土地的比例为 12.9%，比农村家庭的 6.0% 多 6.9 个百分点；2013 年农民工家庭中有转出土地的比例为 16.4%，比农村家庭的 10.0% 高 6.4 个百分点；2015 年，农民工家庭中已有 30.9% 的家庭有农地转出，比农村家庭的 11.3% 高出了 19.6 个百分点；而到 2017 年，农民工家庭中已有 34.4% 的家庭有农地转出，比农村家庭的 16.5% 高出了 17.9 个百分点。有土地转出的农民工家庭平均每户转出面积 5.3 亩，比农村家庭的 4.3 亩多 23.3%。

表 8-30 2011 年农民工家庭与农村家庭的农地转出情况比较

地区	家庭类型	转出比例/%	转出面积/亩	
			均值	中位数
全国	农村家庭	6.0	5.1	1.8
	农民工家庭	12.9	4.8	3.0
东部	农村家庭	8.6	1.8	1.4
	农民工家庭	13.7	5.5	4.0
中部	农村家庭	5.1	10.3	4.0
	农民工家庭	12.4	4.0	3.0
西部	农村家庭	3.9	1.7	1.2
	农民工家庭	9.4	2.3	1.0

表 8-31 2013 年农民工家庭与农村家庭的农地转出情况比较

地区	家庭类型	转出比例/%	转出面积/亩	
			均值	中位数
全国	农村家庭	10.0	5.3	3.0
	农民工家庭	16.4	5.7	3.0
东部	农村家庭	10.4	2.5	2.0
	农民工家庭	16.5	3.4	2.3
中部	农村家庭	9.9	6.5	4.0
	农民工家庭	19.1	8.7	4.0
西部	农村家庭	9.7	6.4	3.0
	农民工家庭	14.1	5.9	2.5

表 8-32 2015 年农民工家庭与农村家庭的农地转出情况比较

地区	家庭类型	转出比例/%	转出面积/亩	
			均值	中位数
全国	农村家庭	11.3	4.4	3.0
	农民工家庭	30.9	5.1	3.0
东部	农村家庭	14.1	3.6	2.0
	农民工家庭	29.0	5.0	3.0
中部	农村家庭	10.4	5.4	3.5
	农民工家庭	37.2	5.7	3.3
西部	农村家庭	9.6	4.4	2.0
	农民工家庭	28.0	4.6	2.5

表 8-33　2017 年农民工家庭与农村家庭的农地转出情况比较

地区	家庭类型	转出比例/%	转出面积/亩	
			均值	中位数
全国	农村家庭	16.5	4.3	3.0
	农民工家庭	34.4	5.3	3.0
东部	农村家庭	21.9	3.7	2.6
	农民工家庭	36.7	3.6	2.0
中部	农村家庭	15.5	5.2	3.0
	农民工家庭	35.5	8.3	4.5
西部	农村家庭	13.2	3.9	2.0
	农民工家庭	30.8	4.2	2.0

　　表 8-34 列出了按相对贫困标准划分的不同农民工家庭的农地转出情况。可以看出,全国范围内相对贫困家庭转出农地的比例为 24.70%,这一比例远低于其他农民工家庭的 43.04%。并且其转出农地面积的均值为 4.75 亩,也低于其他农民工家庭的 5.55 亩。按区域相对贫困标准来看,高收入省(区、市)中无论是相对贫困的农民家庭还是其他农民工家庭,转出农地的比例均高于中、低收入省(区、市)。

表 8-34　2017 年相对贫困家庭与其他农民工家庭的农地转出情况

农地转出情况	按全国相对贫困标准划分		按区域相对贫困标准划分					
			高收入省(区、市)		中收入省(区、市)		低收入省(区、市)	
	相对贫困家庭	其他	相对贫困家庭	其他	相对贫困家庭	其他	相对贫困家庭	其他
转出比例/%	24.70	43.04	31.08	50.23	22.63	37.53	24.05	37.39
转出面积均值/亩	4.75	5.55	3.02	3.81	4.98	8.08	5.18	5.80
转出面积中位数/亩	3	3	2	2	3	5	3	3

　　下面进一步分析农民工家庭转出农地的途径,从表 8-35 中可以看出,无论是农民工家庭还是农村家庭,转出农地的最主要途径都是有流转意愿的普通农户私下协商(包括给亲朋好友耕种),并且这部分途径占据了绝大比例,农村家庭为 76.99%,农民工家庭为 84.33%。排第二位的土地转出途径是"村委会集体流转给公司或其他机构",第三是"村委会统一经营",然后是"村委会整理土地后划片分包给农户"。

表 8-35　2017 年农民工家庭与农村家庭的农地转出的途径　　　　单位:%

转出途径	全国		东部		中部		西部	
	农村家庭	农民工家庭	农村家庭	农民工家庭	农村家庭	农民工家庭	农村家庭	农民工家庭
村委会统一经营	7.02	5.06	10.88	5.80	2.55	3.83	7.52	5.38
村委会集体流转给公司或其他机构	12.32	6.23	11.51	6.99	8.43	4.61	18.31	6.96
村委会整理土地后划片分包给农户	2.62	2.57	4.55	4.48	1.64	1.34	1.26	1.29
有流转意愿的普通农户私下协商	76.99	84.33	71.69	79.40	86.80	89.01	71.66	86.03
其他	1.05	1.81	1.37	3.33	0.58	1.21	1.25	0.34

(4)农地租入情况

若农民工家庭租入了土地,且用途为从事农业生产或是养殖业,则界定该家庭为租入家庭,将租入比例定义为租入农地农民工家庭占农民工家庭的比重或租入农地农村家庭占农村家庭的比重。租入面积则是针对有农地租入的家庭来计算。由表 8-36 可知,全国农民工家庭的租入比例为 4.50%。分地区看,中部地区租入比例最高,为 6.25%,东部和西部地区则分别为 3.11% 和 5.27%。进一步分析租入农地家庭的农地租入面积,租入家庭平均面积为 17.50 亩,中位数为 3 亩。分地区看,中部地区平均租入面积为 27.43 亩,中位数为 7 亩;东部地区平均租入面积为 14.42 亩,中位数为 3 亩;西部地区平均租入面积为 11.31 亩,中位数为 2 亩。不难发现,中部地区农地租入家庭的租入面积明显大于东、西部地区。从表 8-36 中,我们还可以看到,农村家庭中有租入土地的家庭比例远大于农民工家庭,租入面积均值也比农民工家庭大 20.06%。

表 8-36　2017 年农民工家庭与农村家庭农地租入情况比较

地区	家庭类型	转出比例/%	租入面积/亩	
			均值	中位数
全国	农村家庭	13.06	21.01	4
	农民工家庭	4.50	17.50	3
东部	农村家庭	9.49	12.67	3
	农民工家庭	3.11	14.42	3
中部	农村家庭	15.94	34.50	8
	农民工家庭	6.25	27.43	7
西部	农村家庭	13.36	8.51	3
	农民工家庭	5.27	11.31	2

　　表8-37列出了按相对贫困标准划分的不同农民工家庭的农地转出情况。可以看出，相对贫困的农民工家庭转入农地的比例均高于其他农民工家庭，全国范围内，相对贫困家庭转入农地的比例为6.08％，而其他农民工家庭转入农地的比例为3.46％。但从转入面积来看，全国范围内相对贫困的农民工家庭平均转入15.51亩，其他农民工家庭则为20.20亩。按区域划分后，在高收入省（区、市）和中收入省（区、市），相对贫困的农民工家庭的转入面积小于其他农民工家庭，而低收入省（区、市）相对贫困的农民工家庭转入面积则高于其他农民工家庭转入面积。

表8-37　2017年相对贫困家庭与其他农民工家庭的农地转入情况

| 农地转入情况 | 按全国相对贫困标准划分 | | 按区域相对贫困标准划分 | | | | | |
| | | | 高收入省（区、市） | | 中收入省（区、市） | | 低收入省（区、市） | |
	相对贫困家庭	其他	相对贫困家庭	其他	相对贫困家庭	其他	相对贫困家庭	其他
转入比例/％	6.08	3.46	4.08	2.68	6.52	5.01	6.31	4.38
转入面积均值/亩	15.51	20.20	6.59	30.47	16.23	16.32	23.32	13.48
转入面积中位数/亩	4	3	2	2	6	5	4	3

　　表8-38进一步显示了农民工家庭和农村家庭农地租入的来源分布，从表中可知，有85.07％的农民工家庭从本村普通农户处租入土地，3.52％的农民工家庭从非本村普通农户处租入土地，租入来源为普通农户的共计88.59％，表明当前农民工家庭租入的农地主要来源于普通农户。

表8-38　2017年农民工家庭和农村家庭农地租入来源　　　　　　单位：％

| 租入来源 | 全国 | | 东部 | | 中部 | | 西部 | |
	农村家庭	农民工家庭	农村家庭	农民工家庭	农村家庭	农民工家庭	农村家庭	农民工家庭
本村普通农户	90.67	85.07	86.17	72.62	93.64	88.86	89.68	91.55
非本村普通农户	4.44	3.52	5.39	6.93	2.91	3.02	5.80	1.24
专业大户	0.37	0.44	0.10	0.00	0.00	0.00	1.00	1.20
家庭农场	0.08	0.06	0.35	0.22	0.00	0.00	0.02	0.00
合作社	0.06	0.11	0.07	0.36	0.10	0.00	0.01	0.00
村集体	3.22	7.57	6.56	15.62	2.18	7.02	2.48	1.63
公司或企业	0.21	0.00	0.00	0.00	0.00	0.00	0.60	0.00
其他	0.95	3.23	1.36	4.25	1.17	1.1	0.41	4.38

8.2.5 子女教育情况

表 8-39 分析了在 2017 年,农村家庭、农民工家庭以及城镇家庭子女就读学校的性质,从中我们可以看出,农村家庭和城镇家庭在子女就读学校的性质上并无明显的差异(但城镇家庭子女就读国际学校的比例要高于农村家庭,后者很少有子女进入国际学校就读)。而在我们关心的农民工家庭中,其子女就读公办非打工子弟学校的比例要低于农村和城镇家庭,就读民办(无论是民办打工子弟学校还是民办非打工子弟学校)的比例反而要明显高于其他两类家庭。

表 8-39　2017 年农村家庭、农民工家庭及城镇家庭子女就读学校性质比较　　单位:%

就读学校性质	全国			东部			中部			西部		
	农村家庭	农民工家庭	城镇家庭	农村家庭	农民工家庭	城镇家庭	农村家庭	农民工家庭	城镇家庭	农村家庭	农民工家庭	城镇家庭
公办非打工子弟学校	81.1	77.6	81.8	82.6	78.4	82.1	75.6	74.7	79.6	85.4	78.8	83.4
公办打工子弟学校	0.3	0.1	0.0	0.1	0.2	0.0	0.5	0.0	0.0	0.2	0.0	0.0
民办非打工子弟学校	17.2	20.2	14.6	16.1	19.6	14.1	22.0	22.6	16.8	13.1	19.0	13.1
民办打工子弟学校	0.0	0.1	0.0	0.0	0.2	0.0	0.0	0.2	0.0	0.0	0.1	0.0
国际学校	0.0	0.2	0.2	0.0	0.0	0.3	0.0	0.0	0.2	0.0	0.4	0.1
其他	1.4	1.8	3.4	1.2	1.6	3.5	1.9	2.5	3.4	1.3	1.7	3.4

从与 2015 年的数据对比来看(见表 8-40),总体上,2017 年各类家庭子女就读于民办学校的比例上升,而就读于公办学校的比例下降。进一步对比发现,农民工家庭就读民办学校的比例涨幅也比另两类家庭大。分地区看,中部地区农民工家庭子女就读民办学校比例的上升幅度最大,达到了 16.3 个百分点;其次是西部地区的 12.9 个百分点和东部地区的 10.3 个百分点。通过简单的比较也可以发现,无论是农村、城镇家庭,还是农民工家庭,其子女就读于打工子弟学校的比例都在下降。农民工家庭的下降幅度达到了 2.6 个百分点,从原本的 2.8% 下降到 0.2%,子女就读于打工子弟学校的家庭的比例由东至西递减。

表 8-40　2015 年与 2017 年农村家庭、农民工家庭及城镇家庭子女就读学校性质比较　单位：%

年份	就读学校性质	全国			东部			中部			西部		
		农村家庭	农民工家庭	城镇家庭	农村家庭	农民工家庭	城镇家庭	农村家庭	农民工家庭	城镇家庭	农村家庭	农民工家庭	城镇家庭
2015	公办学校	90.9	91.2	93.4	90.4	89.3	92.6	87.7	92.4	93.2	95.4	93.6	94.9
2017		81.4	77.7	81.8	82.7	78.6	82.1	76.1	74.7	79.6	85.6	78.8	83.4
2015	民办学校	8.9	7.9	6.0	9.1	9.5	6.8	12.1	6.5	6.3	4.5	6.2	4.5
2017		17.2	20.3	14.6	16.1	19.8	14.1	22.0	22.8	16.8	13.1	19.1	13.1
2015	非打工子弟学校	97.5	96.3	98.2	98.1	95.7	98.4	97.5	97.5	98.4	96.9	96.1	97.7
2017		98.3	97.8	96.4	98.7	98.0	96.2	97.6	97.3	96.4	98.5	97.8	96.5
2015	打工子弟学校	2.3	2.8	1.2	1.4	3.1	1.0	2.3	1.4	1.1	3.0	3.7	1.7
2017		0.3	0.2	0.0	0.1	0.4	0.0	0.5	0.2	0.0	0.2	0.1	0.0
2015	国际学校	0.0	0.1	0.3	0.0	0.2	0.5	0.0	0.0	0.1	0.0	0.1	0.0
2017		0.0	0.2	0.0	0.0	0.0	0.3	0.0	0.0	0.2	0.0	0.4	0.1
2015	其他	0.2	0.8	0.3	0.5	1.0	0.1	0.2	1.1	0.4	0.1	0.1	0.6
2017		1.4	1.8	3.4	1.2	1.6	3.5	1.9	2.5	3.4	1.3	1.7	3.4

如表 8-41 所示，农民工家庭中的相对贫困家庭，其子女就读公办非打工子弟学校的比例要高于全国平均水平 2.9 个百分点，而就读民办非打工子弟学校的比例要低于全国平均水平 2.6 个百分点。在与农村家庭和城镇家庭做横向对比后发现，其变化幅度要明显大于后两者，说明对于农民工家庭，其家庭收入对子女就读学校性质的影响是不同于农民和城镇家庭的，相对贫困问题可能在农民工家庭的子女教育决策上有其特殊性。

表 8-41　2017 年相对贫困家庭与其他家庭的子女就读学校性质比较　单位：%

就读学校性质	全国			相对贫困家庭			其他家庭		
	农村家庭	农民工家庭	城镇家庭	农村家庭	农民工家庭	城镇家庭	农村家庭	农民工家庭	城镇家庭
公办非打工子弟学校	81.1	77.6	81.8	82.0	80.5	83.3	79.2	75.9	81.5
公办打工子弟学校	0.3	0.1	0.0	0.2	0.1	0.0	0.4	0.1	0.0
民办非打工子弟学校	17.2	20.2	14.6	16.6	17.6	13.3	18.5	21.7	14.7
民办打工子弟学校	0.0	0.1	0.0	0.0	0.2	0.0	0.0	0.1	0.0
国际学校	0.0	0.2	0.2	0.0	0.0	0.0	0.1	0.3	0.2
其他	1.4	1.8	3.4	1.2	1.6	3.4	1.8	1.9	3.6

表 8-42 展示了农村家庭与农民工家庭在子女教育培训上的费用支出。有别于子女的学杂费，教育培训费表示在常规教育支出之外额外的教育培训费用，更能反映出在有支付意

愿的家庭中,家庭对子女教育的重视程度。从农民工家庭交纳的教育培训费用来看,超过一半的农民工家庭在子女教育培训上的支出超过了 5000 元,比例最高的是西部地区的农民工家庭,达到了 60.7%。无论是从全国层面还是分地区层面的数据都能看出,在子女教育培训费用支出上,农民工家庭要普遍高于农村家庭,尤其是在教育培训费用高于 50000 元的家庭比例上,农村家庭几乎为 0。

表 8-42 2017 年农民工家庭与农村家庭子女教育费用情况　　　　　单位:%

教育培训费用	全国		东部		中部		西部	
	农村家庭	农民工家庭	农村家庭	农民工家庭	农村家庭	农民工家庭	农村家庭	农民工家庭
≤100 元	1.0	2.3	0.0	0.4	0.0	5.5	2.6	2.9
100~1000 元	14.6	6.3	7.9	9.1	0.5	0.2	30.1	5.9
1000~2000 元	19.0	10.3	28.2	8.6	20.4	8.7	12.0	13.2
2000~3000 元	12.8	11.2	19.4	10.6	0.0	17.9	18.6	8.6
3000~4000 元	8.1	7.6	4.9	8.4	18.9	8.6	1.5	6.2
4000~5000 元	3.8	2.6	1.1	3.8	0.0	0.0	8.6	2.5
5000~10000 元	31.0	28.2	32.9	21.1	49.1	28.2	15.4	37.0
10000~50000 元	9.7	29.7	5.6	36.4	11.1	30.9	11.2	20.7
50000 元以上	0.0	1.8	0.0	1.6	0.0	0.0	0.0	3.0

注:表中区间为左开右闭。

表 8-43 描述的是在不同收入水平的省级行政区域中,农村家庭和农民工家庭在子女教育培训费用支出情况上的比较。可以看到,无论是全国平均水平还是分不同收入水平划分的各地区数据,农民工家庭支出水平在 5000 元以上区间的占比几乎都要高于农村家庭。在 10000~50000 元的区间上,高收入省(区、市)的农民工家庭的占比要高于农村家庭 24.5 个百分点,中收入省(区、市)的差距为 29.4 个百分点,低收入省(区、市)的差距为 0.4 个百分点;在高于 50000 元的区间中,这一差距分别为 3.0 个、1.0 个和 0.0 个百分点。纵向对比农民工家庭的数据可以发现,在高收入省(区、市)中,其教育培训费支出处于低于 10000 元区间的家庭占比要低于全国平均数据,而处于更高支出区间的占比要高于全国平均数据;而在低收入省(区、市)中的情况恰好相反,处于低于 10000 元区间的占比要高于全国平均水平,其中在 5000~10000 元区间中的占比要高于全国平均水平 7.8 个百分点,在更低支出区间,如低于 1000 元的区间,其占比也要高出全国平均 7.7 个百分点。

表 8-43　2017 年相对贫困的农民工家庭与农村家庭子女教育费用情况　　　　单位：%

教育培训费用	全国		高收入省（区、市）		中收入省（区、市）		低收入省（区、市）	
	农村家庭	农民工家庭	农村家庭	农民工家庭	农村家庭	农民工家庭	农村家庭	农民工家庭
≤100 元	1.0	2.3	0.1	0.4	2.8	1.9	0.0	7.4
100～1000 元	14.6	6.3	21.2	7.1	4.1	2.9	20.2	8.9
1000～2000 元	19.0	10.3	3.2	10.4	21.3	12.3	22.3	7.3
2000～3000 元	12.8	11.2	16.4	11.4	13.4	11.8	11.1	10.1
3000～4000 元	8.1	7.6	8.5	8.5	7.0	1.8	8.7	13.2
4000～5000 元	3.8	2.6	2.0	3.4	0.4	1.7	7.0	2.0
5000～10000 元	31.0	28.2	39.1	21.6	48.0	34.2	16.0	36.0
10000～50000 元	9.7	29.7	9.7	34.2	3.0	32.4	14.7	15.1
50000 元以上	0.0	1.8	0.0	3.0	0.0	1.0	0.0	0.0

注：表中区间为左开右闭。

8.2.6　农民工健康与社会保障

（1）自评健康状况

如表 8-44 所示，有 62.21% 的农民工认为自身健康状况为"好"和"非常好"。分地区来看，东部地区农民工自评健康状况最好，西部和中部地区次之。

表 8-44　2017 年农民工自评健康状况　　　　单位：%

自评健康状况	全国	东部	中部	西部
非常好	21.4	23.7	21.54	17.65
好	40.81	43.98	33.73	41.61
一般	25.59	23.56	29.28	25.75
不好	9.8	7.37	11.77	12
非常不好	2.40	1.39	3.68	2.99

如表 8-45 与表 8-46 所示，按全国相对贫困标准划分来看，相对贫困家庭对健康状况的自评等级明显低于非贫困家庭，自评健康状况为"好"和"非常好"的其他家庭有 68.16%，而相对贫困家庭的这一比例仅为 53.85%。按区域相对贫困标准划分来看，高收入省（区、市）的农民工自评健康状况最好，低收入省（区、市）相对贫困家庭与其他家庭之间的差距最小。

表 8-45 2017 年相对贫困家庭与其他家庭的农民工自评健康状况（全国）　　　单位：%

自评健康状况	全国	按全国相对贫困标准划分	
		相对贫困家庭	其他
非常好	21.40	17.55	23.83
好	40.81	36.30	44.33
一般	25.59	27.45	24.02
不好	9.80	14.77	6.48
非常不好	2.40	3.93	1.34

表 8-46 2017 年相对贫困家庭与其他家庭的农民工自评健康状况（区域）　　　单位：%

自评健康状况	按区域相对贫困标准划分					
	高收入省（区、市）		中收入省（区、市）		低收入省（区、市）	
	相对贫困家庭	其他	相对贫困家庭	其他	相对贫困家庭	其他
非常好	20.70	23.84	17.23	25.81	15.41	19.82
好	41.56	48.95	30.90	38.27	37.70	42.50
一般	23.85	21.50	30.23	26.21	27.76	26.64
不好	11.33	4.93	16.97	7.80	14.86	8.94
非常不好	2.56	0.78	4.67	1.91	4.27	2.10

如表 8-47 所示，从全国来看，男性农民工的自评健康状况好于女性，男性自评健康状况处于"一般"以下的为 10.77%，而女性为 13.61%。分地区来看，东、中、西部地区中男性自评健康状况均好于女性，其中东部地区男性与女性农民工自评健康状况最佳。

表 8-47 2017 年农民工自评健康状况的性别差异　　　单位：%

自评健康状况	全国		东部		中部		西部	
	男性	女性	男性	女性	男性	女性	男性	女性
非常好	23.58	19.26	25.95	21.52	23.76	19.36	19.74	15.59
好	41.25	40.38	43.87	44.1	34.65	32.82	42.55	40.69
一般	24.40	26.75	22.48	24.61	27.47	31.05	24.89	26.61
不好	8.61	10.94	6.19	8.5	10.98	12.55	10.46	13.48
非常不好	2.16	2.67	1.51	1.27	3.14	4.22	2.36	3.63

如表 8-48 与表 8-49 所示，随着年龄的增长，农民工自评健康状况愈加恶化。从全国来看，超过 50 周岁的农民工中有 61.10% 认为自身健康状况处于一般及以下。分地区来看，东部地区各年龄段自评健康状况均好于中、西部地区。

表 8-48　2017 年农民工自评健康状况的年龄差异（全国）　　单位：%

自评健康状况	全国		
	≤30 周岁	31～50 周岁	>50 周岁
非常好	32.92	17.71	10.18
好	47.97	43.34	28.72
一般	16.41	29.12	33.88
不好	2.34	8.2	21.26
非常不好	0.36	1.63	5.96

表 8-49　2017 年农民工自评健康状况的年龄差异（区域）　　单位：%

自评健康状况	东部			中部			西部		
	≤30 周岁	31～50 周岁	>50 周岁	≤30 周岁	31～50 周岁	>50 周岁	≤30 周岁	31～50 周岁	>50 周岁
非常好	35.27	21.04	12.23	36.30	17.03	8.3	27.16	12.74	8.36
好	48.49	47.61	34.55	43.00	35.76	20.69	50.88	42.49	26.17
一般	14.47	25.30	32.95	18.32	34.46	37.32	17.73	31.07	32.24
不好	1.50	4.91	17.24	2.19	10.82	24.13	3.63	11.50	25.59
非常不好	0.27	1.14	3.03	0.19	1.93	9.56	0.60	2.20	7.64

（2）养老保险覆盖情况

表 8-50 给出了中国农民工家庭人员与居住在农村的农村家庭居民养老方式的分布情况。从全国来看，37.97%的农民工无任何形式的养老保障，59.05%的农民工以社会保险的方式养老，仅有 2.05%的农民工以离退休金的方式养老。按地区看，西部地区无任何形式养老保障的农民工最多，占到了 42.12%，而东部地区则最低，为 33.78%。在以离退休金的方式养老的农民工中，东部地区最多，为 2.50%，中部地区次之，为 2.14%，而西部地区最少，仅为 1.25%，且低于全国平均水平。我国农民工的养老保险覆盖范围有待进一步扩大。从与居住在农村的农村家庭居民的比较看，农民工有养老保险的比例只有 61.10%，比农村居民的 67.34%还低了 6.24 个百分点，可见农民工的养老保障情况非常不乐观。

表 8-50　2017 年农村居民、农民工养老方式分布比较　　单位：%

养老方式	全国		东部		中部		西部	
	农村居民	农民工	农村居民	农民工	农村居民	农民工	农村居民	农民工
无养老保险	31.96	37.97	31.81	33.78	32.62	41.15	31.39	42.12
有养老保险	67.34	61.10	67.25	65.03	66.8	58.11	68.00	57.22
社会保险	66.29	59.05	65.94	62.53	65.51	55.97	67.46	55.97
离退休金	1.05	2.05	1.31	2.50	1.29	2.14	0.54	1.25
其他	0.7	0.93	0.94	1.19	0.58	0.74	0.61	0.66

如表 8-51 与表 8-52 所示,按全国相对贫困标准划分来看,相对贫困家庭无任何形式养老保障的比例更高。按区域相对贫困标准划分来看,低收入省(区、市)养老保障情况最差,高收入省(区、市)相对贫困家庭与其他家庭之间养老保险覆盖比例差距最大,达到 10%以上。

表 8-51　2017 年相对贫困家庭与其他农民工家庭的养老方式分布(全国)　　单位:%

养老方式	全国	按全国相对贫困标准划分	
		相对贫困家庭	其他
无养老保险	37.97	41.69	35.22
有养老保险	61.10	57.51	63.73
社会保险	59.05	57.03	60.64
离退休金	2.05	0.48	3.09
其他	0.93	0.79	1.05

表 8-52　2017 年相对贫困家庭与其他农民工家庭的养老方式分布(区域)　　单位:%

养老方式	按区域相对贫困标准划分					
	高收入省(区、市)		中收入省(区、市)		低收入省(区、市)	
	相对贫困家庭	其他	相对贫困家庭	其他	相对贫困家庭	其他
无养老保险	42.37	32.35	38.88	37.19	42.42	39.37
有养老保险	56.30	66.47	60.38	61.84	57.19	59.93
社会保险	55.41	63.34	60.01	58.43	56.90	57.50
离退休金	0.89	3.13	0.37	3.41	0.29	2.43
其他	1.32	1.18	0.73	0.97	0.38	0.71

表 8-53 与表 8-54 给出了农民工与农村居民社会养老保险种类分布的比较。无论是农民工还是农村居民,在其参加的各项社会养老保险中,占比最高的都是新型农村合作养老保险。尽管农民工参加新型农村合作养老保险的比例比农村居民低很多,但仍然达到了 70.07%,占主要地位,其次为城镇职工基本养老保险。分地区来看,中部地区参加新型农村合作养老保险的农民工占比最高,为 82.84%,东部地区占比最低,为 61.59%。从不同年份对比来看,近年来农民工参加新型农村合作养老保险的比例变化不大,参保比例保持在 70% 左右。分地区来看,2017 年东、西部地区农民工参加新型农村合作养老保险的比例有所下降,中部地区农民工参加新型农村合作养老保险的比例有所上升。

表 8-53　农民工与农村居民参加的社会养老保险种类分布比较　　单位:%

社会养老保险种类	农村居民			农民工		
	2013 年	2015 年	2017 年	2013 年	2015 年	2017 年
城镇职工基本养老保险	3.39	5.59	5.84	19.93	23.67	21.95
新型农村合作养老保险	94.71	92.65	92.08	70.85	69.58	70.07
城镇居民基本养老保险	1.90	1.76	2.08	9.22	6.75	7.98

表 8-54　农民工参加的社会养老保险种类分布比较（区域）　　　　　单位：%

社会养老保险种类	东部			中部			西部		
	2013 年	2015 年	2017 年	2013 年	2015 年	2017 年	2013 年	2015 年	2017 年
城镇职工基本养老保险	25.46	30.65	29.98	11.98	16.57	10.51	16.94	14.05	16.94
新型农村合作养老保险	62.10	62.24	61.59	83.31	76.38	82.84	75.70	80.41	74.81
城镇居民基本养老保险	12.44	7.11	8.43	4.71	7.05	6.65	7.36	5.54	8.25

　　如表 8-55 与表 8-56 所示，2017 年在各项社会养老保险中，占比最高的都是新型农村社会养老保险。按全国相对贫困标准划分来看，相对贫困家庭参加新型农村社会养老保险的比例高于其他家庭，达到了 84.27%，占主要地位。按区域相对贫困标准划分来看，中、低收入省（区、市）参加新型农村社会养老保险的比例更高，高收入省（区、市）相对贫困家庭与其他家庭之间参加新型农村社会养老保险的比例差距最大，达到 28 个百分点。

表 8-55　2017 年相对贫困家庭与其他农民工家庭参加的社会养老保险种类分布（全国）　单位：%

社会养老保险种类	全国	按全国相对贫困标准划分	
		相对贫困家庭	其他
城镇职工基本养老保险	21.13	6.95	30.03
新型农村合作养老保险	67.43	84.27	56.75
城镇居民基本养老保险	7.68	4.90	9.42
城乡统一居民基本养老保险	3.76	3.88	3.80

表 8-56　2017 年相对贫困家庭与其他农民工家庭参加的社会养老保险种类分布（区域）　单位：%

社会养老保险种类	按区域相对贫困标准划分					
	高收入省（区、市）		中收入省（区、市）		低收入省（区、市）	
	相对贫困家庭	其他	相对贫困家庭	其他	相对贫困家庭	其他
城镇职工基本养老保险	15.56	40.51	4.68	19.48	3.80	18.65
新型农村合作养老保险	73.72	45.72	87.20	68.44	87.14	69.06
城镇居民基本养老保险	6.65	10.18	4.52	7.31	5.36	9.15
城乡统一居民基本养老保险	4.07	3.59	3.60	4.77	3.70	3.14

　　下面进一步分析"80 后""90 后"的农民工在参加的社会养老保险种类分布上与老一代农民工有什么不同。从表 8-57 与表 8-58 可知，2017 年"80 后"和"90 后"的农民工参加城镇职工基本养老保险的比例分别为 36.31%、35.90%，都远远高于老一代农民工的 15.55%，而参加新型农村合作养老保险的比例分别为 53.54% 和 55.08%，明显低于老一代农民工的 72.38%。分地区看，中部地区"80 后"和"90 后"参加新型农村合作养老保险的比例较高，且

同老一代的参保比例差距最小。而在东、西部地区,尤其是东部地区,"80 后"和"90 后"参加城镇职工基本养老保险的比例较高,但同老一代的参保比例差距最大。

表 8-57　2017 年不同年龄代农民工参加社会养老保险种类分布　　单位:%

社会养老保险种类	全国		
	老一代	"80 后"	"90 后"
城镇职工基本养老保险	15.55	36.31	35.9
新型农村合作养老保险	72.38	53.54	55.08
城镇居民基本养老保险	8.13	6.92	5.5
城乡统一居民基本养老保险	3.94	3.23	3.52

表 8-58　2017 年不同年龄代农民工参加社会养老保险种类分布(分地区)　　单位:%

社会养老保险种类	东部			中部			西部		
	老一代	"80 后"	"90 后"	老一代	"80 后"	"90 后"	老一代	"80 后"	"90 后"
城职保	22.02	46.64	44.84	7.2	20.19	17.1	11.38	27.15	35.2
新农保	65.52	42.29	47.21	81.93	68.95	70.22	76.19	65.06	56.88
城居保	8.57	7.94	5.04	6.46	5.81	6.23	8.85	5.66	5.74
城乡居	3.89	3.13	2.91	4.41	5.05	6.45	3.58	2.13	2.18

注:城职保指城镇职工基本养老保险,新农保指新型农村合作养老保险,城居保指城镇居民基本养老保险,城乡居指城乡统一居民基本养老保险。

(3)社会养老保险保费和收入

表 8-59 给出了农民工社会养老保险个人缴费和收入的情况。平均缴费为 2368.63 元/年,收入为 8114.69 元/年。按地区来看,东部地区缴费最多,达到了 3258.05 元/年;其次为西部地区,为 1733.19 元/年;中部地区最低,为 1303.82 元/年。而收入也和缴费有相同的趋势,东部最高,为 10491.66 元/年;西部次之,为 6306.95 元/年;中部最低,为 5160.43 元/年。

表 8-59　2017 年农民工社会养老保险个人缴费和收入比较　　单位:元/年

比较项目	全国	东部	中部	西部
缴费	2368.63	3258.05	1303.82	1733.19
收入	8114.69	10491.66	5160.43	6306.95

如表 8-60 与表 8-61 所示,按全国相对贫困标准划分来看,其他家庭的缴费与收入明显高于相对贫困家庭。按区域相对贫困标准划分来看,高收入省(区、市)相对贫困家庭与非贫困家庭之间缴费差距与收入差距均为最大,中收入省(区、市)相对贫困家庭与其他家庭之间缴费差距与收入差距均最小。

169

表 8-60 　2017 年相对贫困与其他农民工家庭的社会养老保险个人缴费和收入（全国）

单位：元/年

比较项目	全国	按全国相对贫困标准划分	
		相对贫困家庭	其他
缴费	2368.63	1328.77	3003.11
收入	8114.69	2580.44	12383.94

表 8-61 　2017 年相对贫困与其他农民工家庭的社会养老保险个人缴费和收入（区域）

单位：元/年

比较项目	按区域相对贫困标准划分					
	高收入省（区、市）		中收入省（区、市）		低收入省（区、市）	
	相对贫困家庭	其他	相对贫困家庭	其他	相对贫困家庭	其他
缴费	2446.06	4324.14	947.23	1716.57	761.98	1978.64
收入	4846.75	14949.80	1831.43	9186.62	1757.63	10247.83

（4）社会医疗保险的覆盖情况

农民工社会医疗保险覆盖情况如表 8-62 所示，2017 年全国平均的农民工社会医疗保险覆盖率为 89.03%。按地区看，中部地区最高，为 90.11%；东部地区最低，为 88.02%；西部地区略高于东部地区。

表 8-62 　2017 年农民工社会医疗保险覆盖率

单位：%

有无社会医疗保险	全国	东部	中部	西部
有	89.03	88.02	90.11	89.73
无	10.97	11.98	9.89	10.27

如表 8-63 与表 8-64 所示，2017 年按全国相对贫困标准划分来看，相对贫困家庭与其他家庭之间社会医疗保险覆盖率相近，均达到 89% 左右。按区域相对贫困标准划分来看，低收入省（区、市）社会医疗保险覆盖率最高，不同收入等级的省（区、市）中相对贫困家庭与其他家庭之间社会医疗保险覆盖率相差不大。

表 8-63 　2017 年相对贫困家庭与其他农民工家庭的社会医疗保险覆盖率（全国）　单位：%

有无社会医疗保险	全国	按全国相对贫困标准划分	
		相对贫困家庭	其他
有	89.03	89.36	88.8
无	10.97	10.64	11.2

表 8-64　2017 年相对贫困家庭与其他农民工家庭的社会医疗保险覆盖率(区域)　单位:%

有无社会医疗保险	按区域相对贫困标准划分					
	高收入省(区、市)		中收入省(区、市)		低收入省(区、市)	
	相对贫困家庭	其他	相对贫困家庭	其他	相对贫困家庭	其他
有	87.52	88.35	88.31	89.38	92.13	89.9
无	12.48	11.65	11.69	10.62	7.87	10.1

表 8-65 与表 8-66 分析了各个年龄段农民工的社会医疗保险覆盖情况。全国有93.00%的 50 周岁以上的农民工参加了基本医疗保险,东部地区为 92.58%,中部地区为94.27%,西部地区为 92.50%。全国有 90.44%的 31~50 周岁的农民工参加了基本医疗保险,东部地区为 88.72%,中部地区为 91.19%,西部地区为 92.67%。全国有 84.83%的 30周岁及以下的农民工参加了基本医疗保险,东部地区为 83.69%,中部地区为 85.67%,西部地区为 85.8%。

表 8-65　2017 年不同年龄农民工的社会医疗保险覆盖情况　单位:%

有无社会医疗保险	全国		
	30 周岁及以下	31~50 周岁	50 周岁以上
有	84.83	90.44	93
无	15.17	9.56	7

表 8-66　2017 年不同年龄农民工的社会医疗保险覆盖情况(分地区)　单位:%

有无社会医疗保险	东部			中部			西部		
	30 周岁及以下	31~50 周岁	50 周岁以上	30 周岁及以下	31~50 周岁	50 周岁以上	30 周岁及以下	31~50 周岁	50 周岁以上
有	83.69	88.72	92.58	85.67	91.19	94.27	85.8	92.67	92.5
无	16.31	11.28	7.42	14.33	8.81	5.73	14.2	7.33	7.5

表 8-67 分析了不同性别的农民工社会医疗保险覆盖情况。西部地区男性社会医保覆盖率最高,为 89.85%;中部地区女性社会医保覆盖率最高,为 90.65%。按性别看,除了西部地区男性社会医保覆盖率略高于女性外,其他地区女性社会医保覆盖率都要略高于男性。

表 8-67　2017 年农民工社会医疗保险覆盖的性别差异　单位:%

有无社会医疗保险	全国		东部		中部		西部	
	男性	女性	男性	女性	男性	女性	男性	女性
有	88.89	89.17	87.92	88.12	89.56	90.65	89.85	89.61
无	11.11	10.83	12.08	11.88	10.44	9.35	10.15	10.39

由表 8-68 与表 8-69 可知我国农民工的社会医疗保险种类。在参加社会医疗保险的农

民工中,有 81.22% 的农民工参加了新型农村合作医疗保险。按地区看,中部地区参加新型农村合作医疗保险的比例最高,为 89.34%;西部地区次之,为 86.05%;东部地区最低,仅为 73.62%。从不同年份对比来看,由于近年来其他种类社会医疗保险的参保率有所回升,农民工参加新型农村合作医疗保险的比例有所波动。

表 8-68　农民工社会医疗保险种类分布　　　　　　　　　单位:%

医疗保险种类	全国			
	2011 年	2013 年	2015 年	2017 年
公费医疗	0.89	0.57	0.33	0.34
城镇职工基本医疗保险	11.79	11.22	8.70	10.93
城镇居民基本医疗保险	6.86	6.83	4.90	7.51
新型农村合作医疗保险	80.46	81.38	86.07	81.22

表 8-69　农民工社会医疗保险种类分布(分地区)　　　　　　　单位:%

医疗保险种类	东部				中部				西部			
	2011 年	2013 年	2015 年	2017 年	2011 年	2013 年	2015 年	2017 年	2011 年	2013 年	2015 年	2017 年
公费医疗	0.83	0.71	0.52	0.42	0.56	0.5	0.13	0.37	1.91	0.38	0.15	0.19
城职保	16.33	15.14	12.70	16.65	4.75	6.40	4.28	4.81	2.78	8.87	4.75	7.31
城居保	8.40	10.01	6.26	9.31	5.03	3.21	3.68	5.48	2.58	4.65	3.30	6.45
新农合	74.44	74.14	80.52	73.62	89.66	89.89	91.91	89.34	92.73	86.10	91.80	86.05

注:城职保指城镇职工基本医疗保险,城居保指城镇居民基本医疗保险,新农合指新型农村合作医疗保险。

　　如表 8-70 与表 8-71 所示,在各项社会医疗保险中,占比最高的都是新型农村合作医疗保险。按全国相对贫困标准划分来看,相对贫困家庭参加新型农村合作医疗保险的比例高于其他家庭,达到了 79.73%,占主要地位。按区域相对贫困标准划分来看,中、低收入省(区、市)参加新型农村合作医疗保险的比例更高,高收入省(区、市)相对贫困家庭与其他家庭之间参加新型农村合作医疗保险比例的差距最大,达到 16.84 个百分点。

表 8-70　2017 年相对贫困家庭与其他农民工家庭的社会养老保险种类分布(全国)　单位:%

医疗保险种类	全国	按全国相对贫困标准划分	
		相对贫困家庭	其他
城镇职工基本医疗保险	9.39	2.28	14.30
城镇居民基本医疗保险	6.45	4.04	8.12
新型农村合作医疗保险	69.74	79.73	62.80
城乡居民基本医疗保险	3.17	3.21	3.17
公费医疗	0.29	0.11	0.42
无	10.96	10.63	11.19

表 8-71　2017 年相对贫困家庭与其他农民工家庭的社会养老保险种类分布(区域)　　单位:%

医疗保险种类	按区域相对贫困标准划分					
	高收入省(区、市)		中收入省(区、市)		低收入省(区、市)	
	相对贫困家庭	其他	相对贫困家庭	其他	相对贫困家庭	其他
城镇职工基本医疗保险	5.72	20.32	1.40	8.98	1.15	8.26
城镇居民基本医疗保险	6.5	10.18	3.51	5.33	3.46	6.37
新型农村合作医疗保险	70.50	53.66	80.72	72.41	84.71	72.11
城乡居民基本医疗保险	4.58	3.65	2.56	2.36	2.67	2.93
公费医疗	0.21	0.54	0.12	0.30	0.14	0.23
无	12.49	11.65	11.69	10.62	7.87	10.10

　　下面我们进一步分析不同年龄代农民工的社会医疗保险种类分布情况。由表 8-72 与表 8-73 可知,与老一代农民工相比,新生代农民工参加新型农村合作医疗保险的比例有下降趋势,老一代为 73.37%,"80 后"为 62.01%,"90 后"为 67.76%;而在参加城镇职工基本医疗保险的比例中,老一代为 9.11%,"80 后"为 19.11%,"90 后"为 5.14%。需要注意的是,"90 后"农民工参加新型农村合作医疗保险的比例虽然低于老一代,但高于"80 后",而其参加城镇职工基本医疗保险的比例低于"80 后"和老一代,其原因可能在于"90 后"农民工大多进城时间不长,而思想的转变及参加城镇职工基本医疗保险的实际操作都需要一定的时间,因此还有相当比例的人未"来得及"参加城镇职工基本医疗保险。分地区看,中、西部地区"80 后"参加新型农村合作医疗保险的比例较高,且同老一代的参保比例差距较小。而东部地区"80 后"和"90 后",尤其是"80 后"参加城镇职工基本医疗保险的比例较高,但同老一代的参保比例差距最大。

表 8-72　2017 年不同年龄代农民工参加的社会医疗保险种类分布　　单位:%

医疗保险种类	全国		
	老一代	"80 后"	"90 后"
城镇职工基本医疗保险	9.11	19.11	5.14
城镇居民基本医疗保险	6.15	5.2	7.52
新型农村合作医疗保险	73.37	62.01	67.76
城乡居民基本医疗保险	3.12	2.59	3.52
公费医疗	0.35	0.27	0.2
无社会医疗保险	7.9	10.82	15.86

表 8-73   2017 年不同年龄代农民工的社会医疗保险种类分布（区域）　　　单位：%

医疗保险种类	东部			中部			西部		
	老一代	"80 后"	"90 后"	老一代	"80 后"	"90 后"	老一代	"80 后"	"90 后"
城镇职工基本医疗保险	13.38	27.16	7.81	4.29	9.23	2.01	6.35	12.25	3.81
城镇居民基本医疗保险	6.91	5.60	10.60	4.54	5.63	4.93	6.35	4.18	5.23
新型农村合作医疗保险	66.24	52.68	59.92	81.86	72.16	75.20	77.60	70.86	72.95
城乡居民基本医疗保险	4.11	2.37	4.31	2.11	2.48	2.74	2.37	3.04	3.04
公费医疗	0.43	0.26	0.27	0.36	0.42	0.22	0.21	0.18	0.09
无社会医疗保险	8.93	11.93	17.09	6.84	10.08	14.90	7.12	9.49	14.88

（5）大病统筹

由表 8-74 可知，我国农民工大病统筹的基本情况不容乐观。从全国看，只有 1.21% 的农民工参加了大病统筹。东部地区比例最高，有 1.46% 的人参加了大病统筹；西部地区次之，为 1.08%；中部地区最低，为 0.88%。

表 8-74   2017 年农民工参加大病统筹的基本情况　　　单位：%

指标	全国	东部	中部	西部
参加大病统筹的比例	1.21	1.46	0.88	1.08

如表 8-75 所示，按全国相对贫困标准划分来看，其他农民工家庭的大病统筹覆盖率高于相对贫困家庭。按区域相对贫困标准划分来看，高、中收入省（区、市）相对贫困家庭与其他家庭之间大病统筹覆盖率差距较小，低收入省（区、市）差距最大。

表 8-75   2017 年相对贫困家庭与其他农民工家庭参加大病统筹的基本情况　　　单位：%

指标	全国	按全国相对贫困标准划分		按区域相对贫困标准划分					
				高收入省（区、市）		中收入省（区、市）		低收入省（区、市）	
		相对贫困家庭	其他	相对贫困家庭	其他	相对贫困家庭	其他	相对贫困家庭	其他
参加大病统筹的比例	1.21	0.54	1.66	0.74	1.77	0.79	1.7	0.13	1.24

（6）住房公积金

如表 8-76 所示，从全国层面看，拥有住房公积金的农民工占比仅为 12.31%，其中东部地区为 15.45%，中部地区为 6.96%，西部地区为 10.75%。在拥有住房公积金的农民工中，有95.50％的农民工还在继续缴纳住房公积金。从全国层面看,2016年农民工平均缴纳的住房公积金为495.1元/月,东部地区为545.10元/月,中部地区为376.91元/月,西部地区为418.97元/月。公积金账户余额平均为22558.55元,东部地区为23375.23元,中部地区为15100.03元,西部地区为23780.88元。在拥有住房公积金的农民工中,2016年使用公积金的农民工占14.37％,东部地区为14.09％,中部地区为11.19％,西部地区为16.97％。2016年农民工平均提取公积金28287.75元,东部地区为29110.01元,中部地区为31539.28元,西部地区为24488.40元。

表 8-76　农民工住房公积金基本情况

住房公积金基本情况	全国	东部	中部	西部
拥有住房公积金的比例/%	12.31	15.45	6.96	10.75
还在继续缴纳的比例/%	95.50	94.77	95.10	97.8
已积累缴纳的时间/月	62.42	62.34	69.64	58.58
2016年缴纳的公积金/(元·月$^{-1}$)	495.10	545.10	376.91	418.97
公积金账户余额/元	22558.55	23375.23	15100.03	23780.88
2016年使用公积金的比例/%	14.37	14.09	11.19	16.97
2016年提取公积金的金额/元	28287.75	29110.01	31539.28	24488.40

如表8-77所示,从全国来看,农民工提取住房公积金的原因中,占比最高的为买房,其中东部地区该比例为48.67％,中部地区为29.62％,西部地区为62.17％。无论从全国抑或分地区来看,买房和偿还购房贷款占到了绝大部分的比重,农民工购房压力可见一斑。

表 8-77　农民工提取住房公积金的原因　　　　　　　　　　单位:％

原因	全国	东部	中部	西部
买房	50.33	48.67	29.62	62.17
房屋建造/大修/翻建	4.29	6.43	0.00	0.76
偿还购房贷款	23.22	21.45	38.58	21.65
付房租	10.44	10.37	21.40	6.46
离退休	0.93	1.32	0.00	0.34
与单位解除劳动关系	0.93	0.41	0.00	2.54
投资股票	0.55	0.86	0.00	0.00
出境定居	0.00	0.00	0.00	0.00
其他	9.31	10.49	10.40	6.08

(7)失业保险

表8-78显示,农民工的失业保险覆盖情况非常不乐观,全国平均的覆盖率只有12.02％,从区域差异看,东部地区最好,西部地区其次,中部地区最差。

表 8-78　2017 年农民工失业保险覆盖情况　　　　　　　单位：%

指标	全国	东部	中部	西部
失业保险覆盖比例	12.02	17.27	5.77	8.56

如表 8-79 和表 8-80 所示，按全国相对贫困标准划分来看，其他家庭的失业保险覆盖率显著高于相对贫困家庭。按区域相对贫困标准划分来看，高收入省（区、市）的失业保险覆盖情况最好，但高收入省（区、市）相对贫困家庭与其他家庭之间失业保险覆盖率的差距也是最大的。

表 8-79　2017 年相对贫困家庭与其他农民工家庭的失业保险覆盖情况（全国）　单位：%

指标	全国	按全国相对贫困标准划分	
		相对贫困家庭	其他
失业保险覆盖比例	12.02	3.37	16.97

表 8-80　2017 年相对贫困家庭与其他农民工家庭的失业保险覆盖情况（区域）　单位：%

指标	按区域相对贫困标准划分					
	高收入省（区、市）		中收入省（区、市）		低收入省（区、市）	
	相对贫困家庭	其他	相对贫困家庭	其他	相对贫困家庭	其他
失业保险覆盖比例	7.49	23.72	1.58	10.67	2.18	10.45

（8）商业保险

从表 8-81 中可以看出，我国农民工商业保险投保率较低。从全国层面来看，91.58% 的农民工没有任何商业保险，人寿保险的投保率为 3.90%，健康保险的投保率为 2.83%，其他类型的商业保险投保率为 1.69%。分地区来看，东、中、西部地区商业保险投保率相差并不明显，并且都普遍偏低，没有任何商业保险的农民工占比分别为 90.27%、90.91% 以及 94.20%。东部地区拥有商业人寿保险的农民工比重达 4.64%，高于中部地区的 4.08% 和西部地区的 2.60%。在东部地区的农民工中，拥有商业健康保险的农民工为 3.15%，拥有其他类型商业保险的农民工为 1.94%。在中部地区，有 3.21% 的农民工投保商业健康保险，参加其他类型保险的农民工占 1.80%。在西部地区，有 2.00% 的农民工拥有商业健康保险，1.20% 的农民工投保其他商业保险。

表 8-81　2017 年农民工商业保险投保比例　　　　　　　单位：%

保险类型	全国	东部	中部	西部
人寿保险	3.90	4.64	4.08	2.60
健康保险	2.83	3.15	3.21	2
其他保险	1.69	1.94	1.80	1.20
都没有	91.58	90.27	90.91	94.20

第四篇

农村家庭与公共服务

9　农村家庭社会保障

　　本章利用浙江大学中国农村家庭调查(CRHPS)数据,分析农村家庭居民参与社会保障的情况。研究发现,农村居民的养老保障参与情况依然不理想,有32.0%的农村居民无养老保障。参加医疗保险的农村居民比例较高,达到了92.97%,其中86.75%的农村居民参加的是新型农村合作医疗保险。在参加新型农村合作医疗保险的农村居民中,只有47.14%有医保个人账户。参加大病统筹的农村居民比例极低,只有0.75%。农村居民参加商业保险的比例也很低,96.03%的农村居民没有参加任何商业保险,商业人寿保险的投保率为1.88%,商业健康保险的投保率为1.12%,其他类型的商业保险投保率为0.98%。

　　本章进一步对比了按照相对贫困标准划分的农村家庭的社会保障情况。分析发现,新型农村社会养老保险是农村覆盖率最高的社会养老保险的类型,相对贫困家庭也能得到较好的保障,在按照全国相对贫困标准划分出的相对贫困家庭中,有95.6%拥有新型农村社会养老保险,其他家庭参与新型农村社会养老保险的比例是84.3%。相对贫困家庭和其他家庭在农村居民社会养老保险个人缴费和收入上,存在明显差异。从社会养老保险个人缴费上看,相对贫困家庭的缴费远低于其他家庭。就全国而言,相对贫困家庭平均缴纳的费用是373.2元/年,其他家庭平均缴纳的费用是873.2元/年,后者是前者的2倍多;按区域分,高收入省(区、市)中相对贫困家庭与其他家庭缴纳费用分别为819.72元/年、1753.7元/年,中收入省(区、市)中相对贫困家庭与其他家庭缴纳费用分别为295.1元/年、612元/年,低收入省(区、市)中相对贫困家庭与其他家庭缴纳费用分别为331.5元/年、636.1元/年。相应地,对于社会养老保险的收入,相对贫困家庭比其他家庭低很多,按照全国相对贫困标准划分,相对贫困家庭2017年的收入为1188.3元/年,而其他类农村居民为5221.6元/年,后者接近前者的5倍。可以看出,相对贫困家庭在社会养老保险的收入方面处于劣势。按相对贫困标准分类比较农村居民参加社会医疗保险的情况时,可以明显看出新型农村合作医疗保险在相对贫困家庭中的占比比其他家庭高,相对贫困家庭占比为90.34%,其他家庭占比为84.25%,存在这一差异的主要原因是其他家庭有一定比例参加了城镇职工基本医疗保险与城镇居民社会医疗保险,而相对贫困家庭参与这两项保险的比例非常小。

9.1 养老保险

9.1.1 养老保险覆盖率

表 9-1 给出了中国农村居民的养老保障覆盖情况。从全国来看,32.0％的农村居民无任何形式的养老保障,65.2％的农村居民用社会保险养老,仅有 1.1％的农村居民以离退休金养老。按地区来看,中部地区无养老保障的农村居民比例最高,占到了 32.7％;西部地区最低,为 31.5％。从全国来看,以离退休金养老的农村居民比例极低,平均只有 1.1％;东部地区最多,为 1.4％;中部地区次之,为 1.3％;西部地区最少,仅为 0.6％。我国农村地区养老保障覆盖范围有待进一步扩大。

表 9-1　2017 年农村居民养老方式分布情况　　　　　　　　　　　　单位:％

养老方式	全国	东部	中部	西部
无养老保障	32.0	31.7	32.7	31.5
有养老保障	66.3	66.0	65.5	67.3
社会保险	65.2	64.6	64.2	66.7
离退休金	1.1	1.4	1.3	0.6
其他	1.7	2.3	1.8	1.2

表 9-2、表 9-3 给出了我国农村居民的养老保障按相对贫困标准划分的对比情况。社会保险为养老保障的主要方式,全国有 66.1％的相对贫困家庭使用了这一养老方式,略高于其他家庭的 64.1％。按照区域相对贫困标准划分,高收入省(区、市)相对贫困家庭中有58.4％采用社会保险养老,略低于该组其他家庭的 59.5％;中收入省(区、市)相对贫困家庭有 66.8％采用社会保险养老,略高于该组其他家庭的 65.5％;低收入省(区、市)相对贫困家庭有 69.5％采用社会保险养老,略高于该组其他家庭的 66.0％。对于高收入省(区、市)来说,相对贫困家庭没有任何养老保险的群体占比较高,达 40.8％,而其他家庭该比例为37.5％,两者相差 3.3 个百分点。

表 9-2　2017 年相对贫困家庭和其他家庭的农村居民养老方式分布情况(全国)　　单位:％

养老方式	按全国相对贫困标准划分	
	相对贫困家庭	其他
无养老保障	33.3	33.8
有养老保障	66.4	65.4
社会保险	66.1	64.1
离退休金	0.2	1.3
其他	0.3	0.9

表 9-3　2017 年相对贫困家庭和其他家庭的农村居民养老方式分布情况（区域）　　单位：%

| 养老方式 | 按区域相对贫困标准划分 | | | | | |
| | 高收入省（区、市） | | 中收入省（区、市） | | 低收入省（区、市） | |
	相对贫困家庭	其他	相对贫困家庭	其他	相对贫困家庭	其他
无养老保障	40.8	37.5	32.6	32.3	30.0	32.5
有养老保障	58.7	61	67.2	67.0	69.7	67.0
社会保险	58.4	59.5	66.8	65.5	69.5	66
离退休金	0.3	1.5	0.3	1.5	0.2	1
其他	0.6	1.6	0.3	0.7	0.3	0.5

　　表 9-4 给出了农村居民参加的社会养老保险种类分布。从全国来看，在各项社会养老保险中，参加占比最高的是新型农村社会养老保险，达到了 88.9%；其次为城镇职工基本养老保险、城乡统一居民社会养老保险；占比最低的为城镇居民社会养老保险。进行地区间比较后发现，新型农村社会养老保险的占比自东向西递增，由东部的 85.1% 上升至西部地区的 91.2%。

表 9-4　2017 年农村居民参加的社会养老保险种类分布　　单位：%

社会养老保险种类	全国	东部	中部	西部
城镇职工基本养老保险	5.7	10.0	4.2	3.2
新型农村社会养老保险	88.9	85.1	90.0	91.2
城镇居民社会养老保险	2.0	2.1	2.2	1.8
城乡统一居民社会养老保险	3.4	2.8	3.5	3.8

　　表 9-5、表 9-6 反映了按照相对贫困标准划分后的农村居民社会养老保险种类的分布。新型农村社会养老保险是农村覆盖率最高的社会养老保险的类型，相对贫困家庭也能得到较好的保障，按照全国相对贫困标准划分下的相对贫困家庭中有 95.6% 拥有新型农村社会养老保险，其他家庭参加新型农村社会养老保险的比例是 84.3%。对于按区域相对贫困标准划分的高中低收入省（区、市）来说，相对贫困家庭的新型农村社会养老保险覆盖率随地区收入水平的升高而降低，低收入省（区、市）最高，为 96.0%，中、高收入省（区、市）该比例分别为 95.5% 和 93.7%。

表 9-5　2017 年相对贫困家庭与其他家庭的农村居民社会养老保险种类分布（全国）　　单位：%

| 社会养老保险种类 | 按全国相对贫困标准划分 | |
	相对贫困家庭	其他
城镇职工基本养老保险	1.1	9.1
新型农村社会养老保险	95.6	84.3
城镇居民社会养老保险	0.8	2.8
城乡统一居民社会养老保险	2.5	3.9

表 9-6　2017 年相对贫困家庭与其他家庭的农村居民社会养老保险种类分布(区域)　　单位：%

社会养老保险种类	按区域相对贫困标准划分					
	高收入省（区、市）		中收入省（区、市）		低收入省（区、市）	
	相对贫困家庭	其他	相对贫困家庭	其他	相对贫困家庭	其他
城镇职工基本养老保险	2.8	16.9	1.3	7.8	0.7	5.2
新型农村社会养老保险	93.7	76.5	95.5	86.1	96.0	87.5
城镇居民社会养老保险	1.3	3.1	0.8	2.4	0.8	3.0
城乡统一居民社会养老保险	2.2	3.5	2.5	3.7	2.5	4.3

9.1.2　养老保险领取情况

表 9-7 给出了 60 周岁及以上拥有社会养老保障的农村居民中,已经开始领取社会养老保险金的比例。从全国来看,拥有养老保险且年龄在 60 周岁及以上的人群中,有 96.1% 的女性和男性已经开始领取养老保险金。从性别来看,相比于《中国农村家庭发展报告(2016)》的统计数据,男性和女性领取养老保险金的比例均有上升。其中,东部地区女性的领取比例已经超过男性,其占比分别为 96.3% 和 93.5%,中部和西部地区女性领取比例均略低于男性。

表 9-7　2017 年 60 周岁及以上农村居民领取社会养老保险的比例　　单位：%

是否领取	全国		东部		中部		西部	
	男性	女性	男性	女性	男性	女性	男性	女性
是	96.1	96.1	93.5	96.3	97.1	95.6	97.7	96.4
否	3.9	3.9	6.5	3.7	3.0	4.4	2.3	3.6

表 9-8、表 9-9 展示了按照相对贫困标准划分的拥有社会养老保障且年龄在 60 周岁及以上的农村居民的保险金领取情况。就全国而言,男性开始领取保险金的比例比女性高。同时,按照全国相对贫困标准划分,相对贫困家庭的男性比其他家庭男性领取比例高,领取比例分别为 97.6% 和 96.1%。在按照区域划分相对贫困标准来看,高收入省（区、市）和中收入省（区、市）的情况与全国的情况相同。对于低收入省（区、市）来说,其他家庭的男性领取比例比相对贫困家庭的男性领取比例要高,分别为 97.9% 和 95.6%。

表 9-8　2017 年相对贫困家庭与其他家庭 60 周岁及以上农村居民开始领取社会养老保险比例(全国)

单位：%

是否领取	按全国相对贫困标准划分			
	相对贫困家庭		其他	
	男性	女性	男性	女性
是	97.6	96.7	96.1	96.4
否	2.4	3.3	3.9	3.6

表 9-9　2017 年相对贫困家庭与其他家庭 60 周岁及以上农村居民开始领取社会养老保险比例(区域)

单位:%

是否领取	按区域相对贫困标准划分											
	高收入省(区、市)				中收入省(区、市)				低收入省(区、市)			
	相对贫困家庭		其他		相对贫困家庭		其他		相对贫困家庭		其他	
	男性	女性	男性	女性	男性	女性	男性	女性	男性	女性	男性	女性
是	97.2	98.2	96	97.8	96.6	97.4	95	95.9	95.6	97.2	97.9	95.6
否	2.8	1.8	4	2.2	3.4	2.6	5	4.1	4.4	2.8	2.1	4.4

9.1.3　社会养老保险缴费和收入

表 9-10 给出了农村居民社会养老保险个人缴费和收入的情况。全国平均缴费 718.4 元,平均获得收入 3539.7 元。按地区来看,东部地区缴费最多,达到了 1189.6 元。中、西部地区与东部地区的差异较大,中、西部地区的缴费情况依次为 513.3 元和 510.9 元。收入也和缴费有相同的趋势,东部地区最高,为 5002.6 元;西部地区相较中部地区高一些,为 2900.8 元。

表 9-10　2017 年农村居民社会养老保险个人缴费和收入比较　　单位:元

比较项目	全国	东部	中部	西部
缴费	718.4	1189.6	513.3	510.9
收入	3539.7	5002.6	2830.9	2900.8

表 9-11、表 9-12 给出了农村居民社会养老保险在按相对贫困划分标准下个人缴费和收入的比较。可以明显看出,不管在哪种分类标准下,相对贫困家庭的缴费金额都远低于其他家庭,对于全国而言,相对贫困家庭平均缴纳的费用是 373.2 元,其他家庭平均缴纳的费用是 873.2 元,后者是前者的 2 倍多;按区域分,高收入省(区、市)中相对贫困家庭与其他家庭缴纳费用分别为 819.7 元、1753.7 元,中收入省(区、市)中相对贫困家庭与其他家庭缴纳费用分别为 295.1 元、612.0 元,低收入省(区、市)中相对贫困家庭与其他家庭缴纳费用分别为 331.5 元、636.1 元。相应地,对于养老保险的收入,相对贫困家庭比其他家庭低很多,按照全国相对贫困标准划分,相对贫困家庭 2017 年的收入为 1188.3 元,而其他家庭农村居民为 5221.6 元,后者接近前者的 5 倍。可以看出,相对贫困家庭在社会养老保险的收入方面处于劣势,其中,高收入省相对贫困家庭和其他家庭的收入分别为 1560.0 元和 7525.9 元,差异为 5965.9 元。中收入省(区、市)和低收入省(区、市)两类的收入差异也高达 3000 多元。

表9-11　2017年相对贫困家庭与其他家庭的农村居民社会养老保险个人缴费和收入比较（全国）

单位：元

比较项目	按全国相对贫困标准划分	
	相对贫困家庭	其他
缴费	373.2	873.2
收入	1188.3	5221.6

表9-12　2017年相对贫困家庭与其他家庭的农村居民社会养老保险个人缴费和收入比较（区域）

单位：元

比较项目	按区域相对贫困标准划分					
	高收入省（区、市）		中收入省（区、市）		低收入省（区、市）	
	相对贫困家庭	其他	相对贫困家庭	其他	相对贫困家庭	其他
缴费	819.7	1753.7	295.1	612	331.5	636.1
收入	1560.0	7525.9	1188.8	4455.8	1058.6	4339.4

9.1.4　社会养老保险账户余额

表9-13给出了农村居民主要社会养老保险个人账户余额情况。农村居民主要社会养老保险的平均余额差距较大，从全国来看，2017年城镇职工基本养老保险的余额平均为13978.0元，新型农村社会养老保险的余额平均为1269.4元。按地区来看，在四种主要社会养老保险中，东部地区农村居民的社会养老保险账户余额普遍高于中部和西部地区。从与2013年和2015年的对比看，2017年新型农村社会养老保险、城镇居民社会养老保险、城乡统一居民社会养老保险的个人账户余额都有较大波动。另外，东部地区农村居民的城乡统一居民社会养老保险个人账户余额从2015年的4652.6元上升至2017年的6194.4元，上升了33.14%；东部地区城镇职工基本养老保险也从2015年的15810.0元上升至2017年的18732.1元；东部地区的新型农村社会养老保险和城镇居民社会养老保险个人账户余额呈现下降趋势。

表9-13　农村居民主要社会养老保险个人账户余额

单位：元

地区	年份	城镇职工基本养老保险	新型农村社会养老保险	城镇居民社会养老保险	城乡统一居民社会养老保险
全国	2013	14914.4	557.5	2504.7	2773.9
	2015	14746.2	1228.8	8192.7	3711.7
	2017	13978.0	1269.4	6195.7	2989.5

续表

地区	年份	城镇职工基本 养老保险	新型农村社会 养老保险	城镇居民社会 养老保险	城乡统一居民 社会养老保险
东部	2013	16148.4	610.2	2071.8	7372.3
	2015	15810.0	1862.9	11625.5	4652.6
	2017	18732.1	1396.7	7981.0	6194.4
中部	2013	15134.4	224.3	2459.7	219.6
	2015	12782.7	759.3	2661.1	3473.3
	2017	17652.4	926.8	5218.6	1155.2
西部	2013	11439.1	908.7	2736	61.3
	2015	14232.5	1245.3	9687.7	2978.7
	2017	8536.3	933.7	1801.9	992.2

从图 9-1 中也可以看出个人账户余额波动变化,城镇职工基本养老保险作为农村地区主要养老保险种类,账户余额普遍较高,在中部地区呈 U 形上升趋势,在西部地区呈 U 形下降趋势。城镇居民社会养老保险作为农村地区第二大养老保险种类,其账户余额最大值出现在 2015 年,而 2017 年账户余额均有所下降。

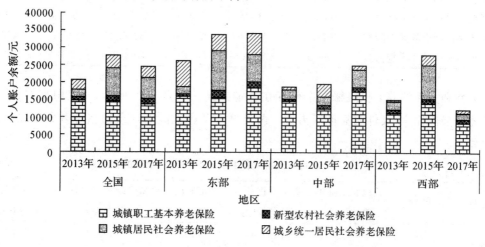

图 9-1 农村居民主要社会养老保险个人账户余额比较

表 9-14、表 9-15 给出了农村居民主要社会养老保险个人账户余额按相对贫困标准分类的对比情况。按全国相对贫困标准分类,我们发现城镇职工基本养老保险的余额最多,其中相对贫困家庭比其他家庭少,分别为 10939.8 元和 16958.3 元。城镇居民社会养老保险的账户余额排第二,相对贫困家庭和其他家庭的余额分别为 4117.1 元和 5042.0 元,二者相差不大。在区域相对贫困标准划分下,高收入省(区、市)和中收入省(区、市)相对贫困家庭的账户余额比其他家庭都要低。高收入省(区、市)的相对贫困家庭和其他家庭账户余额差别

最大的项目为城镇职工基本养老保险，分别为 2212.9 元和 12238.5 元，相差 10025.6 元。城镇居民社会养老保险账户余额相差较小，分别为 5672.2 元和 6200.4 元，相差 528.2 元。

表 9-14　2017 年相对贫困家庭与其他家庭主要社会养老保险账户余额（全国）

单位：元

社会养老保险种类	按全国相对贫困标准划分	
	相对贫困家庭	其他
城镇职工基本养老保险	10939.8	16958.3
新型农村社会养老保险	825.0	1142.2
城镇居民社会养老保险	4117.1	5042.0
城乡统一居民社会养老保险	436.7	2521.8

表 9-15　2017 年相对贫困家庭与其他家庭主要社会养老保险个人账户余额（区域）

单位：元

社会养老保险种类	按区域相对贫困标准划分					
	高收入省（区、市）		中收入省（区、市）		低收入省（区、市）	
	相对贫困家庭	其他	相对贫困家庭	其他	相对贫困家庭	其他
城镇职工基本养老保险	2212.9	12238.5	1.8	24332.7	47707	12014
新型农村社会养老保险	664.1	2118.1	802.9	971.3	931.8	813.0
城镇居民社会养老保险	5672.2	6200.4	3579.5	5676.2	2034.3	4232.0
城乡统一居民社会养老保险	193.9	4390.0	506.9	2370.0	481.6	1674.8

男性和女性的养老保险账户余额存在一定差异。如表 9-16 所示，从全国来看，就养老保险账户余额而言，女性明显低于男性。两类群体各类保险账户余额相对多少在地区间存在差异。

表 9-16　2017 年农村居民各项社会养老保险账户余额的性别差异

单位：元

地区	性别	城镇职工基本养老保险	新型农村社会养老保险	城镇居民社会养老保险	城乡统一居民社会养老保险	其他社会养老保险
全国	男性	16948.9	1437.4	7298.7	3171.6	4541.0
	女性	9463.3	1102.6	5388.0	2812.2	5296.6
东部	男性	26115.2	1525.9	11309.9	6798.4	4224.8
	女性	9233.6	1270.7	5332.3	5653.5	9851.0
中部	男性	17487.1	1104.4	1913.7	1102.7	4573.2
	女性	18030.4	752.9	7425.4	1212.9	1968.0
西部	男性	9397.3	1226.1	2256.0	1553.4	2969.1
	女性	6127.3	604.8	1476.7	472.7	5129.5

9.2 医疗保险

9.2.1 社会医疗保险的覆盖率

表 9-17 给出了农村居民医疗保险的覆盖情况。从中可知,全国农村居民医疗保险的平均覆盖率为 92.97％。按地区看,西部地区覆盖情况最好,达到了 94.48％;东部地区最低,为 91.52％;中部地区略高于东部,为 92.80％。

表 9-17　2017 年农村居民医疗保险覆盖率　　　　单位:％

有无医保	全国	东部	中部	西部
有	92.97	91.52	92.80	94.48
无	7.03	8.48	7.20	5.52

从图 9-2 中可以看出,西部地区 2017 年医保覆盖率最高,同时 2015 年至 2017 年的变化十分明显,东部地区趋势与西部地区相同,均有所上升。然而,中部地区 2017 年的覆盖率相较于 2015 年略有下降,由 93.9％降低至 92.8％。

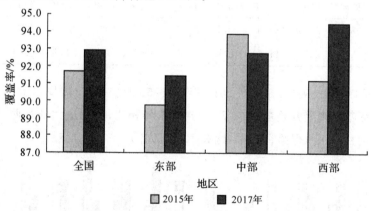

图 9-2　2015 年和 2017 年医保覆盖率对比

表 9-18 展示了农村居民医疗保险按相对贫困标准划分下覆盖率的对比情况。总体来看,相对贫困家庭和其他家庭在农村居民医疗保险覆盖率上差距甚微。分区域看,高收入省(区、市)的相对贫困家庭医保覆盖率低于其他家庭,而中收入省(区、市)和低收入省(区、市)的相对贫困家庭医保覆盖率高于其他家庭。

表 9-18　2017 年相对贫困家庭与其他家庭的农村居民医疗保险覆盖率

单位：%

有无医保	按全国相对贫困标准划分		按区域相对贫困标准划分					
			高收入省（区、市）		中收入省（区、市）		低收入省（区、市）	
	相对贫困家庭	其他	相对贫困家庭	其他	相对贫困家庭	其他	相对贫困家庭	其他
有	92.7	92.9	88.1	92.2	93.1	92.4	94.9	93.6
无	7.3	7.1	11.9	7.8	6.9	7.6	5.1	6.4

表 9-19 分析了各年龄段农村居民的社会医疗保险覆盖率情况。全国有 94.3% 的 50 周岁以上的农村居民拥有基本医疗保险，东部地区为 93.7%，中部地区为 95.4%，西部地区为 95.9%。全国有 93.6% 的 31~50 周岁的农村居民拥有基本医疗保险，东部地区为 92.7%，中部地区为 94.2%，西部地区为 94.9%。全国有 90.1% 的 30 周岁及以下的农村居民拥有基本医疗保险，东部为 88.6%，中部地区为 89.6%，西部地区为 93.1%。

表 9-19　2017 年不同年龄段农村居民社会医疗保险覆盖率　　单位：%

有无医保	全国			东部			中部			西部		
	30 周岁及以下	31~50 周岁	50 周岁以上	30 周岁及以下	31~50 周岁	50 周岁以上	30 周岁及以下	31~50 周岁	50 周岁以上	30 周岁及以下	31~50 周岁	50 周岁以上
有	90.1	93.6	94.3	88.6	92.7	93.7	89.6	94.2	95.4	93.1	94.9	95.9
无	9.9	6.4	5.7	11.5	7.3	6.3	10.4	5.8	4.6	6.9	5.1	4.1

由图 9-3 可以看出，从 2015 年到 2017 年，31~50 周岁和 50 周岁以上的农村居民社会医疗保险覆盖率都呈现上升趋势。2017 年与 2015 年相比，变化最大的是西部地区 50 周岁以上农村居民的社会医疗保险覆盖率，比 2015 年高出 7.6 个百分点。

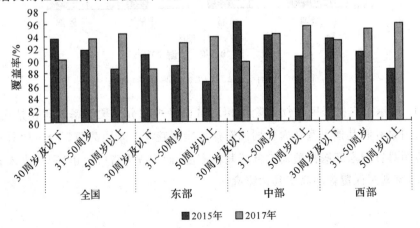

图 9-3　不同年龄段 2015 年和 2017 年农村居民社会医疗保险覆盖率

表 9-20、表 9-21 展示了在不同相对贫困标准划分下,不同年龄段拥有社会医保的覆盖率的情况。按照全国相对贫困标准来说,不管是相对贫困家庭还是其他家庭,31～50 周岁年龄段的社会医疗保险覆盖率最高,分别为 94.0％和 94.1％。而按照不同区域划分相对贫困标准,50 周岁以上的年龄段的医疗保险覆盖率最高,其中低收入省(区、市)相对贫困家庭50 周岁以上的覆盖率占到 95％,其他家庭的覆盖率达到了 96％。

表 9-20　2017 年相对贫困家庭与其他家庭的不同年龄段拥有社会医保覆盖率(全国)

单位:％

| 是否领取 | 全国 | | | 按全国相对贫困标准划分 | | | | | |
| | | | | 相对贫困家庭 | | | 其他 | | |
	30 周岁及以下	31～50 周岁	50 周岁以上	30 周岁及以下	31～50 周岁	50 周岁以上	30 周岁及以下	31～50 周岁	50 周岁以上
是	96.1	98.2	98.5	90.7	94	93.8	89.8	94.1	95.8
否	3.9	1.8	1.5	9.3	6	6.2	10.2	5.9	4.2

表 9-21　2017 年相对贫困家庭与其他家庭的不同年龄段拥有社会医保覆盖率(区域)　单位:％

是否领取	按区域相对贫困标准划分																	
	高收入省(区、市)						中收入省(区、市)						低收入省(区、市)					
	相对贫困家庭			其他			相对贫困家庭			其他			相对贫困家庭			其他		
	30 周岁及以下	31～50 周岁	50 周岁以上	30 周岁及以下	31～50 周岁	50 周岁以上	30 周岁及以下	31～50 周岁	50 周岁以上	30 周岁及以下	31～50 周岁	50 周岁以上	30 周岁及以下	31～50 周岁	50 周岁以上	30 周岁及以下	31～50 周岁	50 周岁以上
是	87	89	89	89	94	95	89	93	95	90	95	96	93	97	95	91	94	96
否	13	11	11	11	6	5	11	7	5	10	5	4	7	3	5	9	6	4

表 9-22 分析了不同性别农村居民医疗保险覆盖情况。从全国来看,农村男性与女性的医疗保险覆盖率几乎没有差别。从地区差别来看,西部地区男性、女性的医保覆盖率都是各区域中最高的,分别为 94.7％和 94.2％。从男女性别的比较看,女性的医保覆盖率都略低于男性。

表 9-22　2017 年不同性别农村居民社会医疗保险覆盖率　单位:％

| 有无医保 | 全国 | | 东部 | | 中部 | | 西部 | |
	男性	女性	男性	女性	男性	女性	男性	女性
有	93.2	92.8	91.9	91.2	92.8	92.8	94.7	94.2
无	6.8	7.2	8.1	8.9	7.2	7.2	5.3	5.8

表 9-23、表 9-24 给出了不同性别农村居民社会医疗保险覆盖率按相对贫困标准分类的对比情况。按照贫困标准划分下的社会医疗保险覆盖率变化不大,同时性别对其几乎没有影响。其中,低收入省(区、市)中相对贫困家庭的覆盖率最高,男性为 94.7％,女性高达 95.1％。

表 9-23　2017 年相对贫困家庭与其他家庭不同性别农村社会医疗保险情况（全国）　　单位：%

有无医保	按全国相对贫困标准划分			
	相对贫困家庭		其他	
	男性	女性	男性	女性
有	92.8	92.6	93.2	92.6
无	7.2	7.4	6.8	7.4

表 9-24　2017 年相对贫困家庭与其他家庭不同性别农村社会医疗保险情况（区域）　　单位：%

有无医保	按区域相对贫困标准划分											
	高收入省（区、市）				中收入省（区、市）				低收入省（区、市）			
	相对贫困家庭		其他		相对贫困家庭		其他		相对贫困家庭		其他	
	男性	女性	男性	女性	男性	女性	男性	女性	男性	女性	男性	女性
有	89.1	87.1	92.6	91.7	92.3	92.5	93.3	92.9	94.7	95.1	93.7	93.5
无	10.9	12.9	7.4	8.3	7.8	7.5	6.7	7.1	5.3	4.9	6.3	6.5

表 9-25 给出了农村居民参加的社会医疗保险种类的情况。从中可知，全国范围内，在参加医疗保险的农村居民中，有 86.75% 拥有新型农村合作医疗保险。按地区看，西部地区农村居民拥有新型农村医疗保险的比例最高，为 90.76%；中部地区次之，为 86.98%；东部地区最低，仅为 82.12%。

表 9-25　2017 年农村居民参加的社会医疗保险种类　　单位：%

医疗保险种类	全国	东部	中部	西部
城镇职工基本医疗保险	2.79	4.88	2.07	1.62
城镇居民基本医疗保险	2.18	2.69	2.7	1.16
新型农村合作医疗保险	86.75	82.12	86.98	90.76
城乡居民基本医疗保险	1.06	1.52	0.87	0.82
公费医疗	0.2	0.31	0.19	0.11

表 9-26、表 9-27 表示了农村居民参加社会医疗保险按相对贫困标准划分的对比情况，可以明显看出新型农村合作医疗保险在相对贫困家庭中的占比比其他家庭高，按全国相对贫困标准来看，相对贫困家庭占比最高，为 90.34%。按照区域相对贫困标准划分，高、中、低收入省（区、市）相对贫困家庭的新型农村合作医疗保险分别为 84.7%、90.1% 和 92.6%。而低收入省（区、市）没有医疗保险的占比仅为 5.1%。

表 9-26 2017 年相对贫困家庭与其他家庭的农村居民参加社会医疗保险种类(全国) 单位:%

社会医疗保险种类	按全国相对贫困标准划分	
	相对贫困家庭	其他
城镇职工基本医疗保险	0.47	4.35
城镇居民社会医疗保险	0.98	2.79
新型农村合作医疗保险	90.34	84.25
城乡居民基本医疗保险	0.86	1.22
公费医疗	0.04	0.26
没有	7.31	7.12

表 9-27 2017 年相对贫困家庭与其他家庭的农村居民参加社会医疗保险种类(区域) 单位:%

社会医疗保险种类	按区域相对贫困标准划分					
	高收入省(区、市)		中收入省(区、市)		低收入省(区、市)	
	相对贫困家庭	其他	相对贫困家庭	其他	相对贫困家庭	其他
城镇职工基本医疗保险	1.2	7.3	0.5	3.9	0.3	2.7
城镇居民社会医疗保险	1.0	3.4	1.0	2.0	1.1	3.2
新型农村合作医疗保险	84.7	79.1	90.1	86.0	92.6	86.5
城乡居民基本医疗保险	1.2	2.1	78.0	0.8	0.8	1.1
公费医疗	0.1	0.3	0.0	0.3	0.0	0.2
没有	11.9	7.8	7.6	6.9	5.1	6.4

从表 9-28 农村居民参加的商业医疗保险种类来看,全国范围内有 94.14% 的农村居民没有商业医疗保险,个人购买商业医疗保险的相对较多,为 2.07%。分地区来看,东部地区个人购买商业医疗保险的较多,占 2.6%,中、西部地区该比例分别为 1.73% 和 1.82%。

表 9-28 2017 年农村居民参加的商业医疗保险种类 单位:%

医疗保险种类	全国	东部	中部	西部
商业医疗保险(单位购买)	0.62	0.67	0.58	0.61
商业医疗保险(个人购买)	2.07	2.60	1.73	1.82
企业补充医疗保险	0.10	0.05	0.15	0.10
大病医疗统筹	1.11	0.90	0.84	1.64
社会互助	0.08	0.01	0.13	0.09
其他	0.69	0.48	0.65	0.98
都没有	94.14	93.75	95.02	93.63

9.2.2 社会医疗保险个人账户

如图 9-4 所示,从 2017 年与 2015 年的对比来看,中部地区社会医疗保险个人账户的拥有率下降,而东、西部地区该比例有所提高。

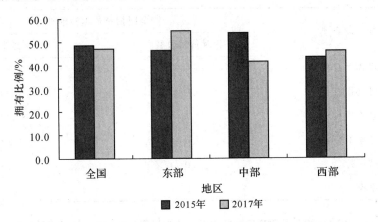

图 9-4　历年农村居民医保个人账户拥有率比较

如表 9-29 所示,从全国看,2017 年,有 47.14％的农村居民有医保个人账户。东部地区农村居民医保个人账户拥有率最高,为 54.76％;西部地区次之,为 46.15％;中部地区最低,仅为 41.38％。

表 9-29　2017 年农村居民医保个人账户拥有比例　　单位:％

有无医保个人账户	全国	东部	中部	西部
有	47.14	54.76	41.38	46.15
无	52.86	45.24	58.62	53.85

表 9-30 展现了农村居民医保个人账户拥有比例按相对贫困标准分类的对比情况。按全国相对贫困标准划分,相对贫困家庭比其他家庭拥有的个人账户占比少,分别为 44.6％和 51.5％。按区域相对贫困标准划分,高收入省(区、市)的相对贫困家庭与其他家庭之间差距较大,分别为 40.3％和 61.2％,对于中收入和低收入省(区、市)来说,相对贫困家庭的个人账户拥有比例比其他家庭高,其中低收入省(区、市)的相对贫困户个人账户比例为 60.7％。

表 9-30　2017 年相对贫困家庭与其他家庭的农村居民医保个人账户拥有比例　　单位:％

是否有个人账户	按全国相对贫困标准划分		按区域相对贫困标准划分					
			高收入省(区、市)		中收入省(区、市)		低收入省(区、市)	
	相对贫困家庭	其他	相对贫困家庭	其他	相对贫困家庭	其他	相对贫困家庭	其他
是	44.6	51.5	40.3	61.2	58.1	53.8	60.7	58.5
否	55.5	48.5	59.7	38.8	41.9	46.2	39.3	41.5

9.2.3　大病统筹

图 9-5 给出了农村居民参加大病统筹的基本情况。我们可以看到,农村居民参加大病

统筹的基本情况不容乐观。从全国看,平均只有 0.75% 的农村居民拥有大病统筹。分地区看,西部地区该比例最高,却也只有 0.98% 的人拥有大病统筹;中部地区次之,为 0.76%;东部地区最低,仅为 0.49%。

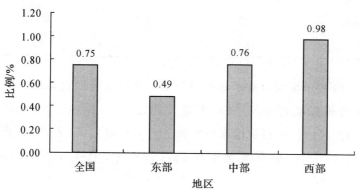

图 9-5   农村居民参加大病统筹基本情况

表 9-31 给出了农村居民参加大病统筹按相对贫困标准分类的情况,明显可以看出相对贫困家庭的比例较其他家庭更低,并且差异相对较大。中收入省(区、市)相对贫困家庭的大病统筹参与率为 0.2%,而其他家庭大病统筹参与率为 0.9%,后者是前者的 4 倍多。

表 9-31   农村居民参加大病统筹按相对贫困标准划分   单位:%

指标	按全国相对贫困标准划分		按区域相对贫困标准划分					
			高收入省(区、市)		中收入省(区、市)		低收入省(区、市)	
	相对贫困家庭	其他	相对贫困家庭	其他	相对贫困家庭	其他	相对贫困家庭	其他
拥有大病统筹的比例	0.4	0.9	0.4	0.7	0.2	0.9	0.8	1.0

9.2.4   医疗保险与医疗支出

表 9-32 给出了有医疗保险的农村居民的医疗支出情况。对于 2016 年住过院的农村居民,产生的住院费用全国平均为 12409.6 元。分地区看,东部地区最低,为 11475.7 元;中部地区次之,为 12919.2 元;西部地区最高,为 13345.4 元。其中医保支付的金额全国平均为 4510.9 元。分地区看,西部地区医保支付金额最高,为 5665.5 元;中部地区次之,为 4655.0 元;中部地区最低,为 4245.0 元。从医保支付占比情况来看,西部地区最高,为 29.8%,之后比例依次为东部地区和西部地区,分别为 27.0% 和 26.5%。

表 9-32　有医疗保险的农村居民的医疗支出情况

医疗支出情况	全国	东部	中部	西部
住院费用/元	12409.6	11475.7	12919.2	13345.4
医保报销/元	4510.9	4245.0	4655.0	5665.5
医保支付占比/%	26.7	27.0	26.5	29.8

表 9-33、表 9-34 表示按相对贫困标准划分下有医疗保险的农村居民的医疗支出的情况。按全国相对贫困标准划分，相对贫困家庭的医保支付占比为 27.0%，其他家庭为 26.5%。高收入省（区、市）相对贫困家庭医保支付占比最高，为 29.8%，其次是低收入省（区、市），占比为 27.7%。而在其他家庭医保占比中，中收入省（区、市）占比最高，为 27.0%。

表 9-33　相对贫困家庭与其他家庭中有医疗保险农村居民的医疗支出（全国）

医疗支出情况	按全国相对贫困标准划分	
	相对贫困家庭	其他
住院费用/元	11475.69	12919.16
医保支付费用/元	4245.04	4654.95
医保支付占比/%	27.0	26.5

表 9-34　相对贫困家庭与其他家庭中有医疗保险农村居民的医疗支出（区域）

医疗支出情况	按区域相对贫困标准划分					
	高收入省（区、市）		中收入省（区、市）		低收入省（区、市）	
	相对贫困家庭	其他	相对贫困家庭	其他	相对贫困家庭	其他
住院费用/元	13345.4	16536.2	12416.2	11310.8	10229.4	12537.5
医保支付费用/元	5665.5	5815.2	3960.8	4174.9	3925.4	4565.4
医保支付占比/%	29.8	26.0	24.2	27.0	27.7	26.7

9.3　失业保险

图 9-6 给出了农村居民的失业保险覆盖情况。从全国来看，16 周岁及以上的农村居民中有 3.6% 拥有失业保险。分地区看，东部地区有 5.8% 的农村居民拥有失业保险，中部地区有 2.5% 的农村居民拥有失业保险，西部地区有 2.0% 的农村居民拥有失业保险。东部地区覆盖率高于西部地区和中部地区。

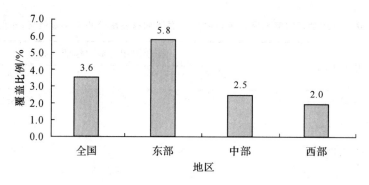

图 9-6 不同地区失业保险、生育保险和工伤保险覆盖情况

9.4 住房公积金

如表 9-35 所示,拥有住房公积金的全国农村居民占比仅为 6.8%,东部地区为 9.2%,中部地区为 5.8%,西部地区为 6.0%。在拥有住房公积金的农村居民中,有 95.5% 的农村居民还在继续缴纳住房公积金。2016 年缴纳的住房公积金全国平均为 409.7 元/月,东部地区为 506.5 元/月,中部地区为 331.7 元/月,西部地区为 501.6 元/月。公积金账户余额全国平均为 55924.4 元,东部为 42637.7 元,中部为 37120.2 元,西部为 91455.4 元,拥有住房公积金的农村居民中,2016 年使用公积金的全国农村居民占 6.8%,东部地区为 6.5%,中部地区为 9.3%,西部地区为 4.4%。2016 年提取公积金的全国农村居民平均提取 40410.8 元,东部地区为 26118.1 元,中部地区为 43322.2 元,西部地区为 45077.3 元。

表 9-35 农村居民拥有住房公积金基本情况

住房公积金基本情况	全国	东部	中部	西部
拥有住房公积金的比例/%	6.8	9.2	5.8	6.0
还在继续缴纳公积金的比例/%	95.5	96.0	89.0	96.2
已累计缴纳公积金的时间/月	57.4	62.7	49.2	65.0
2016 年缴纳的公积金/(元·月$^{-1}$)	409.7	506.5	331.7	501.6
公积金账户余额/元	55924.4	42637.7	37120.1	91455.4
2016 年使用公积金的比例/%	6.8	6.5	9.3	4.4
2016 年提取公积金的金额/元	40410.8	26118.1	43322.2	45077.3

表 9-36、表 9-37 展示了农村居民拥有住房公积金按相对贫困标准分类的基本情况。2016 年相对贫困家庭缴纳的公积金比其他家庭更少,按全国相对贫困标准来看,相对贫困家庭与其他家庭缴纳的公积金分别为 223.0 元和 471.1 元。分区域对比来看,低收入省(区、市)两者差距较大,相对贫困家庭缴纳公积金的数额为 164.5 元,而其他家庭缴纳数额为 440.0 元。

表 9-36　相对贫困家庭与其他家庭的农村居民拥有住房公积金基本情况（全国）

住房公积金基本情况	按全国相对贫困标准划分	
	相对贫困家庭	其他
拥有住房公积金的比例/%	2.0	8.5
还在继续缴纳公积金的比例/%	89.0	94.9
已累计缴纳公积金的时间/月	35.6	65.1
2016 年缴纳的公积金/(元·月$^{-1}$)	223.0	471.1
公积金账户余额/元	51243.8	30987.1
2016 年使用公积金的比例/%	0.2	6.8
2016 年提取公积金的金额/元	12000	40431.5

表 9-37　相对贫困家庭与其他家庭的农村居民拥有住房公积金基本情况（区域）

住房公积金基本情况	按区域相对贫困标准划分					
	高收入省（区、市）		中收入省（区、市）		低收入省（区、市）	
	相对贫困家庭	其他	相对贫困家庭	其他	相对贫困家庭	其他
拥有住房公积金的比例/%	2.9	9.7	2.2	9.5	2.6	6
还在继续缴纳公积金的比例/%	97.7	98.6	84.3	91.1	91	97.3
已累计缴纳公积金的时间/月	35.6	51.8	29.1	74.8	36	60.9
2016 年缴纳的公积金/(元·月$^{-1}$)	220.9	494.9	251.4	475.7	164.5	440
公积金账户余额/元	22739	28743.2	4109.3	70854.3	57973.3	42945.6
2016 年使用公积金的比例/%	1.7	7.1	0.4	6.7	0	6.9
2016 年提取公积金的金额/元	4000	38060.3	12000	21422	0	84281.4

表 9-38 给出了农村居民提取公积金的原因。在农村居民提出公积金的原因中，占比最高的为买房，全国为 55.4%，东部地区为 67.4%，中部地区为 37.5%，西部地区为 67.2%。对于东部地区和中部地区，其次的原因为偿还购房贷款本息和房屋建造/大修/翻建。

表 9-38　农村居民提取公积金的原因　　　　　　　　　　　　　　单位:%

原因	全国	东部	中部	西部
买房	55.4	67.4	37.5	67.2
房屋建造/大修/翻建	16.8	8.7	30.7	4.1
偿还购房贷款本息	7.9	17.6	0.0	0.0
付房租	2.2	0.6	5.0	0.0
离退休	2.3	0.0	0.3	14.0
与单位解除劳动关系	4.2	0.0	10.4	0.0
其他	11.2	5.8	16.1	14.6

9.5　商业保险

9.5.1　商业保险投保概况

从表 9-39 给出的商业保险投保比例中可以看出,我国农村居民商业保险投保率较低。从全国层面来看,96.0%的农村居民没有任何商业保险,拥有商业人寿保险的农村居民占1.9%,商业健康保险的投保率为 1.1%,其他商业保险投保率为 1.0%。分地区来看,东、中、西部地区商业保险投保率相差并不明显,并且普遍偏低,没有任何商业保险的农村居民分别为 95.5%,95.5%及 96.5%。东部地区拥有商业人寿保险的农村居民比重为 2.3%,高于中部地区的 1.5%及西部地区的 1.7%。在东部地区的农村居民中,拥有商业健康保险的为1.2%,拥有其他商业保险的为 1.0%。在中部地区,1.2%的农村居民投保商业健康保险,参加其他商业保险的农村居民占 0.8%。在西部地区,有 0.8%的农村居民拥有商业健康保险,1.0%的农村居民投保其他商业保险。

表 9-39　农村居民的商业保险投保比例　　　　　　单位:%

商业保险种类	全国	东部	中部	西部
商业人寿保险	1.9	2.3	1.5	1.7
商业健康保险	1.1	1.2	1.2	0.8
其他商业保险	1.0	1.0	0.8	1.0
都没有	96.0	95.5	95.5	96.5

表 9-40、表 9-41 显示了按相对贫困标准划分下农村居民的商业保险投保比例,从商业保险来看,大部分农村居民是没有商业保险的。在调查的三种商业保险中,全国范围内,商业人寿保险占比最高,为 1.0%。同时可以看出,商业人寿保险在相对贫困家庭中的占比比其他家庭低。分区域来看,低收入省(区、市)投保商业保险比例最低,其中相对贫困家庭投保比例为 2.4%,其他家庭投保比例为 3.7%。

表 9-40　相对贫困家庭与其他家庭农村居民的商业保险投保比例(全国)　　　　单位:%

商业保险种类	按全国相对贫困标准划分	
	相对贫困家庭	其他
商业人寿保险	1.0	2.3
商业健康保险	0.7	1.2
其他商业保险	0.6	1.1
都没有	97.7	95.5

表 9-41　相对贫困家庭与其他家庭农村居民的商业保险投保比例（区域）　　　　单位：%

商业保险种类	按区域相对贫困标准划分					
	高收入省（区、市）		中收入省（区、市）		低收入省（区、市）	
	相对贫困家庭	其他	相对贫困家庭	其他	相对贫困家庭	其他
商业人寿保险	1.3	2.3	1.2	2.5	0.8	1.9
商业健康保险	1	1.5	0.7	1.3	0.7	0.7
其他商业保险	0.4	1	0.5	1	0.9	1.1
都没有	97.3	95.2	97.5	95.2	97.6	96.3

从保险消费人群的性别特征看，我国农村男性居民商业保险的投保率略高于女性。如表 9-42 所示，有 93.7% 的农村男性居民及 95.5% 的农村女性居民没有任何商业保险。2.2% 的农村男性居民拥有商业人寿保险，1.2% 的男性拥有商业健康保险，男性居民的其他商业保险投保率为 1.1%。农村女性居民中拥有商业人寿保险的比率为 1.5%，拥有商业健康保险的比率为 0.9%，拥有其他商业保险的比率为 0.7%。

表 9-42　农村居民商业保险投保比例的性别差异　　　　单位：%

性别	商业人寿保险	商业健康保险	其他商业保险	都没有
男	2.2	1.2	1.1	93.7
女	1.5	0.9	0.7	95.5

表 9-43 给出了不同年龄段农村居民的商业保险投保比例。从中我们可以看到，对于所有种类的商业保险，投保比例最高的均为 41~50 周岁的中年人。

表 9-43　不同年龄段农村居民的商业保险投保比例　　　　单位：%

年龄段	商业人寿保险	商业健康保险	其他商业保险	都没有
30 周岁以下	1.6	1.0	0.9	96.5
30~40 周岁	2.1	1.3	1.0	95.6
41~50 周岁	3.4	2.0	1.2	93.4
51~60 周岁	2.2	1.1	1.0	95.7
61 周岁及以上	0.8	0.4	0.7	98.2

9.5.2　商业人寿保险

由表 9-44 商业人寿保险投保情况可知，全国农村居民的人均投保总额为 88431.7 元，其中东部地区人均投保总额为 75000.4 元，中部地区人均投保总额为 87616.7 元，西部地区人均投保总额为 108320.1 元。从保险分红比例来看，全国农村居民所投的商业人寿保险

31.4%有分红,人均分红收入为668.5元;东部地区分红比例为37.4%,人均分红收入为661.1元;中部地区和西部地区农村居民分红比例分别为35.2%和25.7%,人均分红收入分别为2006.1元和407.2元。从返还本金比例上来看,全国农村居民所投商业人寿保险中,有56.8%返还本金。全国有2.0%的农村居民获得理赔,平均获赔11081.3元。

表 9-44　农村居民投保商业人寿保险情况

人寿保险特征	全国	东部	中部	西部
投保总额/(元·人⁻¹)	88431.7	75000.4	87616.7	108320.1
分红占比/%	31.4	37.4	35.2	25.7
去年所获分红/元	668.5	661.1	2006.1	407.2
返还本金占比/%	56.8	58.7	60.6	50.8
去年缴纳保费/元	2464.7	2848.4	2691.6	2185.5
获得理赔比例/%	2.0	2.2	1.7	2.1
获赔金额/元	11081.3	14294.0	4835.0	1596.5

表 9-45、9-46 表示了按相对贫困标准划分的农村居民投保商业人寿保险情况。按全国相对贫困标准划分,去年相对贫困家庭获得理赔的比例为0.2%,其他家庭获得理赔的比例为2.6%。按照区域相对贫困标准划分,高收入省(区、市)相对贫困家庭获得理赔比例为2.5%,而其他家庭占比为4.3%。

表 9-45　相对贫困家庭与其他家庭的农村居民商业人寿投保情况(全国)

人寿保险特征	按全国相对贫困标准划分	
	相对贫困家庭	其他
投保总额/(元·人⁻¹)	87100.5	53782.8
分红占比/%	21.1	34.9
去年所获分红/元	926.2	1055.3
返还本金占比/%	48.1	57.6
去年缴纳保费/元	1886.0	2751.3
获得理赔比例/%	0.2	2.6
获赔金额/元	230.0	7875.0

表 9-46　相对贫困家庭与其他家庭的农村居民商业人寿投保情况（区域）

人寿保险特征	按区域相对贫困标准划分					
	高收入省（区、市）		中收入省（区、市）		低收入省（区、市）	
	相对贫困家庭	其他	相对贫困家庭	其他	相对贫困家庭	其他
投保总额/(元·人⁻¹)	76748.8	76337	49007.2	75194.5	25861.9	117211.7
分红占比/%	26.9	43.9	25.7	29.6	13.6	35.4
去年所获分红/元	106.6	556.9	1592.2	537.4	26.1	2195.3
返还本金占比/%	68.9	62.3	51	54.2	31.3	56.5
去年缴纳保费/元	3220.5	3072.8	1718.9	2790.4	1175	2378.9
获得理赔比例/%	0	4.3	0.5	1.4	0	3.2
获赔金额/元	0	15097.2	230	619.5	0	4527.9

9.5.3　商业健康保险

由表 9-47 可知，2016 年全国农村居民人均商业健康保险缴纳保费为 3037.6 元。分地区来看，东部地区农村居民人均商业健康保险缴纳保费 3453.8 元，人均报销金额少于中部地区，为 126.8 元。中部地区和西部地区的农村居民人均商业健康保险缴纳保费分别为 3469.5 元和 1431.1 元，人均报销金额分别为 155.2 元和 58.7 元。

表 9-47　农村居民商业保险投保情况　　单位:元

商业健康保险特征	全国	东部	中部	西部
缴纳保费	3037.6	3453.8	3469.5	1431.1
报销额	135.7	126.8	155.2	58.7

表 9-48 展示了按相对贫困标准划分的农村居民投保商业保险情况。从缴纳保费来看，按全国相对贫困标准划分下相对贫困家庭明显比其他家庭少，但是报销额度基本相同。按区域相对贫困标准来看，高收入省（区、市）相对贫困家庭人均缴纳保费 3142.8 元，其他家庭为 3881.8 元；中收入省（区、市）相对贫困家庭人均缴纳保费 2457.2 元，其他家庭为 2270.7 元；低收入省（区、市）相对贫困家庭人均缴纳保费 372.3 元，其他家庭缴纳 2346.9 元。

表 9-48　相对贫困家庭与其他家庭的农村居民商业保险投保情况　　单位:元

商业健康保险特征	按全国相对贫困标准划分		按区域相对贫困标准划分					
			高收入省（区、市）		中收入省（区、市）		低收入省（区、市）	
	相对贫困家庭	其他	相对贫困家庭	其他	相对贫困家庭	其他	相对贫困家庭	其他
缴纳保费	1697.0	2824.5	3142.8	3881.8	2457.2	2270.7	372.3	2346.9
报销额	204.7	206.6	524.9	30.9	0.0	13.9	30.8	403.7

9.5.4 其他商业保险

如表 9-49 所示,2016 年全国农村居民人均其他商业保险缴纳保费为 1950.4 元,人均报销金额为 420.0 元。分地区来看,东部地区农村居民其他商业保险缴纳保费最高,为 3243.6 元,人均报销金额也最高,为 113.9 元;东部地区和西部地区的农村居民人均其他商业保险缴纳保费分别为 1419.8 元和 983.5 元,人均报销金额分别为 72.6 元和 12.8 元。

表 9-49 农村居民其他商业保险投保情况   单位:元

其他商业保险特征	全国	东部	中部	西部
缴纳保费	1950.4	3243.6	1419.8	983.5
报销额	420.0	113.9	72.6	12.8

表 9-50 表示了按全国相对贫困标准划分的农村居民投保其他商业保险情况。按照全国相对贫困标准划分,相对贫困家庭缴纳保费的额度为 772.2 元,其他家庭缴纳 2309.6 元。

表 9-50 相对贫困家庭与其他家庭的农村居民其他商业保险投保情况   单位:元

其他商业保险特征	按全国相对贫困标准划分		按区域相对贫困标准划分					
			高收入省(区、市)		中收入省(区、市)		低收入省(区、市)	
	相对贫困家庭	其他	相对贫困家庭	其他	相对贫困家庭	其他	相对贫困家庭	其他
缴纳保费	772.2	2309.6	2081.2	4669.8	830.3	1932.4	269.0	1373.6
报销额	54.5	996.7	0.0	655.3	3.2	69.7	102.9	2141.8

10   农村家庭社区环境

本章利用中国农村家庭调查的农村社区调查问卷，分析中国农村社区的基本情况。2017 年的 CRHPS 农村社区调查问卷来自 29 个省（区、市）353 个县（市、区）的 608 个行政村。本章和下一章的分析主要围绕这 608 个行政村展开，在部分统计分析中，因为数据的缺失或异常值的剔除，分析的样本会少于 608 个。本章的分析内容包括村庄概况与人口特征、社区基础设施、农村产业概况、集体资产与债务、社区支出与收入，以及农业用地与征地拆迁等。研究发现，农村留守老人和留守儿童的数量非常庞大，两者之和占农村总户籍人口的 9.3%；相比于 2015 年，2017 年农村社区生活用水主要来源变成了"自来水"，占比为 50.8%，其中东部地区占比最高，为 59.7%；村庄与最近的农贸市场的距离平均为 6.1 千米，其中东部地区比中、西部地区距离近；农村社区支出的主要项目是社区公共事务开销；农村社区收入的 59.0% 来自政府财政补贴或返还，20.2% 来自集体资产的收益；就全国而言，89.0% 的农村社区已经进行了土地确权，其中西部地区比例最高，达到了 93.8%。同时，本章根据 2016 年国务院扶贫开发领导小组办公室发布的国家级贫困县名单，对村庄是否属于贫困县进行了划分，然后根据这一划分对部分数据进行了对比分析。

10.1   村庄概况与人口特征

10.1.1   村庄概况

行政村一般由多个自然村组成，图 10-1 描述了我国行政村包含的自然村个数的情况。就全国平均而言，一个行政村包含 6.5 个自然村，中部地区一个行政村平均包含 9.1 个自然村，西部地区包含 7.5 个自然村，东部地区包含 3.4 个自然村。

村庄姓氏结构反映了村庄宗族势力的状况。如表 10-1 所示，如果将占村庄总人口 10.0% 以上的姓氏定义为大姓的话，全国有大姓的村庄占到了整体的 81.6%，有 1 个、2 个、3 个、3 个以上大姓的村庄占全国的比重分别为 40.5%、29.7%、17.3%、12.6%。

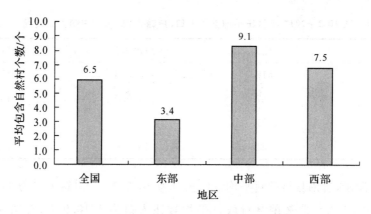

图 10-1　2017 年行政村平均包含的自然村个数

表 10-1　2017 年村庄姓氏结构　　　　　　　　　　　　　　单位：%

地区	有大姓的村庄	大姓数目			
		1 个	2 个	3 个	3 个以上
全国	81.6	40.5	29.7	17.3	12.6
东部	91.0	44.6	27.5	16.5	11.4
中部	79.3	36.0	31.4	16.8	15.8
西部	72.1	39.8	30.9	19.2	10.1

10.1.2　人口特征

（1）人口数量

中国农村社区在最近几年中正经历着巨大的人口变迁，大量青壮年劳动力流动到城市从事非劳生产，而留守在农村的主要是老人、孩子及劳动技能相对较弱的人。我们分别调查了农村的常住人口与户籍人口的情况。

常住人口包括三部分：一是居住在本乡镇，且户口在本乡镇或户口待定的人；二是居住在本乡镇，且离开其户口登记地所在乡镇半年以上的人；三是户口在本乡镇，且外出不满半年或在境外工作学习的人。户籍人口指户籍在本村的人口，户籍人口中大部分是农村户籍（农业户籍）人口，但也有少数是居民户籍人口。

如表 10-2 所示，全国行政村平均常住人口为 1616.3 人，户籍人口为 1800.8 人，农村户籍人口为 1719.5 人。中部地区行政村平均人口规模最大，户籍人口达到 2065.0 人；东部地区户籍人口最少，为 1415.0 人；西部地区平均户籍人口为 1976.9 人。常住人口规模也呈现出相同的分布规律，即中部地区最大，为 1881.7 人，东部地区最小，为 1287.1 人。从表 10-2 中还可以看出，中部地区农村户籍人口数要略高于东、西部地区。

表 10-2　2017 年村庄平均常住人口、户籍人口、农村户籍人口情况　　单位：人

地区	常住人口	户籍人口	农村户籍人口
全国	1616.3	1800.8	1719.5
东部	1287.1	1415.0	1328.9
中部	1881.7	2065.0	1981.0
西部	1721.4	1976.9	1904.5

如表 10-3 所示，贫困县行政村平均常住人口为 1625.1 人，户籍人口为 1776.7 人，农村户籍人口为 1806.4 人。非贫困县行政村平均常住人口为 1613.9 人，户籍人口为 1807.5 人，农村户籍人口为 1792.6 人。

表 10-3　2017 年贫困县与非贫困县村庄平均常住人口、户籍人口、农村户籍人口情况　　单位：人

县的类型	常住人口	户籍人口	农村户籍人口
贫困县	1625.1	1776.7	1806.4
非贫困县	1613.9	1807.5	1792.6

（2）年龄结构

图 10-2 进一步呈现了全国农村人口的年龄结构，16～59 周岁人口在村庄中占比为 58.9％，15 周岁及以下人口在村庄中占比为 21.3％。如果将 60 周岁及以上人口定义为老年人口，则农村老龄化比例高达 19.8％，比 2015 年的 19.4％有微小幅度的上升。

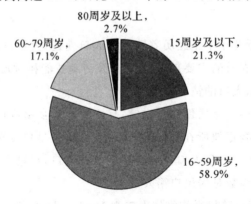

图 10-2　2017 年农村人口年龄结构

（3）文化程度

大专及以上文化程度人口占比在一定程度上反映了农村人口的受教育水平。如图 10-3 所示，全国农村平均有 5.7％的人口文化程度达到大专及以上。但区域之间存在非常明显的差异，东部地区农村人口教育程度要明显高于中、西部地区，东部地区拥有大专及以上的文化程度的人口占比高于中部地区 3 个百分点，高于西部地区 2.6 个百分点。

如图 10-4 所示，贫困县农村平均有 4.0％的人口达到大专及以上的文化程度。而非贫

困县拥有大专及以上文化程度人口占比为 6.2%,可以看出,非贫困县的平均文化教育程度显著高于贫困县。

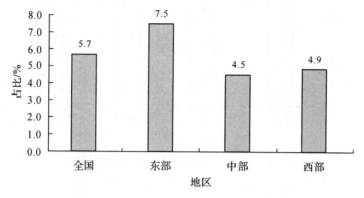

图 10-3 2017 年农村大专及以上文化程度人口占比

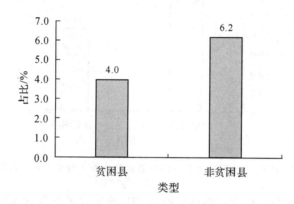

图 10-4 2017 年贫困县与非贫困县农村大专及以上文化程度人口占比

(4)外出务工劳动力

随着城市化进程的推进,大量农村劳动力外出务工。如图 10-5 所示,就全国平均而言,有 22.8% 的农村劳动力人口外出务工。这一比例在地区间也存在巨大差异,西部地区外出务工劳动力人口占比最高,为 26.5%;其次为中部地区,为 24.8%;东部地区最少,为18.1%。形成这一差异的原因可能是东、中、西部地区在非农产业发展上存在较大差异,东部地区县域非农产业发展较快,许多农村劳动力可以选择在本地务工,但是中、西部地区的劳动力会大量流动到东部地区。

如图 10-6 所示,就贫困县而言,28.6% 的农村劳动力人口外出务工。这一比例在非贫困县地区明显偏低,并且贫困县的数据超过全国的平均值 22.8%。这表明,相对于非贫困县,贫困县农村人口的本地就业机会更为欠缺,就业机会较大部分依赖于跨区域的外出就业。

(5)失独家庭和留守人口

表 10-4 统计了所调查农村失独家庭、留守老人与留守儿童的情况。平均而言,全国农

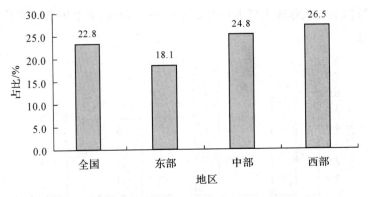

图 10-5　2017 年农村外出务工劳动力人口占比

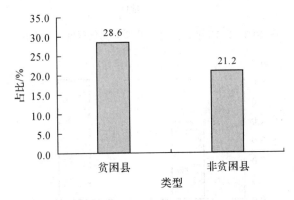

10-6　2017 年贫困县与非贫困县农村外出务工劳动力人口占比对比

村失独家庭占比为 0.4％。相对东部地区而言，中、西部地区的失独家庭占比更高。就农村留守人口而言，全国农村留守老人占农村人口的比例为 6.2％，全国农村留守儿童占农村人口的比例为 3.1％。相对于东部地区而言，中、西部地区留守老人、留守儿童问题更为严重，中部地区留守老人占比甚至达到了 8.4％。从中长期看，农村社区大量的留守老人与留守儿童将有可能成为严重的社会问题。

表 10-4　2017 年农村失独家庭、留守老人、留守儿童占比　　　　　　　　单位：%

地区	失独家庭	留守老人	留守儿童
全国	0.4	6.2	3.1
东部	0.3	4.4	1.5
中部	0.4	8.4	4.8
西部	0.5	6.0	3.1

（6）人口迁移

本调查还统计了农村人口的迁移情况。本调查中的"迁出"是指居民常住地址改变，其中已经办理户籍迁出手续及未办理户籍迁出手续的情况均属于迁出。"迁入"是指居民常住地址改变,其中已办理户籍迁入及未办理户籍迁入手续的情况均属于迁入。"外出"是指不在自己户口所在地或家庭常住地工作,对于农村人口而言,通常指去农村所在县(市、区)以外工作。

表10-5统计了农村外来人口、举家迁入户数、举家迁出户数占比。如表10-5所示,农村人口流失严重,全国平均举家迁出比例达到3.7%,而举家迁入的占比为0.4%,外来人口占比3.6%。这也反映出中国还处于快速的城市化进程中。

表 10-5　2017 年农村外来人口、举家迁入户数、举家迁出户数占比　　　　单位:%

地区	外来人口	举家迁入户数	举家迁出户数
全国	3.6	0.4	3.7
东部	5.9	0.2	4.0
中部	2.3	0.6	3.7
西部	2.2	0.3	3.3

10.2　社区基础设施

10.2.1　社区水电

(1)生活用水

如表10-6所示,就全国来看,农村社区用水以"自来水"和"井水/山泉水"为主,分别占50.8%和45.1%,其中东部地区自来水的普及率最高,达到59.7%,而中、西部地区农村的自来水普及率较低,分别为47.6%和43.0%。根据《中国农村家庭发展报告(2016)》的统计数据,2015年时,农村家庭的主要生活用水来源主要是"井水/山泉水",全国而言,"自来水"的普及率只有36.1%,而经过两年的时间,全国农村的平均"自来水"普及率上升到了50.8%,上升幅度非常大。这体现了最近两年乡村建设的成效。

表 10-6　2017 年社区用水的主要来源占比　　　　单位:%

地区	江河湖水	井水/山泉水	自来水	矿泉水/纯净水/过滤水	雨水	窖水	池塘水	其他
全国	1.8	45.1	50.8	1.0	0.2	0.2	0.3	0.7
东部	0.5	38.3	59.7	1.3	0.0	0.0	0.0	0.1
中部	4.0	47.7	47.6	0.0	0.0	0.0	0.8	0.0
西部	0.7	50.8	43.0	1.8	0.8	0.6	0.0	2.4

注:用水统计中,如果遇到水源变化,则统计最近3个月做饭常用水。

（2）能源消费

如图 10-7 所示,就全国平均而言,农村居民做饭的主要燃料来源是柴草、液化石油气、管道天然气/煤气、电、煤炭,占比分别为 32.8%、19.9%、19.2%、16.5%、9.5%。其中柴草的比例由 2015 年的 40.5% 降低至 2017 年的 32.8%,尽管其仍然为做饭燃料的主要来源,但是占比已经得到相对改进,说明农村的能源消费结构正在优化。

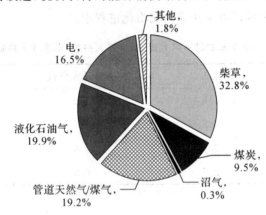

图 10-7　2017 年全国农村居民做饭主要燃料来源占比

10.2.2　社区交通

如图 10-8 所示,就全国农村平均而言,通往县城中心的道路只有 1 条的村庄占比为 51.4%,通往县城中心的道路有 2 条、3～5 条的村庄占比分别为 33.1%、13.3%。通往县城中心的道路有 5 条以上的村庄占比增加至 2.1%。根据《中国农村家庭发展报告（2016）》的统计数据,2015 年有 0.7% 的村庄根本没有通往县城中心的道路,至 2017 年,这一比例下降到只有 0.1%。

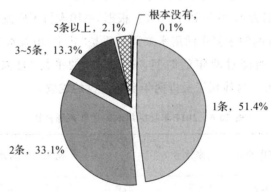

图 10-8　2017 年全国农村通往县城中心的道路数目情况占比

如图 10-9 所示,就贫困县而言,通往县城中心的道路只有 1 条的村庄占比为 49.1%,通往县城中心的道路有 2 条、3～5 条的村庄占比分别为 34.2%、16.0%。而非贫困县只有 1 条通往县城中心的道路的村庄占比为 52.1%,有 2 条、3～5 条的占比分别为

32.8%、12.5%。

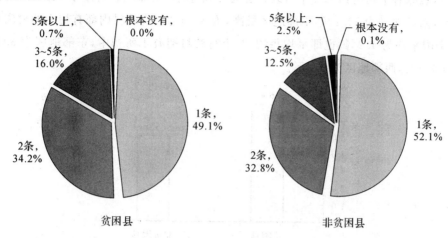

图 10-9   2017 年贫困县与非贫困县全国农村通往县城中心的道路数目情况占比

图 10-10 进一步统计了村庄到最近的农贸市场的距离。总体而言,我国农村与最近的农贸市场的距离平均为 6.1 千米,其中,中部地区和西部地区分别为 5.4 千米和 7.8 千米,东部地区最近为 3.6 千米。

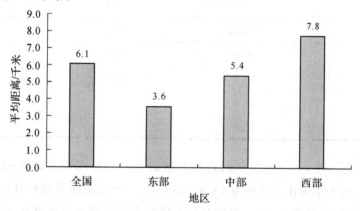

图 10-10   2017 年村庄到最近的农贸市场的平均距离

图 10-11 进一步统计了贫困县与非贫困县村庄到最近的农贸市场的距离。贫困县与最近的农贸市场的距离平均为 6.9 千米,而非贫困县为 5.0 千米,两者存在显著的差异,这体现出贫困县的农户的农产品市场交易成本较高。

10.2.3   社区教育

除了供水、能源与道路设施外,农村社区还有其他一些基础设施,如幼儿园、小学、初中等。

如表 10-7 所示,就学校而言,全国村庄内部有幼儿园的比例平均为 35.6%,东、西部地区比例较低,分别为 30.1% 和 35.9%,中部地区较高,为 41.0%。全国村庄内有小学的比例

为 44.6%，意味着平均每约 2.2 个行政村拥有 1 所小学，东部地区村庄小学拥有比例极低，为 28.2%，西部地区为 50.1%，中部地区最高，为 57.4%。行政村内部有初中的村庄比例相对较低，全国平均为 4.9%，也即平均每约 20 个行政村拥有 1 所初中，东部地区为 3.1%，中部地区为 5.2%，西部地区为 6.8%。

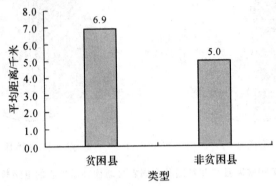

图 10-11　贫困县与非贫困县村庄到最近的农贸市场的平均距离

表 10-7　2017 年农村社区学校覆盖率　　　　　　　　单位：%

地区	学校		
	幼儿园	小学	初中
全国	35.6	44.6	4.9
东部	30.1	28.2	3.1
中部	41.0	57.4	5.2
西部	35.9	50.1	6.8

如表 10-8 所示，就学校而言，贫困县与非贫困县的村庄内部有幼儿园的比例分别为 44.1%、33.2%，有小学的比例分别为 63.3%、39.4%。然而贫困县农村社区初中的社区覆盖比例低于非贫困县，仅为 3.2%。贫困县幼儿园与小学的覆盖比例更高，可能的原因是非贫困县最近几年的撤村合并现象更多，幼儿园与小学的数量也通过合并减少了，但教学质量提高了。

表 10-8　2017 年贫困县与非贫困县农村社区学校覆盖率的对比情况　　　单位：%

县的类型	学校		
	幼儿园	小学	初中
贫困县	44.1	63.3	3.2
非贫困县	33.2	39.4	5.3

如图 10-12 所示，村委会到最近小学的距离普遍小于到初中的距离，全国平均而言，村委会到最近小学的距离平均为 4.2 千米，村委会到最近的初中的距离平均为 6.4 千米。

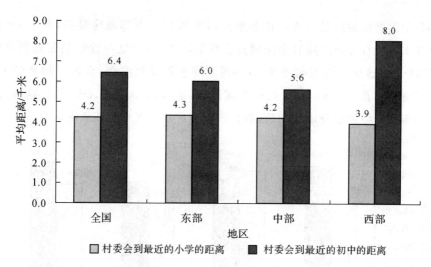

图 10-12　2017 年行政村村委会到最近小学、初中的平均距离

如表 10-9 所示,全国每个行政村小学教师人数平均为 15.1 人,平均有在校生 193.7 人,师生比为 7.8∶100。西部地区小学平均在校生人数高于东部、中部地区,为 216.5 人。相对而言,从师生比的角度分析,东部地区略优于中、西部地区。

表 10-9　2017 年行政村小学师生数量

地区	教师人数/人	在校生人数/人	师生比
全国	15.1	193.7	7.8∶100
东部	17.0	200.6	8.5∶100
中部	13.0	174.5	7.4∶100
西部	16.7	216.5	7.7∶100

如图 10-13 所示,就小学、初中教师平均月工资而言,全国平均为 3625.2 元、4194.5 元,比《中国农村家庭发展报告(2016)》统计的 2015 年的 3191.4 元和 3721.3 元有较大幅度的提高。分地区来看,东部地区工资最高,平均工资分别为 4065.0 元和 4622.4 元,同时东部地区小学教师平均工资明显高于平均水平。初中教师平均工资水平略高于小学教师平均工资,中部地区最低,为 3721.5 元。

如图 10-14 所示,就小学、初中教师平均月工资而言,贫困县分别为 3429.9 元、3940.1 元。非贫困县的平均月工资为 3682.4 元和 4266.8 元,均比贫困县的平均月工资高。

10.2.4　其他基础设施

表 10-10 报告了农村社区医疗、金融服务点、公用健身设施、宽带等基础设施的情况。医疗服务方面,全国农村地区医疗点覆盖率为 87.4%,其中东部地区为 80.2%,西部地区为 88.5%,中部地区最高,为 94.1%;全国农村地区医院覆盖率仅为 8.2%,表明每约 12 个行政村有 1 所医院,其中东部地区为 4.8%,西部地区为 9.0%,中部地区最高,为 11.0%。金

融服务方面,全国农村地区村镇银行覆盖率平均为 3.2％,东部地区最高,为 3.9％,高于中部、西部地区 1.1 个百分点。随着全民健身意识的增强,公用健身设施的覆盖率有效提高,全国农村地区公用健身设施覆盖率为 57.8％。网络普及程度高,全国平均宽带覆盖率为 87.9％,东部地区覆盖率为 90.8％,高于中部、西部地区的 86.3％、86.0％。这些关于农民理财、身体健康和网络的切身民生问题,都在国家的重视下逐步得到解决。

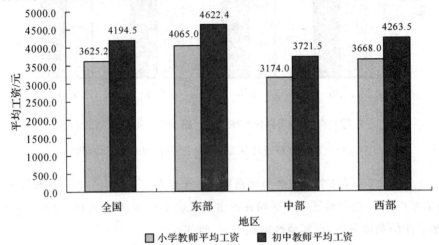

图 10-13　2017 年农村小学、初中教师平均月工资

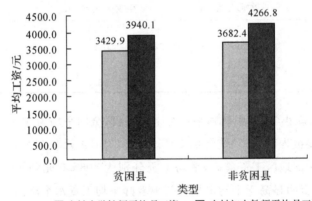

图 10-14　2017 年贫困县与非贫困县农村小学、初中教师平均月工资

表 10-10　农村社区基础设施情况　　　　　　　　　　　　　单位:％

地区	医疗服务点		金融服务点（村镇银行）	公用健身设施	宽带
	医疗点	医院			
全国	87.4	8.2	3.2	57.8	87.9
东部	80.2	4.8	3.9	75.5	90.8
中部	94.1	11.0	2.8	48.2	86.3
西部	88.5	9.0	2.8	46.6	86.0

表 10-11 报告了农村社区贫困县与非贫困县的医疗服务点、金融服务点、公用健身设施、宽带等基础设施的对比情况。从表中可以看出,医疗点在贫困县的覆盖比例较高,为 90.4％,但设有医院的比例仅为 3.5％,远低于全国平均水平,这体现出贫困县在较高质量的医疗服务的提供上还比较欠缺。贫困县内,设有金融服务点村镇银行的仅占 0.7％,公共健身设施为 41.6％,而在非贫困县,占比分别为 3.9％、62.4％,存在较大差距。宽带普及情况与全国平均水平较为接近,为 83.6％。

表 10-11   2017 年农村社区贫困县及非贫困县基础设施情况对比   单位:％

县的类型	医疗服务点		金融服务点(村镇银行)	公共健身设施	宽带
	医疗点	医院			
贫困县	90.4	3.5	0.7	41.6	83.6
非贫困县	86.6	9.5	3.9	62.4	89.1

图 10-15 进一步显示了农村家庭中开通宽带业务的户数占比情况。全国平均而言,2017 年全国农村家庭中有 33.2％的家庭安装了宽带。其中,东部地区这一比例最高,为 45.2％。

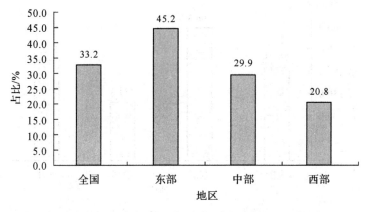

图 10-15   2017 年农村家庭中开通宽带业务的户数占比

图 10-16 进一步统计了贫困县与非贫困县农村家庭中开通宽带业务的户数占比情况。就贫困县而言,2017 年全国农村家庭中有 25.7％的家庭安装了宽带,非贫困县地区该比例为 34.9％。

10.3   农村产业概况

农村产业的发展经营状况能很好地反映农村社区经济情况;了解农村产业相关信息有利于农村社区有针对性地发展特色产业,促进社区经济的进一步发展。本数据库调查了样本村庄的产业发展状况。

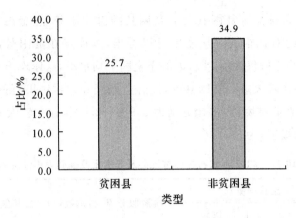

图 10-16　2017 年贫困县与非贫困县农村家庭中开通宽带业务的户数占比

特色产业总产值是反映社区特色产业效益的一个重要指标,图 10-17 展现了 2017 年东、中、西部地区农村社区的特色产业平均总产值状况。从平均产值看,东部地区农村社区最高,达到了 296.8 万元;西部地区农村社区居中,为 225.1 万元;中部地区最低,仅为 131.3万元。

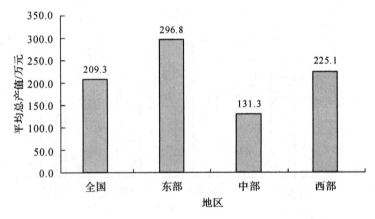

图 10-17　2017 年农村社区特色产业平均总产值

图 10-18 展现了 2017 年贫困县与非贫困县农村社区的特色产业平均总产值状况。其中贫困县特色产业平均总产值为 127.7 万元,而非贫困县特色产业平均总产值为 237.3 万元。

农村社区发展特色产业往往以本地的资源为基础,因地制宜地发挥出特色资源的经济效益。农村地区特色产业的发展并不突然,早在 20 世纪 50 年代,就有一些农村社区创办了特色产业,以推动社区经济的发展。图 10-19 概括了我国农村社区发展的特色产业中,不同类型本地资源的占比情况。其中,物质产品的开发利用最为广泛,占 69.9％;依赖自然风景发展特色产业也是广大农村社区提高社区经济水平的渠道之一,占 18.5％;相比之下,非物质文化和人文风景的开发利用比较滞后。

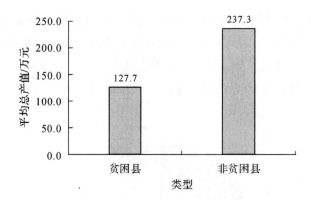

图 10-18 2017 年农村社区特色产业平均总产值

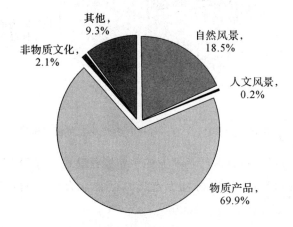

图 10-19 2017 年农村社区特色产业中不同类型本地资源构成

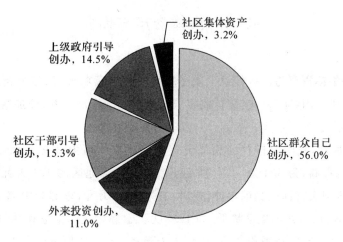

图 10-20 2017 年农村社区特色产业创办模式构成

　　结合农村地区不同的自然、经济和社会文化条件，特色产业的创办模式和经营模式多种多样，图 10-20 总结了我国农村社区特色产业的几种主要创办模式。社区群众为提高自身生活水平，对特色产业的关注与开发有着极高的积极性，大部分的农村社区特色产业由社区

群众自己创办，这部分占创办模式的比例最高，为56.0%；有一定数量的特色产业的创办需要专业指导和前瞻性的规划，因此上级政府与社区干部的引导十分重要，农村社区特色产业中由上级政府与社区干部引导创办的比例分别达到了14.5%和15.3%；利用外来投资或社区集体资产创办的特色产业比例分别达到了11.0%和3.2%。

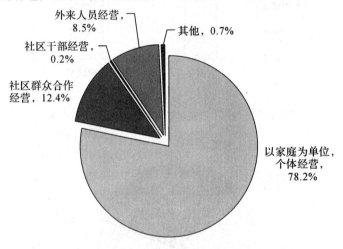

图10-21　2017年农村社区特色产业经营模式构成

图10-21总结了我国农村社区特色产业的主要经营模式。有78.2%的农村社区以家庭为单位进行个体经营，12.4%的农村社区选择社区群众合作经营，外来人员经营占比仅为8.5%。

10.4　集体资产与债务

农村社区的集体资产与债务信息反映了社区资产经营状况，通过分析集体资产与债务的基本情况与形成原因，能够为村集体制定农村整体生产经营效率、增加集体福祉的相关措施提供有用的信息。

如表10-12所示，我国农村社区集体资产的净收益均值为2.9万元，东部地区异军突起，其集体净收益最高，为5.4万元，分别高于中部和西部地区的1.1万元和1.9万元。就债务状况而言，全国农村社区当前集体债务均值为24.3万元，东部和中部地区较高，分别为27.0万元和27.8万元，西部地区最低，为16.8万元。新增集体债务和共归还集体债务由东向西递减，东部地区最高，新增集体债务为12.3万元。共归还集体债务上，全国平均水平为6.2万元，其中东部地区最多，为8.7万元。

表 10-12 2017 年农村社区集体资产与集体债务基本情况 单位:万元

地区	集体资产的净收益	当前集体债务	新增集体债务	共归还集体债务
全国	2.9	24.3	9.4	6.2
东部	5.4	27.0	12.3	8.7
中部	1.1	27.8	9.2	5.5
西部	1.9	16.8	4.5	2.6

图 10-22 和图 10-23 分别反映了我国农村社区集体债务的欠债对象和欠债原因。66.9%的农村社区欠债对象是个人,14.8%的农村社区欠债对象是银行、信用社,9.7%的集体债务欠债对象是企业,5.3%的集体债务欠债对象是上级政府。当前农村社区主要的借债原因为投资社区大型工程、垫付社区各种赋税、支付社区公务开销和发放社区工作人员工资。

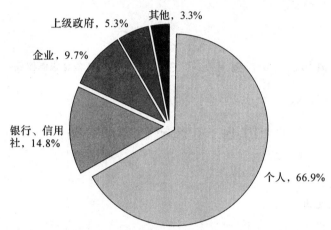

图 10-22 2017 年农村社区集体债务欠债对象构成

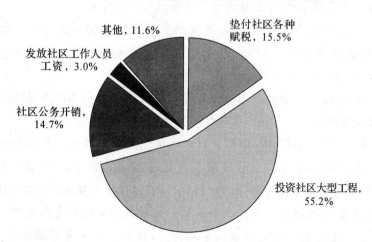

图 10-23 2017 年农村社区主要借债原因构成

图 10-24 反映了我国农村社区归还集体债务的主要资金来源,其中 54.8%的农村社区

依赖上级政府资助来归还集体债务，30.0％依赖社区集体收入，6.3％依靠各类借款，另外7.4％的农村社区选择其他多样化的方式归还集体债务。

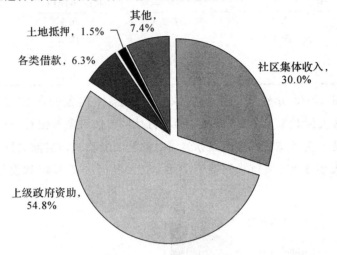

图 10-24　2017 年农村社区归还集体债务的主要资金来源构成

10.5　社区支出与收入

10.5.1　社区支出

社区支出以及流向等指标直观地展现了农村社区当前的资金支配状况，明晰社区支出有利于农村社区开源节流，将资金更好地运用在重点支出项目上。

如图 10-25 所示，2017 年我国农村社区支出呈现出明显的区域差异。全国农村社区2017 年平均支出为 23.2 万元。从均值上看，东部农村社区的支出最高，为 40.1 万元；中部地区农村社区次之，为 14.9 万元；西部最少，为 11.8 万元。

如图 10-26 所示，2017 年贫困县与非贫困县农村社区支出呈现出明显的差异。贫困县地区农村社区平均支出为 22.9 万元，而非贫困县社区为 30.2 万元。

表 10-13 总结了 2017 年东、中、西部农村社区的主要支出项目。东部农村社区主要支出项目为社区公共事务开销，平均支出为 14.7 万元，占总支出的 36.7％，其次为社区居民红利发放，平均支出为 3.1 万元，占比达到 7.7％；中部农村社区主要支出项目是社区公共事务开销和集体经济投资，占比分别为 50.3％、17.4％；西部农村社区的支出主要为社区公共事务开销，平均支出占比为 69.5％。就全国平均而言，社区公共事务开销最大，平均支出为10.3 万元，该项目在全国范围内的占比为 44.4％。

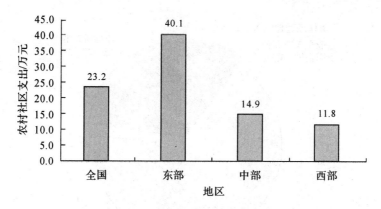

图 10-25 2017 年农村社区支出情况

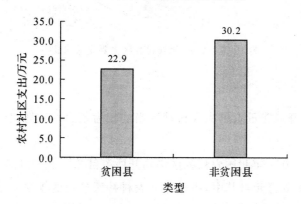

图 10-26 2017 年贫困县与非贫困县农村社区支出情况

表 10-13 2017 年农村社区主要支出项目

支出项目	全国		东部		中部		西部	
	均值/万元	占比/%	均值/万元	占比/%	均值/万元	占比/%	均值/万元	占比/%
社区居民红利发放	1.6	6.9	3.1	7.7	0.3	2.0	1.2	10.2
集体经济投资	1.8	7.8	1.8	4.5	2.6	17.4	0.9	7.6
社区居民社会救助	1.2	5.2	2.5	6.2	0.3	2.0	0.5	4.2
社区公共事务开销	10.3	44.4	14.7	36.7	7.5	50.3	8.2	69.5

10.5.2 社区收入

社区收入及其来源等指标直观地展现了农村社区当前的资金收入状况,多样化的资金流入渠道为农村社区各项工作的开展提供了保障。

图 10-27 反映了 2017 年我国农村社区的主要收入构成状况。2017 年我国农村收入的 59.0% 来自上级政府财政补贴或返还,20.2% 来自集体资产收益,17.5% 为集体经营性收入,企业个人或其他组织捐助占比为 3.3%。

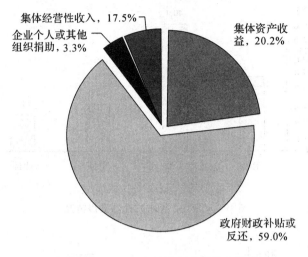

集体经营性收入，17.5%
企业个人或其他组织捐助，3.3%
集体资产收益，20.2%
政府财政补贴或反还，59.0%

图 10-27　2017 年农村社区主要收入构成

10.5.3　社区项目开展情况

农村社区项目的开展能重点解决农村社区当前较为紧迫的问题，促进其他各项事务的顺利进行。

如表 10-14 所示，2017 年我国农村社区平均开展项目 2.8 个，项目款均值为 95.7 万元，平均配套财政资金 23.6 万元。其中，中部地区农村社区开展的项目最多，但项目款均值最低，为 82.9 万元。西部地区农村社区的项目款最高，为 114.0 万元，其平均配套财政资金为 15.1 万元。东部地区配套财政资金最多，为 44.7 万元。

表 10-14　2017 年农村社区项目开展情况

地区	项目数量/个	项目款/万元	配套财政资金/万元
全国	2.8	95.7	23.6
东部	1.2	91.6	44.7
中部	5.5	82.9	11.5
西部	1.4	114.0	15.1

10.6　农业用地与征地拆迁

10.6.1　农业用地概况

农业用地是我国广大农村地区农民进行生产活动的基本载体，了解土地确权及流转状况、农业用地产值和土地闲置情况等信息，有利于帮助农民提高生产经营效率，更好地发挥土地价值。

农村社区土地的确权、流转有利于提高土地的经营效率,表 10-15 反映了我国农村社区土地确权、经营权流转的基本状况。就全国而言,有 89% 的农村社区已进行了土地确权,其中西部地区比例最高,达到 93.8%。东部农村社区非承包户自己耕种的比例较高,为28.7%,中部和西部地区比较相近,分别为 23.5%、21.1%。中部地区土地经营权自由流转社区的比例为 70.8%,略高于东部地区 2.8 个百分点,高出西部地区 7.0 个百分点。

表 10-15　2017 年农村社区土地确权及经营权流转情况　　　　单位:%

指标	全国	东部	中部	西部
土地确权社区比例	89.0	88.7	86.9	93.8
非承包户自己耕种比例	24.7	28.7	23.5	21.1
土地经营权自由流转社区比例	67.8	68.0	70.8	63.8

表 10-16 反映了我国贫困县和非贫困县的农村社区土地确权、经营权流转基本状况。就贫困县而言,有 86.6% 的农村社区已进行了土地确权,低于全国的平均值;非承包户自己耕种的比例为 26.2%,高于全国平均值;而土地经营权自由流转社区的比例为 58.1%,明显低于全国平均值。

表 10-16　2017 年农村社区贫困县和非贫困县土地确权及经营权流转对比情况　　单位:%

县的类型	土地确权社区比例	非承包户自己耕种比例	土地经营权自由流转社区比例
贫困县	86.6	26.2	58.1
非贫困县	89.4	18.3	70.7

如图 10-28 所示,农村社区农业生产各环节使用机械的比例同样呈现出明显的区域差异。在耕地环节、播种环节和收获环节,东、中部地区农村社区使用机械的比例远高于西部地区,尤其是在收获环节,东、中部地区农村社区使用机器的比例都超过了 60%,而西部仅为 40%。

表 10-17 反映了 2017 年农村社区经济作物的种植比例及平均总产值。2017 年全国农村社区经济作物的平均总产值为 133.6 万元,经济作物面积占总体作物面积比例为 36.0%。其中,东部地区农村社区有 38.5% 的土地面积用于种植经济作物,平均产值最高,达到148.8 万元;中部地区农村社区的经济作物面积占总体作物种植面积的比例最低,为 29.5%。

表 10-17　2017 年农村社区经济作物种植比例以及平均总产值

地区	经济作物面积占总体作物面积比例/%	平均总产值/万元
全国	36.0	133.6
东部	38.5	148.8
中部	29.5	143.4
西部	41.1	105.7

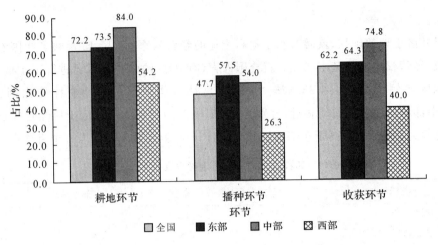

图 10-28　2017 年农村社区农业生产各环节使用机械的比例

10.6.2　征地拆迁情况

征地拆迁是当前我国农村社区面临的大事，征地的规模与范围、征地补偿标准及征地安置状况是人们最关心的问题。

其中，征地安置状况关系到广大农民的切身利益。表 10-18 展现了 2015 年 7 月至 2017 年调查时的农村社区征地安置情况。就全国范围而言，平均每个农村社区安置 29.5 人，社区内部安置人数为 62.2 人，统一建房安置人数为 23.9 人，借助拆迁安置办理社会保障人数为 8.1 人。从区域看，中部地区安置人数最少，为 10.3 人，统一建房安置人数为 7.7 人。西部地区的农村社区内部安置情况较差，为 19.6 人。东部地区农村社区的征地安置规模最大，平均每个社区安置 56.4 人，社区内部安置人数为 42.3 人，统一建房安置人数为 44.1 人。

表 10-18　农村社区征地安置情况　　　　　　　　　　　　　　　　单位：人

地区	安置人数	社区内部安置人数	统一建房安置人数	借助拆迁安置办理社会保障人数
全国	29.5	62.2	23.9	8.1
东部	56.4	42.3	44.1	0.0
中部	10.3	116.8	7.7	20.3
西部	19.7	19.6	17.6	0.0

11 农村社区治理与公共服务

本章与前一章类似,依然利用中国农村家庭调查中的农村社区调查数据,分析农村社区治理与公共服务的基本情况。本章的分析内容包括农村社区治理主体、条件与机制。调查表明,目前我国平均每个农村社区有 5.7 个村委会人员,95.2% 的村党支部书记为男性,村党支部书记的学历主要是高中(职高)。全国平均而言,有 75.0% 的农村社区建立了常设议事机构,有 85.0% 的农村社区已形成了自治章程;农村社区参与协调的纠纷主要是夫妻矛盾,占比为 50.5%,其次是产权纠纷,占比为 31.4%;农村社区向社会组织购买的服务以卫生清洁居多;农村社区中有基督教信仰的居民比例较高,达到 30.3 %;超过一半的农村社区存在生态退化问题。

11.1 治理主体与机制

11.1.1 治理主体

村委会及其他工作人员是我国农村社区的治理主体,是农村社区主管职能的承担者,是负责决策、组织、指挥、协调和监督的人员,是实现村庄治理的关键。表 11-1 总结了农村社区治理主体的基本情况,我国平均每个农村社区有村委会人员 5.7 人,其他工作人员 1.4 人。其中,中部农村社区配置人员最多,平均每个社区有村委会人员 7.5 人和其他工作人员 1.0 人;西部地区社区人员较少,平均每个社区有村委会人员 6.6 人,其他工作人员 1.2 人。

表 11-1 2017 年农村社区治理主体基本情况　　　　　　单位:人

地区	村委会人员数量	其他工作人员数量
全国	5.7	1.4
东部	6.8	1.1
中部	7.5	1.0
西部	6.6	1.2

图 11-1 反映了农村社区党支部书记的性别构成情况。平均而言,我国农村社区党支部书记有 95.2% 为男性,4.8% 为女性,性别占比差异较大。

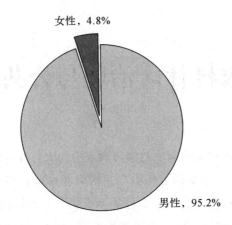

图 11-1　2017 年农村社区党支部书记的性别构成

　　表 11-2 反映了我国农村社区党支部书记的学历构成情况。整体来看，仅 4.0％的村支部书记拥有本科及以上学历；学历为高中（职高）的村党支部书记占比最大，为 37.4％；初中学历的村党支部书记其次，占比 26.3％。从地区来看，东部地区的大专及以上学历的农村社区的党支部书记占比为 27.4％，中部地区该项占比为 26.6％，西部地区占比仅为 22.0％。

表 11-2　2017 年农村社区党支部书记的学历构成　　　　　单位：%

地区	小学以下	小学	初中	高中（职高）	中专	大专	本科	研究生及以上
全国	0.6	2.2	26.3	37.4	7.9	21.6	3.9	0.1
东部	0.0	1.3	31.2	31.9	8.1	22.6	4.6	0.2
中部	1.4	0.3	24.1	41.4	6.2	21.8	4.8	0.0
西部	0.4	5.8	22.7	39.4	9.7	20.2	1.8	0.0

　　表 11-3 反映了农村社区两委（村委和党委）工作人员的基本情况。我国农村社区两委工作人员的人均月补贴为 1199.4 元，其中中部农村社区补贴最高，为 1186.3 元；大专以上学历的两委人数最多的为西部农村社区，平均有 0.8 人，中、东部地区均为 0.7 人。

表 11-3　2017 年农村社区两委工作人员月补贴及学历状况

地区	两委人均月补贴/元	两委大专以上学历平均人数/人
全国	1199.4	0.8
东部	1065.8	0.7
中部	1186.3	0.7
西部	1116.6	0.8

　　表 11-4 反映了农村社区党员的基本情况，我国农村社区平均有 48.2 个党员，其中 30 周岁以下者占 13.5％，60 周岁以上者占 39.4％，大专及以上学历者占 11.2％，女性党员占

13.9%。从地区上看,中部地区 30 周岁以下的社区党员占比为 12.8%,60 周岁以上的社区党员占比也在区域中最高,为 41.9%,大专及以上占比为 10.5%,女性党员占比最低,为12.8%。2017 年发展新党员最为活跃的地区是中部地区,平均新发展党员最多,为 1.3 个,占比为 2.6%。

表 11-4 2017 年农村社区党员状况

地区	社区党员平均数量/人	30 周岁以下		60 周岁以上		大专及以上		女性党员数量		2017 年新发展党员数量	
		均值/人	占比/%	均值/人	占比/%	均值/人	占比/%	均值/人	占比/%	均值/人	占比/%
全国	48.2	6.5	13.5	19.0	39.4	5.4	11.2	6.7	13.9	1.1	2.2
东部	48.7	6.7	13.7	18.3	37.6	6.1	12.6	6.6	13.5	1.0	2.0
中部	50.2	6.9	12.8	21.0	41.9	5.3	10.5	6.4	12.8	1.3	2.6
西部	45.2	5.7	12.6	17.4	38.4	4.8	10.6	7.2	15.8	1.1	2.5

11.1.2 治理机制

常设议事机构的建立、自治章程的形成、网格化管理的实施,以及村民代表大会的召开,是反映农村社区治理机制完善程度的重要指标。

在农村社区治理机制方面,如表 11-5 所示,2017 年全国有 75.0% 的农村社区已建立常设议事机构,其中西部地区 85.0% 的农村社区已建立常设议事机构;全国有 81.7% 的农村社区已形成自治章程,其中西部农村社区自治章程的覆盖率达 88.1%;但全国实行网格化管理的农村社区占比仅为 43.4%,覆盖率最高的西部地区也仅有 45.3%。

表 11-5 2017 年农村社区治理机制基本状况(覆盖率)   单位:%

地区	已建立常设议事机构	已形成自治章程	实行网格化管理
全国	75.0	81.7	43.4
东部	66.2	86.1	44.1
中部	76.1	72.0	41.1
西部	85.0	88.1	45.3

村民代表大会是农民表达民情的重要渠道,如图 11-2 所示,2017 年东部地区农村社区平均召开大会的次数为 6.8 次,中、西部地区农村社区平均召开大会的次数分别为 5.4 次、7.6 次。

11.2 治理条件

良好的治理条件有利于农村社区治理状况的改善,既能规范各项工作的流程,提高社区

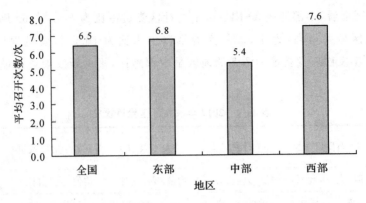

图 11-2　2017 年农村社区村民代表大会召开次数均值

工作人员的工作效率，又能减少因办事迟缓、不便而产生的各种争端。表 11-6 反映了农村社区治理条件的基本状况。东、中、西部地区拥有独立办公地点的社区占比均达到 95% 以上，其中西部地区最高，达到 98.8%。全国农村社区拥有一站式服务窗口/大厅的比例为49.3%，东部农村拥有一站式服务窗口/大厅的社区最多，占比为 52.4%，高出西部农村社区9.4 个百分点。

表 11-6　农村社区治理条件基本状况

地区	有独立办公地点的社区		有一站式服务窗口/大厅的社区	
	数量/个	占比/%	数量/个	占比/%
全国	589.9	97.0	300.0	49.3
东部	211.3	95.7	115.7	52.4
中部	206.6	96.9	109.5	51.3
西部	172.0	98.8	74.9	43.0

11.3　社区纠纷与矫正

社区治理水平的高低直接影响社会治理的整体成效。加强社会治理和促进社会治理创新，提升社区治理法治水平，将社区各项事务纳入法治轨道，实现规范运行，才能顺利推进社会法治。据本调查统计，全国农村社区在过去 5 年内发生突发性危机事件的概率较小。如表11-7所示，农村社区参与协调的纠纷主要是夫妻矛盾，占 50.5%，其次是产权纠纷，占31.4%，赡养和继承纠纷，占 25.2%。

表 11-7 2017 年农村社区参与协调的纠纷情况 单位：%

地区	产权纠纷	物业纠纷	借贷纠纷	夫妻矛盾	抚养和监护纠纷	赡养和继承纠纷	土地拆迁	其他
全国	31.4	1.7	11.3	50.5	20.6	25.2	12.6	29.1
东部	29.4	1.7	9.9	40.2	13.7	18.9	8.0	37.5
中部	32.0	1.4	13.1	54.1	23.5	27.3	10.7	23.9
西部	33.2	2.1	11.0	59.2	25.9	30.7	20.7	24.7

表 11-8 进一步反映出，全国范围内农村社区提供行为矫正服务的农村社区占比 78.9%；提供心理救助的社区占比 51.5%；提供社会关系修复服务的社区占比 36.4%；提供就业辅导服务的社区占比 35.9%。

表 11-8 2017 年提供各类型专业矫正服务的农村社区占比 单位：%

地区	就业辅导	心理救助	社会关系修复	行为矫正	其他
全国	35.9	51.5	36.4	78.9	6.9
东部	59.0	57.2	23.4	80.4	7.5
中部	24.5	46.4	37.0	76.3	7.4
西部	76.6	83.2	68.9	100.0	0.0

11.4　社会组织与宗教信仰

11.4.1　社会组织概况

社会组织是民间成立的、非政府、非营利性组织，是以公益为目的的组织团体。在农村社区中，社会组织虽然总数较少，但是在基层治理、公共服务活动开展等方面发挥的作用不容小觑。

从表 11-9 来看，在本调查涉及的 608 个行政村中，共存在 136 个社会组织；就地区分布而言，东部地区社区居民成立的社会组织最多，为 73 个；西部次之，为 39 个；中部最少，为 23 个。此外，很大比例的社会组织是本社区居民成立的社会组织，外来入驻的社会组织很少。

表 11-9 2017 年农村社区社会组织情况 单位：个

地区	社区居民成立的社会组织	外来入驻的社会组织	总计
全国	130	6	136
东部	73	3	76
中部	23	2	25
西部	39	1	40

从图 11-3 农村社区社会组织类型来看，全国农村社区中拥有公益服务类社会组织的社

区最多,占比为55.5%,从2015年的第二名上升至2017年的第一名;拥有兴趣爱好类社会组织的社区也相对较多,为21.1%;拥有经济合作类社会组织的社区比例为9.3%,而特殊群体服务类社会组织的比例为12.1%。相较而言,维权类和专业社会工作类社会组织相对较少,占比分别为5.9%和3.1%。

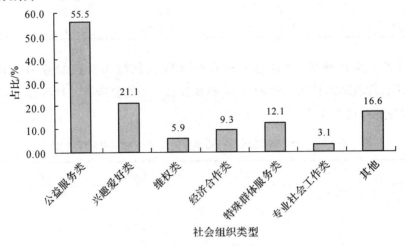

图 11-3　2017 年农村社区社会组织类型分布情况

11.4.2　社会组织提供的公共服务

与人民群众日益增长的公共服务需求相比,不少领域的公共服务存在质量不高、规模不大和发展不平等等突出问题。政府向社会力量购买服务,就是希望利用市场机制的作用,把政府直接向社会公众提供的一部分公共服务事项,按照一定的方式和程序,交给具备条件的社会力量承担,并由政府根据服务数量和质量向其支付费用。

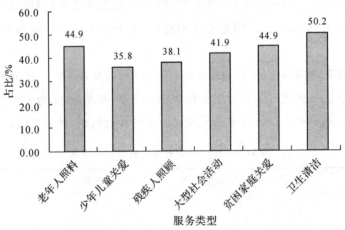

图 11-4　2017 年农村社区向社会组织购买服务的情况

从图 11-4 来看,就全国而言,农村地区向社会组织购买的服务主要集中在卫生清洁上,占比为 50.2%。

从图 11-5 来看,农村社区向社会组织购买服务投入的资金的地区间差别较大,全国范围内均值为 3.4 万元,最高值出现在西部,为 4.7 万元,中部地区为 2.4 万元,而东部地区最少,为 1.3 万元。

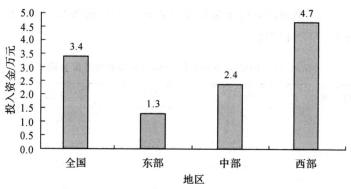

图 11-5　农村社区向社会组织购买服务投入的资金

11.4.3　宗教信仰

宗教信仰是信仰中的一种,是指信奉某种特定宗教的人群对其所信仰的神圣对象(包括特定的教理、教义等),由崇拜认同而产生的坚定不移的信念及全身心的皈依。这种思想信仰和全身心的皈依表现贯穿于特定的宗教仪式和宗教活动中,并用来指导和规范自己在世俗社会中的行为,属于一种特殊的社会意识形态和文化现象。从表 11-10 来看,全国范围内有基督教这一宗教信仰存在的社区比例最高,为 30.3%,有佛教这一宗教信仰存在的社区比例次之,为 29.9%,社区内部无宗教信仰的比例为 46.8%。

表 11-10　2017 年农村社区居民宗教信仰　　　　　　　　　　　单位:%

地区	佛教	道教	基督教	天主教	伊斯兰教	其他宗教	无宗教信仰
全国	29.9	5.2	30.3	5.7	2.6	1.0	46.8
东部	33.2	5.2	34.5	8.2	0.0	1.8	43.5
中部	19.3	4.0	38.0	5.6	3.2	0.6	49.2
西部	38.5	6.8	15.5	2.7	5.2	0.4	48.0

11.5　社区干部与大学生村官

11.5.1　社区干部

农村社区干部的月补贴在一定程度上影响其治理社区的态度和效果,符合社区干部期

望的月补贴标准更能激发其工作活力和提高其工作效率,促进农村社区治理水平的提高。

表 11-11 反映了农村社区干部对月补贴(实际到手收入)的态度与期望。认为补贴收入不合理的村干部占比最大,为 56.9%,其中西部地区比例最高,达到 61.0%,其次是中部地区,占比为 57.8%。东部地区农村干部对于月补贴的期望值最高,为 2828.2 元;中部和西部地区分别为 2696.7 元和 2792.9 元。

表 11-11　2017 年农村社区干部对月补贴的态度与期望

补贴收入是否合理	全国	东部	中部	西部
不合理/%	56.9	52.6	57.8	61.0
一般/%	22.1	25.2	21.4	19.2
合理/%	21.0	22.3	20.8	19.8
期望的月补贴/元	2770.5	2828.2	2696.7	2792.9

11.5.2　大学生村官

近年来,越来越多的大学生村官融入社区工作,表 11-12 反映了 2017 年农村社区大学生村官的基本情况。就全国而言,平均每个农村社区有 2.2 个大学生村官,长期留在社区工作的数量为 1.2 人,平均的服务年限为 2.6 年。其中,西部地区农村社区平均拥有的大学生村官数量最多,为 2.6 人。东部地区拥有的长期在社区工作的平均人数最多,为 1.6 人。中部地区大学生村官的平均服务年限平均值最高,为 3.0 年。

表 11-12　2017 年农村社区大学生村官基本情况

地区	大学生村官数量/人	长期在社区工作数量/人	平均服务年限/年
全国	2.2	1.2	2.6
东部	2.4	1.6	2.5
中部	1.7	0.9	3.0
西部	2.6	1.2	2.3

11.6　社会保障

11.6.1　城乡统一医保

城乡统筹是要改变和摒弃过去的"重城市、轻农村""城乡分治"的观念和做法,通过体制改革和政策调整削弱并逐步清除城乡之间的"藩篱",促进城乡一体化发展。

图 11-6 反映了全国农村社区中有 95.8% 的农村社区实行了城乡居民统一医疗保险制度。东部地区的城乡居民统一医疗保险制度的实行比率最高,为 96.2%;中部地区次之,为 95.8%;西部地区最低,为 95.4%。

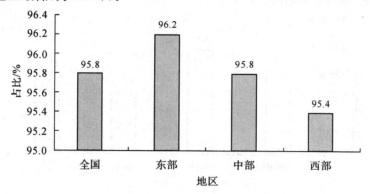

图 11-6　2017 年实行城乡居民统一医疗保险制度的农村社区比例

图 11-7 反映了贫困县社区中有 95.2% 的农村社区实行了城乡居民统一医疗保险制度。非贫困县社区中有 96.0% 的农村社区实行了城乡居民统一医疗保险制度。

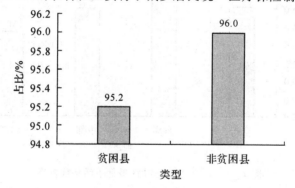

图 11-7　2017 年贫困县与非贫困县实行城乡居民统一医疗保险制度的农村社区比例

图 11-8 显示,新型农村合作医疗的参保人补助标准在全国范围内的均值为 155 元/人。中部地区的新型农村合作医疗的参保人补助标准低于全国,平均为 113.1 元/人;东部地区的新型农村合租医疗参保人的平均补助标准为 192.9 元/人;西部地区为 150.5 元/人。

11.6.2　最低生活保障标准

如图 11-9 所示,2017 年全国最低生活保障标准为 305.7 元/人。东部地区最低生活保障标准最高,为 371.8 元/人;中部地区次之,为 301.6 元/人;西部地区最低,为 236.1 元/人。最低生活保障发放的周期有三种,分别为按月、按季和按年。

11.6.3　生育保险

如图 11-10 所示,全国大多数农村社区没有实行城乡居民统一生育保险制度,仅有

33.8％的农村社区实行了城乡居民统一生育保险制度。东部地区城乡居民统一生育保险制度的实行比率高于全国，为38.5％；西部地区城乡居民统一生育保险制度实行比率最低，为31.0％；中部地区实行比率略高，为31.1％。

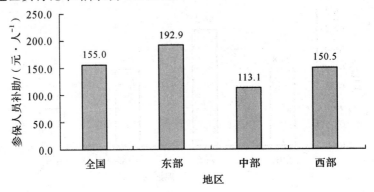

图 11-8　2017 年新型农村合作医疗参保人补助标准

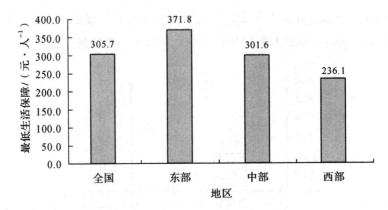

图 11-9　2017 年农村社区最低生活保障标准

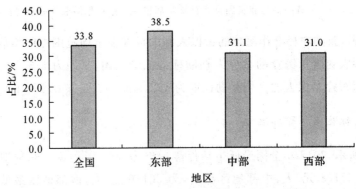

图 11-10　2017 年实行城乡居民统一生育保险制度的农村社区占比

11.6.4　养老保险

如图 11-11 所示，西部农村社区对新型农村养老保险参保人的补助标准最高，为 144.5

元/人;中部地区次之,为 124.5 元/人;东部地区最低,为 103.5 元/人。全国均值为 124.2元/人。

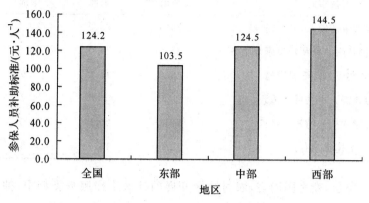

图 11-11　2017 年新型农村养老保险参保人补助标准

11.6.5　其他社会保障项目

农村社区是农村社会保障工作的重要开展主体,社区对内部成员的关怀帮扶措施,直接影响到社会保障工作的效果。如图 11-12 所示,全国范围内拥有社区居家养老服务设施和项目的社区较少,比例仅为 19.6%。虽然比 2015 年的 13.5% 有所上升,但是全国的比例依然较低并且东部仍最高,占比为 26.7%。西部地区和中部地区分别为 19.9% 和 12.1%。

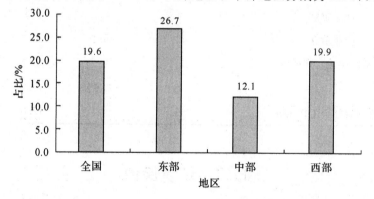

图 11-12　2017 年农村有居家养老服务设施和项目的社区占比

如表 11-13 所示,全国农村社区开展的针对残疾人的帮扶措施主要集中在帮助残疾人申请残疾人补贴方面,开展过此措施的社区占比为 88.3%,其他帮扶行为开展得相对较少。而在东部地区,未开展任何措施的社区有 13.7%,中部地区为 8.8%,西部地区为 6.1%。

表 11-13　2017 年农村社区开展针对残疾人的帮扶措施情况　　　　单位：%

帮扶措施	全国	东部	中部	西部
帮助残疾人申请领取残疾人补贴	88.3	83.9	90.1	91.6
为残疾人提供日间照料和残疾康复服务	26.5	33.3	20.5	25.2
设有公共服务无障碍措施	12.8	15.0	7.6	16.2
为视力残疾人提供盲文选票	6.6	5.7	4.2	10.7
开展针对残疾人的就业项目	26.1	25.6	20.7	33.3
上述都没有	9.8	13.7	8.8	6.1

如表 11-14 所示，就全国而言，农村社区开展的社区工作服务类型中，拥有社区照顾这一社区工作服务的社区比例高达 55.3%，就业辅导的开展比例为 41.4%，社区矫正为 25.8%。其中西部地区开展社区康复的比例为 18.1%，相对其他地区较高。

表 11-14　2017 年农村社区开展的社会工作服务类型　　　　单位：%

社会工作服务类型	全国	东部	中部	西部
社区照顾	55.3	52.8	78.1	26.7
社区融入	14.6	17.8	7.5	18.6
社区矫正	25.8	26.1	29.5	19.4
社区康复	9.3	8.5	4.4	18.1
就业辅导	41.4	46.1	30.7	47.5
精神减压和心理疏导	15.0	12.9	15.7	18.3
其他	7.9	8.6	12.3	0.0
没有开展社会工作服务	19.6	9.0	17.0	45.5

11.7　环境保护

农村社区的环境卫生状况直接影响居民的健康状况及生产生活活动的开展情况。

在全国范围内，如表 11-15 所示，许多农村社区都存在水井需要不断加深的问题，这一比例为 33.6%，存在地表径流减少或断流现象的社区占比也较高，为 23.2%。

表 11-15　2017 年农村社会存在的社区生态退化问题比例　　单位:%

存在的问题	全国	东部	中部	西部
地表径流减少或断流	23.2	29.2	21.4	17.8
水井需要不断加深	33.6	38.8	35.9	24.0
土壤沙化	6.7	6.3	7.6	6.1
土壤盐碱化	8.5	8.6	10.5	6.1
水土流失	22.9	16.8	20.8	33.4
森林遭砍伐	5.0	2.0	4.7	9.2
草地退化	3.2	1.8	3.4	4.8
生物多样性遭到破坏	15.3	14.3	19.7	11.1
以上都没有	41.0	39.2	39.8	44.7

如表 11-16,从社区采取的传染病预防措施来看,在全国范围内,大多数社区(82.7%)采用了宣传栏公示这一方式,采用挨家挨户宣传这一方式的社区比例也较高(40.8%)。而东、中、西部地区在传染病预防措施方面,用新媒体平台宣传的都比较少,占比分别为 6.1%、14.3%、14.8%。

表 11-16　2017 年农村社区采取的传染病预防措施　　单位:%

传染病预防措施	全国	东部	中部	西部
宣传栏公示	82.7	74.5	85.3	88.5
挨家挨户宣传	40.8	36.1	37.6	49.1
新媒体平台宣传	11.7	6.1	14.3	14.8
定期消毒	39.0	43.9	30.4	43.0
其他	16.4	21.9	16.3	10.9

如图 11-13 所示,从农村社区的秸秆处理方式来看,有 57.1% 的社区选择秸秆还田,有 22.9% 的社区仍然选择焚烧的方式处理秸秆,仅有 0.8% 的社区将秸秆用作沼气来源。

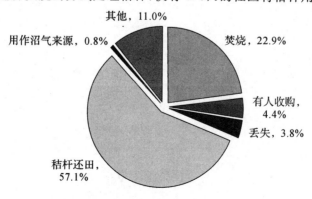

图 11-13　农村社区秸秆处理方式情况

11.8 社区培训

社区培训能帮助形成学习型社会氛围,启迪人们的心灵,使社区成员有权利分享改革开放和文化建设的成果,促进成员的技能提升与权益保护。调查结果显示,全国的农村社区中,仅有 7.9% 的社区有就业培训机构。

如表 11-17 所示,从全国设有就业培训机构的农村社区来看,机构提供的培训中,职业技能培训的提供比例最高,为 83.8%;就业指导培训的提供比例为 63.5%;劳动安全和保护培训的提供比例为 50.2%;法律和政策培训的提供比例为 43.3%;职业规划培训的提供比例为 31.8%。

表 11-17 2017 年农村社区就业培训机构提供的培训种类情况　　单位:%

地区	就业指导	职业规划	法律和政策	劳动安全和保护	职业技能	其他
全国	63.5	31.8	43.3	50.2	83.8	4.3
东部	66.5	24.0	20.0	42.5	59.5	0.0
中部	58.5	28.3	57.8	49.3	96.8	0.0
西部	63.8	37.5	49.8	54.8	91.4	8.4

第五篇

调研结论

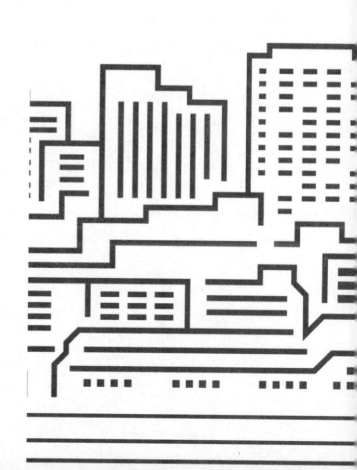

12　结　论

12.1　关于中国农村家庭发展的若干一般结论

　　本部分在前面各章分析的基础上,进一步利用中国农村家庭调查数据进行系统分析和综合研究,对中国农村家庭呈现出来的新特点、新趋势、新问题进行总结和提炼。

　　(1)农村家庭规模大于城镇,家庭结构以夫妻和核心家庭为主

　　2017年,CRHPS农村样本的平均家庭规模为3.54人,根据样本情况加权计算后得到全国农村家庭平均规模为3.55人;而城镇样本中,平均家庭规模为3.00人,根据样本情况加权计算后得出全国城镇家庭平均规模为3.03人;农村家庭的平均规模要明显大于城镇家庭。

　　如图12-1所示,按家庭规模分,2017年我国农村由1人组成的家庭占比为7.4%,由2人组成的家庭占比为29.5%,由3人组成的家庭占比为17.7%,由4人组成的家庭占比为16.5%,由5人组成的家庭占比为13.3%,由6人组成的家庭占比为10.2%,由7人组成的家庭占比为3.4%,由8人组成的家庭占比为1.1%,家庭成员数在9人及以上的家庭占比为0.9%。

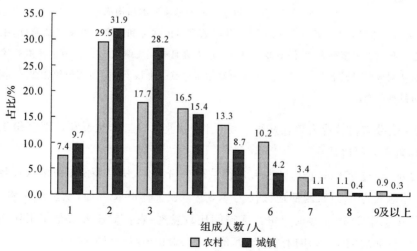

图 12-1　2017年农村和城镇家庭规模构成

农村家庭由4人及以上组成的比例要明显高于城镇家庭,如由5人组成的家庭在农村

的占比要比城市高 4.6 个百分点,由 6 人组成的家庭则要高 6.0 个百分点。而相应地,更多的城镇家庭由 3 人及以下组成,由 3 人组成的家庭在城镇中的占比为 28.2％,远高于农村的 17.7％,由 2 人组成的家庭在城镇中的占比为 31.9％,比农村也要高出 2.4 个百分点。

如图 12-2 所示,按家庭类型分,2017 年农村家庭中夫妻家庭所占比例最大,达到了 26.3％,核心家庭为 25.0％,主干家庭为 13.4％,相比于城镇,农村的核心家庭比例较低(城镇核心家庭比例为 33.6％),而主干家庭比例则明显高于城镇。这与图 3-1 的结果较为吻合,因为核心家庭的人数一般为 3～4 人,而主干家庭的人数会相对更多,而更高比例的主干家庭使得农村家庭的平均规模要相对大于城镇。另外,单亲家庭在农村和城镇的比例较为接近,而农村隔代家庭比例为 4.2％,明显高于城市的 2.4％,联合家庭的比例两者均较低,农村为 0.8％,城市为 0.5％。

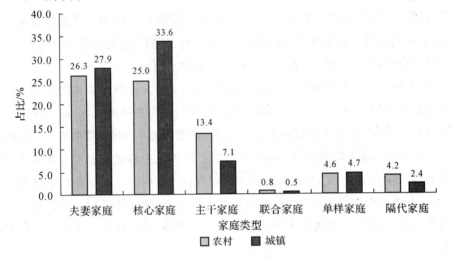

图 12-2　2017 年农村和城镇家庭类型构成

注:夫妻家庭指只有夫妻两人组成的家庭;核心家庭指由父母和未婚子女组成的家庭;主干家庭指由两代或者两代以上夫妻组成,每代最多不超过一对夫妻且中间无断代的家庭;联合家庭指家庭中有任何一代含有两对或两对以上夫妻的家庭;单亲家庭指至少有一个孩子与单身家长居住在一起的家庭;隔代家庭指有缺代的家庭。

（2）绝大多数农村就业人口仅从事一份工作,就业人口工作时长和从事多份工作的就业人口比例均自东向西递减

研究显示,超过 90％的农村就业人口仅从事一份工作,从事多份工作的人口比例自东向西递减,东部地区为 8％,而西部地区仅为 6.3％。在工作时长方面,从全国来看,农村就业人口平均每年工作 2153.4 小时。进行区域间比较发现,农村就业人口全年工作小时数自东向西递减,由东部的 2249.8 小时缩短至西部的 2074.9 小时(见图 12-3)。

结合前文对我国农村家庭就业类型的分析,工作小时数自东向西递减在一定程度上表明西部农村地区农业生产较东部更加脆弱、农业生产类型更为单一,以致全年工作时间较短。而同时从事多份工作的人群比例自东向西递减则表明东部地区农村人口就业机会较

中、西部地区更多,工作可及性较中、西部地区更高。

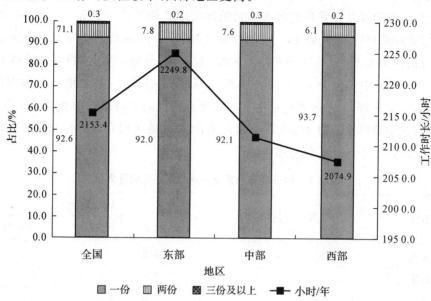

图 12-3 2017 年不同地区就业人口工作数量及工作时间

(3)农业生产经营依旧以自我雇用为主,农忙期间相较于非农忙期间自我雇用更多

如表 12-1 所示,在农忙期间、非农忙期间农业生产经营自我雇用人数各地区平均水平与全国平均水平、城乡平均水平差异不大。农忙期间,全国平均自我雇用人数为 1.9 人,居住在城镇地区的农业家庭的自我雇佣人数为 1.8 人,农村地区为 1.9 人。而非农忙期间,自家劳动力投入有所下降,全国平均自我雇用人数为 1.5 人。就各地区而言,农忙、非农忙期间西部地区平均自我雇用人数均最多,为 2.0 人及 1.6 人。农忙期间,全国平均帮工人数为0.8 人,西部地区最高,为 1.0 人,东部地区最低,为 0.7 人。而农忙平均持续天数在西部地区最长,为 61.0 天,在东部地区最短,为 50.0 天。

表 12-1 2017 年农业生产经营自我雇用状况

地区	农忙期间			非农忙期间
	自我雇用人数/人	帮工人数/人	持续天数/天	自我雇用人数/人
全国	1.9	0.8	55.5	1.5
城镇	1.8	0.8	45.1	1.4
农村	1.9	0.9	59.9	1.5
东部	1.8	0.7	50.0	1.4
中部	1.9	0.8	55.3	1.4
西部	2.0	1.0	61.0	1.6

（4）农业经营户耕地撂荒情况严重，全国平均高达15％的经营户有撂荒行为

研究显示，我国农业经营户的耕地撂荒情况已经比较严重。如表12-2所示，在全国拥有耕地的农业经营户中，平均有15.0％的经营户撂荒，其中，居住在城镇地区的农业经营户有耕地撂荒的比例为19.3％，高于农村地区的12.3％。分地区来看，西部地区撂荒比例最高，为20.6％，高于中部地区的14.9％和东部地区的13.7％，东北地区比例最低，仅为2.9％。就撂荒面积而言，全国有耕地撂荒的农业经营户的平均撂荒面积为2.8亩，农村地区为3.0亩，大于城镇地区的2.6亩。分地区来看，东北地区拥有撂荒行为的农户的平均撂荒面积为4.9亩，大于东、中、西部地区。

表 12-2　2017 年农业经营户耕地撂荒比例及面积

地区	撂荒比例/%	撂荒面积/亩	
		均值	中位数
全国	15.0	2.8	1.5
城镇	19.3	2.6	1.4
农村	12.3	3.0	1.7
东部	13.7	1.7	1.0
中部	14.9	3.3	2.0
西部	20.6	3.0	1.7
东北	2.9	4.9	3.0

（5）土地流转比例持续提高，但土地流转的稳定性还比较差

近年来，中国农业家庭参与土地流转的积极性有所提高，主要体现在转出土地比例的提高上。2017年，有36.0％的中国农业家庭参与了土地流转，比2015年增加了3.1个百分点；其中，有24.2％的农户仅转出土地，10.9％的农户仅转入土地，二者兼有的农户只有0.9％（见表12-3）。

表 12-3　农户参与流转的情况

农户类型	2013 年		2015 年		2017 年	
	样本数/户	比例/%	样本数/户	比例/%	样本数/户	比例/%
参与土地流转的农户	2759	24.1	5392	32.9	5307	36.0
仅转出土地的农户	1457	12.7	3088	18.9	3560	24.2
仅转入土地的农户	1257	11	2244	13.7	1613	10.9
二者兼有的农户	45	0.4	60	0.4	134	0.9
未参与土地流转的农户	8702	75.9	10981	67.1	9434	64.0

在流转土地的租金方面,有村委会介入的一般比无村委会介入的流转租金更高。对于土地转出,有村委会介入的租金平均为757.2元/亩,而无村委会介入的租金平均为535元/亩。对于土地转入,有村委会介入的租金平均为523.9元/亩,而无村委会介入的租金平均为440.8元/亩。

土地流转的稳定性较差,无固定期限的土地流转比例上升趋势明显。在2013年和2015年的土地转出中,不定期转出的占比由35.3%上升到51.7%;在这两年的土地转入中,不定期转入的占比从36.3%上升到43.8%。在2017年的土地流转中,不定期转出转入比例持续走高,不定期转出占比为74.8%,不定期转入占比达到77.1%。

村委会的介入有利于土地流转的稳定性,有村委会介入的土地流转期限比无村委会介入的土地流转期限长。有村委会介入的土地转出平均期限为13.8年,而无村委会介入的土地转出平均期限只有8.7年。有村委会介入的土地转入平均期限为18.3年,而无村委会介入的土地转入平均期限为5.7年。流转期限和村委会是否介入流转的这种关系,在不同地区都普遍存在,在中、西部地区尤为明显(见表12-4)。

表 12-4 2017 年村委会介入情况与土地流转期限 单位:年

地区	有村委会介入		无村委会介入	
	转出	转入	转出	转入
全国	13.8	18.3	8.7	5.7
东部	10.2	12.5	9.8	7.4
中部	10.3	21.9	5.5	4.8
西部	20.4	21.5	12.1	6.5
东北	11.0	19.5	4.1	4.5

(6)家庭经济状况和负担结构影响土地流转,经济条件的改善有利于推动土地流转

家庭经济状况跟农户的土地流转行为紧密相关。一方面,家庭收入与是否转出耕地呈现明显的正相关。另一方面,是否转入土地也与家庭收入呈正相关,但波动不大。家庭总收入在1万元以下的家庭中,转出土地家庭比例为14.9%,转入土地家庭比例为12.2%。随后,收入越高,转出土地家庭的比例越大,转入土地家庭的比例也随之上升但幅度不大。家庭总收入在1万~3万元的家庭中,转出土地家庭比例上升至17.3%,转入土地家庭占比达13.9%。在收入超过6万的家庭中,29.6%的家庭转出土地,转入土地家庭的比例为15.4%,随收入增长而上升的幅度相对平缓(见图12-4)。

家庭净资产越高,家庭越倾向于转出土地。在家庭净资产不超过5万元的家庭中,17.4%的家庭转出土地;在家庭净资产超过90万元的家庭中,有35.5%的家庭转出土地。农户的转入土地意愿在家庭净资产低于45万元时,随净资产的增加而上升,在家庭净资产不超过5万元的家庭中,13.1%的家庭转入土地。在家庭净资产为15万~45万元的家庭

中,有 16.2％的家庭转入土地。相比之下,家庭净资产超过 45 万元的家庭转入土地的意愿较低,在家庭净资产超过 90 万元的家庭中,转入土地的家庭占比为 12.3％(见图 12-5)。

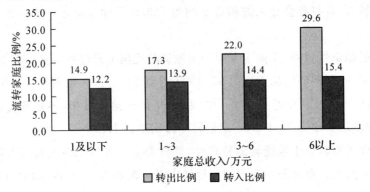

图 12-4　2017 年家庭总收入与土地流转

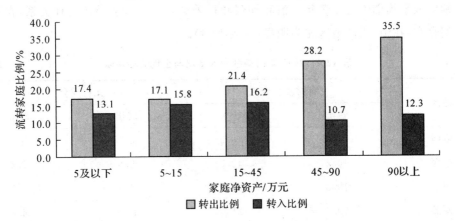

图 12-5　2017 年家庭净资产与土地流转

家庭抚育未成年人的数量与农户流转土地的行为呈现出较为明显的相关关系。一方面,家庭抚育未成年人的数量越多,越不倾向于转出土地;另一方面,家庭抚育未成年人的数量与转入土地的行为呈现倒 U 形关系。对于未抚育未成年人的家庭,转出土地家庭的占比为 24.6％,而转入土地家庭的占比为 13.2％。对于抚育 2 个未成年人的家庭,转出土地家庭的占比下降至 20.5％,而转入土地家庭的占比上升至 16.0％。对于抚育 3 个及以上未成年人的家庭,转出土地家庭的占比继续下降至 14.3％,而转入土地家庭的占比则下降至 10.6％(见图 12-6)。

(7)农户家庭占有宅基地面积普遍较大,一户多宅现象也较为普遍

从农村家庭宅基地拥有情况来看,2017 年《中华人民共和国土地管理法》规定,"农村村民一户只能拥有一处宅基地"。而我们的调查显示,拥有 2 块及以上宅基地的农村家庭占比为 13.4％,其中东部地区占比为 17.6％,西部地区为 9.4％。农户家庭平均拥有宅基地 1.00 块,其中东部、中部地区的农村家庭拥有宅基地的块数较高,超过全国平均水平,分别为 1.05 块和 1.02 块,西部地区农村家庭拥有宅基地的块数不多,宅基地相对集中,为 0.92

块(见图12-7)。

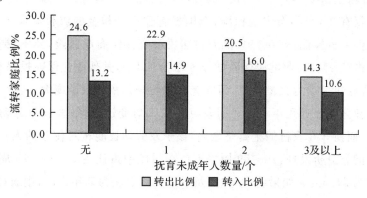

图 12-6 2017 年抚育未成年人数量与土地流转

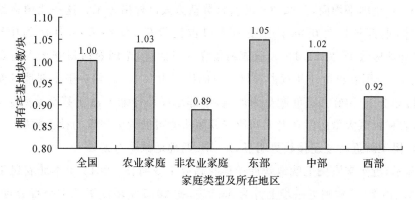

图 12-7 2017 年农村家庭拥有宅基地块数

　　2017 年全国农村家庭宅基地面积的均值为 0.55 亩,东部地区农村家庭拥有宅基地面积较小,平均为 0.50 亩;中、西部地区的农村家庭宅基地面积较大,均值分别为 0.56 亩和 0.59 亩。《中华人民共和国土地管理法》规定:"宅基地的面积不得超过省、自治区、直辖市规定的标准。"现实中,一般根据家庭人口多少规定宅基地比例,不同省(区、市)确定的标准虽有不同,但上述各地农户宅基地的平均面积显然已经超过了绝大部分省(区、市)规定的最大面积。比如东部地区大多规定最大面积为 200 平方米,华中、华北地区大多规定最大面积为 250 平方米,其他除个别省(区、市)以外,规定的户占用宅基地面积一般不超过 300 平方米。

　　(8)农村居民社会保障参与情况依然不理想,超过三成的农民没有养老保险保障

　　调查发现,农村家庭养老保险的覆盖率较低,全国有 32.0% 的农村居民无任何形式的养老保障。与此同时,农村居民参加养老保险的种类相对单一。按照全国相对贫困标准划分出的相对贫困家庭中有 95.6% 拥有新型农村社会养老保险,其他家庭参与新型农村社会养老保险的比例是 84.3%。以及,以离退休工资方式养老的农村居民比例平均只有 1.1%。因此,中国农村地区养老保障覆盖范围有待进一步扩大,种类有待丰富。

　　虽然全国农村居民医疗保险的覆盖率达到 92.97%,与 2015 年相比呈上升趋势,但是,在全国范围内有 94.14% 的农村居民没有商业医疗保险;社会医疗保险种类多集中于新型农

村合作医疗保险；全国平均只有 0.75% 的农村居民拥有大病统筹。事实上，16 周岁及以上的农村居民中仅有 3.6% 拥有失业保险；全国拥有住房公积金的农村居民占比仅为 6.8%；商业保险的投保率也极低，有 96.0% 的农村居民没有任何商业保险，其中，拥有商业人寿保险的农村居民占 1.9%，商业健康保险的投保率为 1.1%，其他商业保险投保率为 1.0%。

(9)农村青壮年劳动力大量外流，留守老人和留守儿童的数量庞大

中国农村社区在最近几年中正经历着巨大的人口变迁，大量青壮年劳动力流动到城市从事非劳生产，而留守在农村的主要是老人、孩子及劳动技能相对较差的人。利用本调查的农村社区调查问卷分析发现，16～59 周岁人口在村庄中占比为 58.9%，15 周岁及以下人口在村庄中占比为 21.3%。如果将 60 周岁及以上人口定义为老年人口，则农村老龄化比例高达 19.8%，比 2015 年的 19.4% 有微小幅度的上升。随着城市化进程的推进，大量农村劳动力外出务工，就全国平均而言，22.8% 的农村劳动力人口外出务工。这一比例在地区间也存在巨大差异，西部地区外出务工劳动力人口占比最高，为 26.5%；其次为中部地区，为 24.8%；东部地区最少，为 18.1%。就农村留守人口而言，全国农村留守老人占农村人口的比例为 6.2%，全国农村留守儿童占农村人口的比例为 3.1%。相对于东部地区而言，中、西部地区的留守老人、留守儿童问题更为严重，中部地区留守老人占比甚至达到了 8.4%。从中长期看，农村社区大量的留守老人与留守儿童将有可能成为严重的社会问题。

(10)农民工就近就地迁移趋势明显，东、中、西部地区略有差异

研究显示，近年来农民工就地就近迁移的趋势十分明显。2015 年本地农民工占比已达到了 56.1%，而 2017 年则进一步上升为 63.2%，比 2015 年增加了 7.1 个百分点；从区域差异看，本地农民工占比在东部地区最高，达到了 65.7%，中部地区本地农民工占比的提高速度最快，从 2015 年的 50.8% 提高到 2017 年的 61.5%，提高了 10.7 个百分点(见表 12-5)。

表 12-5　农民工来源结构

农民工类型	指标	全国		东部		中部		西部	
		2015 年	2017 年	2015 年	2017 年	2015 年	2017 年	2015 年	2017 年
本地农民工	数量/个	18367	21727	10818	12002	3507	4495	4153	5365
	百分比/%	56.1	63.2	61	65.7	50.8	61.5	51.3	61
外地农民工	数量/个	14356	12645	6901	6259	3395	2815	3949	3436
	百分比/%	43.9	36.8	39	34.3	49.2	38.5	48.7	39
合计	数量/个	32723	34372	17719	18261	6902	7310	8102	8801
	百分比/%	100	100	100	100	100	100	100	100

（11）农民工"离农"趋势日趋明显，外地农民工尤为突出

研究显示，农民工家庭退出农业生产的现象已非常普遍，外地农民工家庭"离农"现象更为突出。从图 12-8 中可以看出，本地农民工家庭仍从事农业生产经营的比例为 40.25％，但是外地农民工家庭的这一比例仅为 17.43％。分地区来看，外地农民工家庭从事农业生产经营的比例也均小于本地农民工家庭（见图 12-8）。

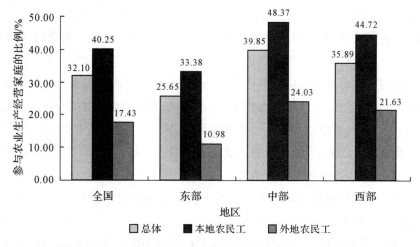

图 12-8　2017 年本地和外地农民工家庭参与农业生产经营的比例

12.2　关于中国农村家庭相对贫困状况的若干结论

2019 年中央一号文件指出，要"咬定既定脱贫目标，落实已有政策部署，到 2020 年确保现行标准下农村贫困人口实现脱贫、贫困县全部摘帽、解决区域性整体贫困"。在绝对贫困即将基本消除之际，适时把关注重点转移到相对贫困，并对中国农村相对贫困状况做出系统性分析，显然十分必要。我们在前面各章分析的基础上，把相关结论和观点总结如下。

（1）农村相对贫困人口比例高，相对贫困问题应逐步成为精准扶贫工作的关注重点

以习近平同志为核心的党中央明确要求，到 2020 年实现现行标准下的农村贫困人口全部脱贫。《中国农村贫困监测报告 2017》的数据显示，2016 年我国贫困发生率为 4.5％。同时，《中国扶贫开发报告 2017》的研究表明，按照我国现有的脱贫速度和脱贫规模，预计到 2020 年，我国将消除现有标准的绝对贫困。但是，绝对贫困的消除和高标准的小康是两码事，习近平同志在 2016 年两会期间就曾提及，扶贫开发是长期历史任务，即使绝对贫困得以消除，相对贫困、相对落后、相对差距将长期存在。国务院扶贫办主任刘永富在 2019 年 3 月的记者会上同样提到，2020 年中国消除了绝对贫困，但相对贫困还会长期存在。

相对贫困的标准因目标区域而异，不同区域衡量相对贫困的标准均有所不同。国际和国内目前也尚无统一的做法，有些国家把低于平均收入 40％的人口归于相对贫困组别；世界

银行则认为,区域内社会成员的收入低于平均收入的三分之一便可以视为相对贫困;OECD(经济合作与发展组织)在1976年对其成员国的一次大规模调查后也提出了一个相对贫困标准,以一个国家或地区社会的中位数收入的50％作为该国家或地区的贫困线,即后来被广泛运用的国际贫困标准。综合专家意见和相关文献传统,基于CRHPS数据库样本的特点,本报告主要采取OECD提出的相对贫困标准作为划分相对贫困的依据,具体则分为两个视角进行探究。

一是按照全国视角,将全国农村居民人均收入中位数的50％作为我们的相对贫困线。二是考虑到不同省份的收入差距,按照2016年人均GDP排名,把29个样本省(区、市)划分为三组,分别命名为"高收入省(区、市)""中收入省(区、市)""低收入省(区、市)",将每组内农村居民人均收入中位数的50％作为该组的相对贫困线,并考察组内贫困异质性和组间差异。

统计显示,当前农村相对贫困人口比例较高,达到了29.26％,高收入省(区、市)、中收入省(区、市)、低收入省(区、市)的相对贫困比例分别为29.44％、29.34％、30.42％,与全国相对贫困比例均较为接近,彼此间差距不大。

因此,我们认为,在我国以消除绝对贫困为目标的脱贫攻坚战即将成功之际,逐步把相对贫困问题作为扶贫工作的重点,已是势在必行。

(2)农村相对贫困家庭与其他家庭的收入结构明显不同,"能力贫困"问题普遍存在

研究显示,相对贫困家庭的主要收入来源为转移性收入,占比超过40％,该比例随区域人均GDP下降而上升,低收入省(区、市)家庭收入中转移性收入占比高达63.0％。而其他家庭则以工资性收入为主要收入来源,占比超过60％,该比例随区域人均GDP上升而增加,高收入省(区、市)家庭收入中工资性收入占比高达63.4％(见表12-6、表12-7)。

两类家庭在收入构成方面存在的差异以及主要收入比例随区域人均GDP变动的趋势表明我国农村人口中"能力贫困"的问题普遍存在,该类人群难以通过自身劳动获取收入而转为更大程度地依靠政府补贴等社会保障维持生活。

表12-6　2017年相对贫困家庭与其他家庭的各项户均收入(全国)

收入类型	全国	按全国相对贫困标准划分	
		相对贫困家庭	其他
总收入/元	34263	4264	50236
工资性收入占比/％	59.0	35.3	60.1
转移性收入在总收入中占比/％	13.6	46.3	12.1
其他类型收入在总收入中占比/％	27.4	18.4	27.8

表 12-7 2017 年相对贫困家庭与其他家庭的各项户均收入（区域）

收入类型	按区域相对贫困标准划分					
	高收入省（区、市）		中收入省（区、市）		低收入省（区、市）	
	相对贫困家庭	其他	相对贫困家庭	其他	相对贫困家庭	其他
总收入/元	5020	57797	4685	49159	2718	43348
工资性收入占比/%	34.1	63.4	37.1	60.8	31.6	56.1
转移性收入在总收入中占比/%	48.8	12.0	42.0	11.0	63.0	13.6
其他类型收入在总收入中占比/%	17.1	24.6	20.9	28.2	5.4	30.3

（3）农村相对贫困家庭的人口受教育水平相对较低，教育落后与贫困或形成恶性循环

相对贫困家庭的受教育水平要明显低于其他家庭。从全国层面来看，相对贫困家庭的文盲率（没上过学）为 24.3%，比其他家庭的 13.3% 高了 11 个百分点；相对贫困家庭仅受过小学教育的比例为 36.2%，比其他家庭的 28.7% 高了 7.5 个百分点；而本科及以上高等教育的受教育比例，相对贫困家庭只有 2.2%，比其他家庭的 4.1% 低了 1.9 个百分点。将我国各省（区、市）划分为高、中、低收入省（区、市），整体而言，高收入省（区、市）的人受教育水平要依次高于中收入省（区、市）和低收入省（区、市），而在各省（区、市）内部，相对贫困家庭的受教育水平和整体类似，要明显低于其他家庭。就文盲率而言，高收入省（区、市）的相对贫困家庭和其他家庭的该比率分别为 23.1% 和 12.4%，均要低于中收入省（区、市）的 23.8% 和 12.8%，以及低收入省（区、市）的 25.3% 和 14.5%。高收入省（区、市）的相对贫困家庭和其他家庭受过初中及以上教育的比例分别为 43.4% 和 59.8%，则要高于中收入省（区、市）的 42.6% 和 59.5% 以及低收入省（区、市）的 35.5% 和 54.4%（见表 12-8）。相对贫困家庭出于经济条件的原因，可能不能给予下一代很好的教育，而下一代难以获得较好的教育，又有可能导致继续贫困，贫困与教育落后可能会形成一个恶性循环。

表 12-8 2017 年相对贫困家庭与其他家庭成员的受教育程度 单位：%

受教育程度	全国	按全国相对贫困标准划分		按区域相对贫困标准划分					
				高收入省（区、市）		中收入省（区、市）		低收入省（区、市）	
		相对贫困家庭	其他	相对贫困家庭	其他	相对贫困家庭	其他	相对贫困家庭	其他
没上过学	16.6	24.3	13.3	23.1	12.4	23.8	12.8	25.3	14.5
小学	31.0	36.2	28.7	33.5	27.8	33.6	27.7	39.2	31.1
初中	33.2	26.9	36.0	29.1	35.3	30.6	37.3	23.8	33.9
高中	9.6	6.7	10.6	7.1	11.2	6.6	10.9	6.4	10.0
中专/职高	3.0	2.3	3.4	2.8	4.1	1.6	3.5	2.1	3.1
大专/高职	3.1	1.4	3.9	2.5	4.7	1.3	3.8	1.2	3.3
本科及以上	3.5	2.2	4.1	1.9	4.5	2.5	4.0	2.0	4.1

（4）农村相对贫困家庭的人口健康状况堪忧,疾病可能成为贫困的重要诱因

农村相对贫困家庭成员的健康自我评估水平普遍低于其他家庭。按全国相对贫困标准划分,相对贫困家庭中只有 11.9％的人认为自己的身体状况非常好,比其他家庭的 19.1％低了 7.2 个百分点;31.9％的人认为自己的身体状况好,比其他家庭的 34.3％低了 2.4 个百分点。而在将我国划分为高、中、低收入省（区、市）后,在各收入类型省（区、市）,其他家庭的自我健康评估水平也都要高于相对贫困家庭。整体而言,高收入省（区、市）的人对身体的评估水平要好于中、低收入省（区、市）。高收入省（区、市）相对贫困家庭的人认为自己身体非常好或好的比例为 46.3％,其他家庭则为 61.9％,而在中收入省（区、市）,对应比例为 42.9％和 51.4％,在低收入省（区、市）对应比例则为 43.3％和 50.0％（见表 12-9）。2017 年 10 月,国务院新闻办公室举行的党的十八大以来脱贫攻坚成就发布会发布的数据显示,2015 年底因病致贫、因病返贫的贫困人口占整个贫困人口的 44％,涉及近 2000 万人,疾病可能已经成为贫困最重要的原因之一。

表 12-9　2017 年相对贫困家庭与其他家庭成员的自我身体状况评估　　　　单位:％

| 身体状况 | 全国 | 按全国相对贫困标准划分 | | 按区域相对贫困标准划分 | | | | | |
| | | | | 高收入省（区、市） | | 中收入省（区、市） | | 低收入省（区、市） | |
		相对贫困家庭	其他	相对贫困家庭	其他	相对贫困家庭	其他	相对贫困家庭	其他
非常好	16.8	11.9	19.1	14.1	21.5	13.8	20.6	9.0	15.4
好	33.5	31.9	34.3	32.2	40.4	29.1	30.8	34.3	34.6
一般	29.1	29.0	29.2	30.9	25.1	30.3	30.8	26.6	29.9
不好	15.9	20.5	13.7	19.4	11.1	19.4	13.6	22.2	15.6
非常不好	4.7	6.7	3.7	3.4	1.9	7.4	4.2	7.9	4.5

（5）农村相对贫困家庭的医疗保健支出占比高,"看病贵"问题不容忽视

从消费性支出总额来看,相对贫困家庭与其他家庭存在较大差距,就全国而言,其他家庭的户均消费性支出约为相对贫困家庭的 1.4 倍。该差距存在区域间差异,中收入省（区、市）差距最小,其他家庭约为相对贫困家庭的 1.3 倍,而高收入省（区、市）差距最大,为 1.5 倍。

就消费性支出构成情况进行分析可以发现,虽然相对贫困家庭的消费性支出总额远低于其他家庭,但其中医疗保健支出占比却远高于其他家庭。从全国来看,相对贫困家庭消费性支出中约四分之一为医疗保健支出,而其他家庭该比例低于五分之一（见表 12-10、表 12-11）。

医疗保健支出在消费性支出中的较高占比表明当前我国农村家庭仍面临着"看病贵"的问题。而两类家庭在消费性支出总额和医疗保健支出占比方面的差异也揭示了"因病致贫"

现象在我国农村的普遍存在性。

表 12-10　2017 年相对贫困家庭与其他家庭的消费性支出差距(全国)

支出类型	全国	按全国相对贫困标准划分	
		相对贫困家庭	其他
消费性支出/元	34516	27929	38023
两类家庭支出比		1	1.4
医疗保健支出占比/ %	21.3	25.0	19.8

表 12-11　2017 年相对贫困与其他家庭的消费性支出差距(区域)

收入类型	按区域相对贫困标准划分					
	高收入省(区、市)		中收入省(区、市)		低收入省(区、市)	
	相对贫困家庭	其他	相对贫困家庭	其他	相对贫困家庭	其他
消费性支出/元	27083	40744	29460	36878	26560	36957
两类家庭支出比	1	1.5	1	1.3	1	1.4
医疗保健支出占比/%	22.6	16.8	24.4	19.4	25.5	23.2

(6)农村相对贫困家庭就业结构调整较慢,家庭类型以农业生产型为主

根据家庭成员的就业性质,农村家庭可以分为三种就业类型。具体来说,家庭中所有就业成员均在家务农的被称为农业生产型家庭;所有就业成员均从事非农生产的被称为非农生产型家庭;其余家庭被称为兼业型家庭。

研究显示,相对贫困家庭的就业结构还是以农业生产型家庭为主,如图 12-9 所示。就全国来看,农业生产型家庭占比达到了 72.6%,比其他家庭的 24.6%高了 48 个百分点。该比例随区域人均 GDP 的上升而降低,低收入省(区、市)农业生产型家庭占比最高,达77.9%,而高收入省(区、市)该类群体占比为 67.2%。此外,非农生产型家庭和兼业型家庭占比随区域人均 GDP 的上升而增加(见图 12-9、图 12-10)。

(7)农村贫困家庭的农业经营相对粗放,商品化程度也较低

从农业生产的投入情况看,相对贫困家庭的亩均农资投入为 718.6 元,比其他农户的928.5 元低 22.6%。分区域看,在高收入省(区、市),相对贫困家庭亩均农资投入为 1278.0元,比其他农户的 1732.2 元低 26.2%;中收入省(区、市)亩均农资投入为 559.6 元,比其他农户的 656.5 元低 14.8%;低收入省(区、市),相对贫困家庭亩均农资投入 617.9 元,比其他农户的 733.6 元低 15.8%(见图 12-11)。

就农业产值而言,在全国来看,相对贫困家庭农业产值中位数为 4400 元,低于全国其他家庭的 6500 元。分地区看,在高收入省(区、市),相对贫困家庭的农业产值中位数为 3695元,低于其他家庭 1305 元;在中收入省(区、市),相对贫困家庭的农业产值中位数为 5000

元,低于其他家庭 1800 元;在低收入省(区、市),相对贫困家庭的农业产值中位数为 4030
元,低于其他家庭 3320 元(见表 12-12)。

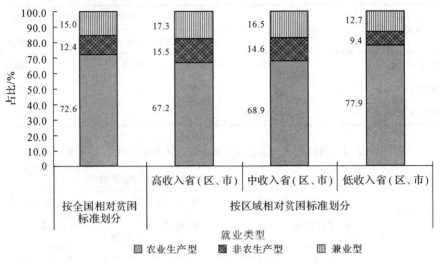

图 12-9　2017 年相对贫困家庭就业类型构成概况

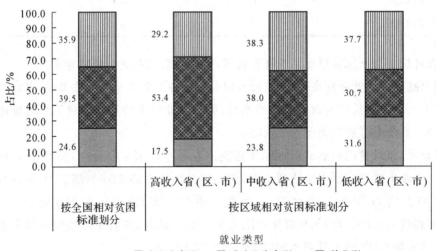

图 12-10　2017 年其他家庭就业类型构成概况

表 12-12　农业产值的比较 　　　　　　　　　　　　　　　　　　　　单位:元

级别	农户类型	均值	中位数
全国	相对贫困家庭	7321.8	4400
	其他	20975.8	6500
高收入省(区、市)	相对贫困家庭	7196.3	3695
	其他	22242.2	5000

级别	农户类型	均值	中位数
中收入省(区、市)	相对贫困家庭	8136.5	5000
	其他	19098.8	6800
低收入省(区、市)	相对贫困家庭	6341.6	4030
	其他	22588.9	7350

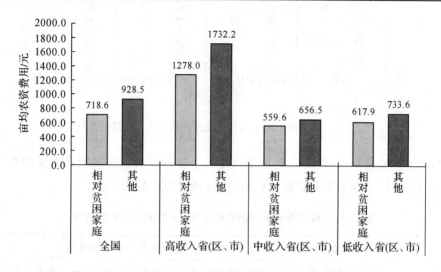

图 12-11　2017 年相对贫困家庭与其他家庭的农资费用比较

农村相对贫困家庭农业生产的商品率也比较低,其农产品出售比例为 62.0%,比其他家庭的 69.5%低 7.5 个百分点。分地区来看,在高收入省(区、市),相对贫困家庭的出售比例为 58.4%,比其他家庭的 62.2%低 3.8 个百分点;在中收入省(区、市),相对贫困家庭出售比例为 71.3%,比其他家庭的 73.7%低 2.4 个百分点;在低收入省(区、市),相对贫困家庭的出售比例约为 55.5%,比其他家庭的 69.0%低 13.5 个百分点(见图 12-12)。

(8)农村相对贫困家庭的人口负担普遍较重,但区域间呈现出结构性差异

研究显示,相对贫困家庭的人口总抚养比为 57.3%,比其他家庭的 33.7%高出了 23.6 个百分点,其少儿抚养比和老年抚养比(30.6%和 26.7%)均明显大于其他家庭(20.5%和 13.2%)。将我国省(区、市)划分为高、中、低收入省(区、市)后,高收入省(区、市)相对贫困家庭的总抚养比最高,为 60.9%,高于中收入省(区、市)的 57.3%,和低收入省(区、市)的 56.9%,但高收入省(区、市)相对贫困家庭的少儿抚养比反而是最低的(29.5%),其较高的总抚养比主要来自其 31.4%的老年抚养比,该比例要显著高于中收入省(区、市)的 26.7%和低收入省(区、市)的 25.2%。同样地,高收入省(区、市)其他家庭也同样呈现出少儿抚养比最低、老年抚养比最高的特点,这可能是由于高收入省(区、市)经济发达,医疗水平较高,从而老年人更加长寿,而生育观念以及养育孩子成本较高的问题使得生育更多孩子的意愿

较弱（见表 12-13）。

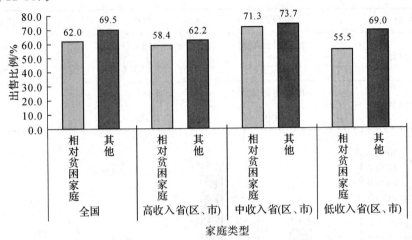

图 12-12　相对贫困家庭与其他家庭的农产品出售情况比较

因此，在经济发达地区，较高的老年抚养比或是导致农村家庭贫困的主要因素之一，而在相对欠发达地区，表现出了一定的"愈穷愈生，愈生愈穷"现象。

表 12-13　2017 年相对贫困家庭与其他家庭的人口负担情况　　　　　　单位：%

| 指标 | 全国 | 按全国相对贫困标准划分 | | 按区域相对贫困标准划分 | | | | | |
| | | | | 高收入省（区、市） | | 中收入省（区、市） | | 低收入省（区、市） | |
		相对贫困家庭	其他	相对贫困家庭	其他	相对贫困家庭	其他	相对贫困家庭	其他
总抚养比	46.1	57.3	33.7	60.9	32.4	57.3	33.9	56.9	33.7
少儿抚养比	24.5	30.6	20.5	29.5	18.1	30.6	21.0	31.7	21.4
老年抚养比	21.6	26.7	13.2	31.4	14.3	26.7	12.9	25.2	12.3

（9）农民工相对贫困问题严重，或成为未来扶贫中最需要关注的群体

随着城市化的推进，我国已经形成了一支庞大的农民工队伍。他们的收入普遍高于流出地的农民家庭的平均收入，但他们生活在城镇，生活成本高于农村，他们比较的对象也应该是城镇居民。因此，我们将全国城镇居民人均收入中位数的 50% 作为农民工的相对贫困线。同时，考虑到不同省份的收入差距，按照 2016 年人均 GDP 排名，把 29 个样本省（区、市）划分为三组，分别命名为"高收入省（区、市）""中收入省（区、市）""低收入省（区、市）"，将每组内城镇居民人均收入中位数的 50% 作为该组的相对贫困线。结果显示，如果以全国相对贫困线为标准，农民工的贫困比例达到了 37.86%；以相对贫困线为标准，高收入省（区、市）、中收入省（区、市）、低收入省（区、市）的相对贫困比例分别达到了 35.57%、42.89%、39.43%（见表 12-14）。这一比例远远高于农村家庭的相对贫困比率。

表 12-14 2017 年农民工样本总体情况

组别	样本总人数/人	样本总户数/户	人均年收入中位数/元	相对贫困发生率/%
全国	34372	10171	21135	37.86
高收入省(区、市)	16038	4990	27254	35.57
中收入省(区、市)	11224	3178	18617	42.89
低收入省(区、市)	7110	2003	17572	39.43

　　长期以来,农村贫困人口占据我国贫困人口的绝大部分,因此我国的扶贫重点一直放在农村。农民工往往处于城乡贫困救助的"真空地带",因此他们的贫困问题显得更加严重。农民工贫困也是城市化进程中贫困向城市集中的典型表现,我们认为,随着我国城市化的进一步推进,城市农民工的相对贫困群体很可能成为我国最大的贫困人口群体。而对农民工的扶贫,不仅关系到我国的扶贫大业,也直接关系着农民工市民化的步伐和城镇化发展的质量。

　　(10)相对贫困农民工家庭城市职业融入差,很多家庭还保持着与农业生产的紧密联系

　　研究显示,相对贫困农民工家庭劳动力大多还"兼职"农业,说明其在城市的职业融入还较差。相对贫困家庭参与农业生产经营的比例远高于其他家庭。研究显示,相对贫困家庭参与农业生产经营的比例为 45.88%,差不多是其他家庭的 2 倍(见图 12-13)。而参与农业生产的相对贫困农民工家庭投入农业生产经营的劳动力也比其他家庭多。统计表明,参与农业生产的相对贫困家庭在农忙和非农忙季节务农的家庭成员平均人数分别为 2.09 人和1.54 人,比参与农业生产的其他家庭的 1.93 人和 1.35 人分别高了 8.29% 和 14.07%(见图12-14)。

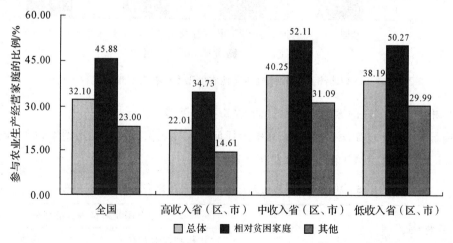

图 12-13 2017 年相对贫困家庭与其他农民工家庭参与农业生产经营的比例

　　相对贫困农民工家庭农地流出比例低。从图 12-15 中可以看出,相对贫困家庭拥有农地承包权的比例为 56.05%,比其他家庭的 41.80% 高了 14.25 个百分点。

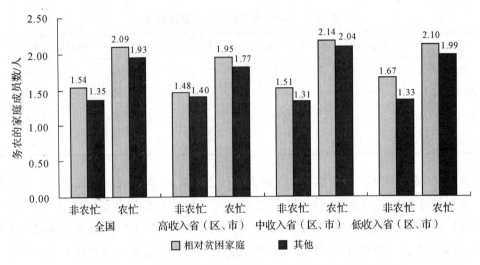

图 12-14　2017 年相对贫困与其他农民工家庭务农的家庭成员人数

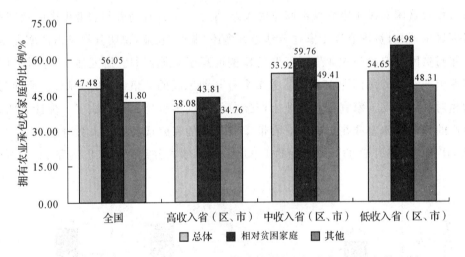

图 12-15　2017 年相对贫困家庭与其他农民工家庭拥有农地承包权的比例

（11）相对贫困家庭的养老保障水平低，城市融入度差

研究显示，从全国看，相对贫困家庭中无任何形式养老保障的比例达到 41.69％，比其他家庭的 35.22％高了 6.47 个百分点（见表 12-15）。

表 12-15　2017 年相对贫困家庭与其他农民工家庭的养老方式分布　　　　　单位:％

养老方式	全国	按全国相对贫困标准划分	
		相对贫困家庭	其他
无养老保险	37.97	41.69	35.22
有养老保险	61.10	57.51	63.73
社会保险	59.05	57.03	60.64
离退休金	2.05	0.48	3.09
其他	0.93	0.79	1.05

在有养老保险的家庭中,相对贫困农民工家庭更愿意参加农村的养老保险,参与城镇养老保险的比例较低,显示出其在城镇的融入度相对较低。研究显示,从全国平均水平看,有养老保险的相对贫困家庭参与新型农村社会养老保险的比例达到了 84.27%,比其他家庭的 56.75%高了 27.52 个百分点;而加入城镇职工基本养老保险和城镇居民基本养老保险的比例总共只有 11.85%,比其他家庭的 39.42%低了 27.57 个百分点(见表 12-16)。

表 12-16　2017 年相对贫困家庭与其他农民工家庭参加的社会养老保险种类分布　　　单位:%

养老方式	全国	按全国相对贫困标准划分	
		相对贫困家庭	其他
城镇职工基本养老保险	21.13	6.95	30.03
新型农村合作养老保险	67.43	84.27	56.75
城镇居民基本养老保险	7.68	4.90	9.42
城乡统一居民基本养老保险	3.76	3.88	3.80

索　引

后 记

在团队成员的共同努力下，以浙江大学中国农村家庭调查数据库（CRHPS Database）的数据分析为基础撰写而成的第二部发展报告——《中国农村家庭发展报告（2018）》终于完稿了。报告在保持原有的基本框架基础上，突出了反贫困主题。2019 年的中央一号文件指出，"到 2020 年确保现行标准下农村贫困人口实现脱贫、贫困县全部摘帽、解决区域性整体贫困"。这意味着我国的绝对贫困即将基本消除，未来反贫困的重点将逐步转移到相对贫困上。因此，我们对农村相对贫困家庭进行了系统全面的分析，也得到了不少有意思的结论。

该报告撰写分工如下：第 1 章导论（金少胜、钱文荣），第 2 章调查抽样设计（喻燕刚、徐舒、廖腾蛟），第 3 章农村家庭基本结构（龚斌磊），第 4 章农村家庭就业（茅锐），第 5 章农村家庭收入与支出（茅锐），第 6 章农村家庭农业生产经营（金少胜），第 7 章农村家庭土地利用与流转（金少胜），第 8 章农村家庭人口迁移与市民化（钱文荣），第 9 章农村家庭社会保障（阮建青），第 10 章农村家庭社区环境（阮建青），第 11 章农村社区治理与公共服务（阮建青），第 12 章结论（钱文荣、金少胜、阮建青、茅锐、龚斌磊）。最后由钱文荣统稿。在研究分析过程中，朱嘉晔、蒋玉、施展艺、赵旭灿、张之的、幸梦莹等同学在数据处理分析、资料搜集整理等方面做了大量踏实而有创新性的工作。

在报告的研究、写作和编辑过程中，罗卫东教授、黄祖辉教授、甘犁教授、顾益康教授、袁清女士等提供的建设性意见使我们受益匪浅。在此一并致谢！

浙江大学中国农村家庭研究创新团队

2019 年夏于启真湖畔